U0959255

跨境并购

合规管理 · 风险控制 · 融资安排

主编

朱　宁

编写组成员

朱　宁　罗　莎　罗文慧

王真一　孔雨馨

中国法制出版社

CHINA LEGAL PUBLISHING HOUSE

前　言
Preface

跨境并购是全球经济活动的重要形式，对全球经济发展及全球产业链变动、产业重构都有着重要而深远的影响。随着经济全球化的发展，以及中国在国际经济活动中重要性的进一步提升，中国企业在跨境并购中扮演着越来越重要的角色，无论是数量还是金额，中国企业的表现都愈加亮眼。根据汤森路透、投中数据及普华永道统计数据，2015 年中国企业参与的跨境并购总金额为 380 亿美元，2016 年这一金额已达 920 亿美元，此后年度虽有所下降，但总量一直十分可观，2019 年交易金额达 667 亿美元。

相较于中国企业积极参与跨境并购的热情，近年来，全球跨境并购整体呈现出波动下降的趋势，且主要的并购交易集中在美国和欧洲等发达经济体，以及转型经济体，如亚洲等，其他地区的并购交易趋于冷淡。《2020 年世界投资报告》数据显示，2019 年全球跨境并购（M&As）规模总计 4910 亿美元，同比大幅下跌近 40%，为 2014 年以来新低。跨境并购额萎缩最严重的是服务业，同比降低 54% 至 2150 亿美元；其次是制造业，下降 21% 至 2430 亿美元，初级部门（主要指农林渔业和采掘业）下降 14% 至 340 亿美元。

在以中国公司为主的跨境并购交易中，以美国公司为目标的并购交易仍然占较大比重。但是，近两年中美关系的变化给中国公司并购美国公司带来了非常大的影响。需要注意的是，在法律规则层面，近几年其他国家也参照美国的态度，在政治和投资保护方面的考虑越来越多，对跨境并购的干预程度也越来越高，方式也越来越多，通过国家安全审查、行业限制、反垄断审查、技术禁运等措施对跨境并购进行限制。

2020年暴发的新冠疫情对企业跨境交易带来了巨大的冲击，主要体现在原材料供应、市场需求和政策等方面。各个国家因应对新冠疫情而采取的贸易、交通等封锁措施，使得已经投资的和正在进行的并购项目停滞或搁浅，而全球经济可能会深度衰退的预测前景也使得公司对于跨境并购的态度变得越来越谨慎。当然，我们不能因此而认为跨境并购从此会一蹶不振。根据富而德律师事务所（FBD）最新发布的并购报告，在历经6个月的阴霾后，第三季度的并购交易额在本年度首次上升，7月至9月公布的并购交易额达到了7860亿美元，超过了去年同期，比4月至6月增长了3460亿美元（环比增加78%）。报告认为，这一增长表明，随着全球范围放宽地区封锁等限制措施，经济复苏已经开始。

正如狄更斯所说，这是一个最好的时代，也是一个最坏的时代。对于跨境并购来说，也是如此，本书期望通过对跨境并购政策规定的介绍，对跨境交易流程和结构的分析，让有意从事跨境并购的读者对于跨境并购有一定的了解，并在合适的并购机会来临时，能够运用相关介绍或建议，取得交易的成功。

本书以理论和实务相结合的视角，深入介绍跨境并购业务的规范与实践，并就相关问题提出对策。各章的编排以理论和规范论述为主，案例为辅，内容基本情况如下：

第一章为跨境并购概述，主要从宏观方面叙述跨境并购的发展和基础构成，简要解析跨境并购的概念、类型、交易架构、专业机构、主要文件和批准程序等内容，以使读者对跨境并购有一个概要性了解。

第二章为外国投资者并购中国企业，以外商的视角介绍对中国直接投资的概况、规范体系和交易实践。主要内容包括中国外商投资的发展历程、阶段和特点、管理体制、外国投资者并购中国企业的特别规定、外国投资者并购中国企业的交易流程及所需文件以及交易后阶段应关注的重点问题。

第三章为中国企业境外并购，详细介绍中国企业在海外直接投资的发展、境内监管和实践，主要内容包括中国企业境外并购的国内监管现状及变化趋势、并购交易流程及各阶段需要重点关注的问题。

第四章为尽职调查及并购前期准备，就并购前期的诸项事宜提出了相应对策。首先归纳了并购前期准备的具体环节，包括跨境合作、风险识别、标的选择和前期交易文件。其次对尽职调查进行了全面的分析，包括其含义、作用、分类、范围、方法、要点和局限。

第五章为交易阶段的政府审批，即政府对于跨境并购的消极干预方式之一。首先从整体上概述政府审批的概念、成因和类型。其次围绕反垄断审查和国家安全审查对中国、美国、欧盟等国家和地区的相关规定和实践进行了归纳。最后提出企业在海外并购过程中应对政府审批若干措施。

第六章为交割后的合规管理，着眼于交易完成后的整合阶段。首先对合规的概念及多重管辖下的合规冲突进行了解析。其次通过案例介绍了企业海外运营的合规要点。再次总结了企业需要建立的跨境合规管理体系及合规全球化趋势。最后附录企业跨境合规管理的法律规范指引，供读者检索。

第七章为跨境并购的融资安排。围绕融资方式和交易架构问题，介绍交易中的支付方式和融资方案设计，其中重点介绍债务性融资、股权融资、复合型融资模式/夹层融资和杠杆收购四种融资方式，此外还阐述了私募基金在并购融资中的特殊作用。

目　录
Contents

第一章　跨境并购概述

第一节　跨境并购的发展和背景

一、跨境并购是全球经济一体化发展的重要体现

全球性的并购和公司重整是最引人注目的商业事件，也是企业国际化发展的需要。随着全球经济一体化的发展，越来越多的公司通过将产品或服务输入到其他国家或地区的市场来扩展自己的业务。这些公司对于全球经济的变化和其他国家的经济政策变化更加关注，在做出重大决策时，也会考虑全球的政治和经济环境，更具有全球眼光，从而适应国际市场上的风云变幻，而对于只关注国内市场的公司来说，市场具有一定的局限性，很有可能在本国的经济发生重大变化时，业务发展会受到很大影响。

研究显示，全球性并购浪潮的发生取决于各国经济、法律和科技发展的综合结果。经济的促进表现在经济增长促进公司发展从而引发经济需求的快速增长，因为并购是比自我发展要更快捷的增长方式；法律的促进作用主要体现在法律对于并购的限制更少；而科技对于并购的促进作用是多种多样

的，如促进产业的技术发展，甚或创造一个新的产业等。

全球性的并购活动并不是长期持续频繁地发生，有时候跨境的大型并购数量非常多，有时候只有数十例，我们将一定期限内并购数量的波动现象称为并购浪潮。并购浪潮通常是周期性的，从数量巨大的跨越国境的并购项目不断涌现，到只有少数的全球性的并购项目发生，通常会持续数年。在全球并购历史上，曾经有过至少六次并购活动的高潮，时间分别为 1898 年、20 世纪 20 年代、20 世纪 50 年代到 60 年代、20 世纪 70 年代中期到 80 年代末、20 世纪 90 年代、2000 年前后。其中 20 世纪 80 年代发生的第四次并购浪潮以大量的恶意收购和杠杆收购而在并购史上留下记录；20 世纪 90 年代发生的第五次并购浪潮则以真正的国际化并购而著称。

如果说前些年的并购浪潮有明显的时代和阶段特点，那么近年来的并购浪潮发生得更加频繁、间隔期限也更短。尤其 2000 年左右的第六次并购浪潮，并购的规模和数量开始逐年上升，特别是在 2003 年至 2007 年，全球的并购数量和规模都非常大，但 2008 年的金融危机给全球的并购交易都带来了巨大影响，很多计划中的并购交易被取消。2010 年并购市场有所恢复，并在 2011 年开始逐年增长，到 2016 年成为顶峰时期。2016 年下半年，中国政府发布一系列规定，对于中国企业的海外并购投资进行限制，这对于与亚洲有关的并购造成了非常大的影响，也进而影响了全球并购的数量和规模①。

① Patrick A. Gaughan, Mergers, Acquisitions & Corporate Restructurings, Seventh Edition, Wiley, 2017.

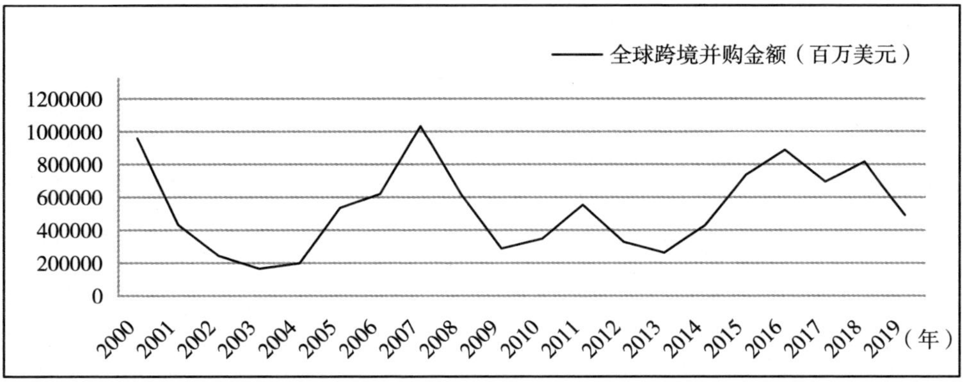

数据来源：联合国贸发会议，跨境并购数据库（www. unctad. org/fdistatistics）。

近些年来，中国企业也积极投身到跨境并购的浪潮中，随着中国对外开放的力度不断加大和鼓励中国企业到海外开展投资，以及“一带一路”倡议的实施，中国企业在跨境并购数量和金额两方面都大幅增长。根据汤森路透、投中数据及普华永道统计数据，2015 年中国企业公布的跨境并购总金额为 380 亿美元，2016 年这一金额已达 920 亿美元，此后年度虽有所下降，但总量一直十分可观，2019 年交易金额达 667 亿美元。根据清科研究中心统计的数据，2020 年第一季度虽受疫情影响，但并购市场仍有序进行，共完成跨境并购 17 例，涉及交易金额 278 亿人民币，平均单笔并购金额 16. 4 亿人民币。其中大额交易如上海莱士并购 GDS 达 132. 46 亿人民币，紫金矿业并购大陆黄金达 66. 44 亿人民币。[①] 此外，中国企业的跨境并购所涉及的目标公司行业不再集中在资源类和能源类，与金融、电子信息和医药有关的新兴产业的并购数量也在迅速增加。2019 年中国的跨境并购案例中，按并购金额计，前三大行业为 TMT、消费品及电力和公用事业，金额分别为 150. 8 亿美元、130. 7 亿美元和 94. 7 亿美元。按并购数量计，前三大行业为 TMT、

① 清科研究中心：《2020 年 Q1 中国并购市场共完成 322 笔并购交易，案例数量同比下降 30. 9%》，载 http：//www. 199it. com/archives/1032826. html，最后访问于 2020 年 7 月 1 日。

先进制造和运输及消费品，数量分别为122宗、104宗和78宗①。

总而言之，跨境并购不再是少数大型的跨国公司的专有机会，随着科技全球化和互联网技术的发展，越来越多的中小型公司也加入到跨境并购的行列中来。在中国，跨境并购的收购方中，民营企业的比例已经超过国有企业而成为主要发起方，通过合并或收购一些初创型科技公司或者新技术公司等，来弥补自身在技术和研发等领域的不足或使得自身的发展速度更快。当然，大型的跨境并购仍然是吸引市场关注的事件，如中国化工收购先正达，在2016年引起全球并购市场的广泛关注。

当然，并不是所有的跨境并购都受到东道国的欢迎。有观点认为，大规模的跨境并购可能破坏市场公平竞争，存在并购方利用资金、知识产权和技术优势等，影响东道国的主权的情形。近年来，在跨境并购的法律规则变化趋势方面，各国政府在政治方面的考虑越来越多，干预跨境并购的程度越来越高，方式也越来越多，东道国往往通过实施国家安全审查、行业限制、反垄断审查、技术禁运等措施而增加跨境并购的法律风险或障碍。如，涉及国计民生或者关乎国家管理系统安全的并购，是被限制或者禁止的，典型的包括航天航空、能源、农产品、金融、传媒、医疗卫生、公用事业等。

以美国为例，美国负责“国家安全审查”的部门是外国投资委员会（CFIUS），其依据《埃克森－佛罗里奥修正案》对可能会导致外资控制美国企业的收购进行审查，确定其对国家安全的影响。除此之外，美国的另一项重要授权来自《国防生产法》第721条。依据该条，美国总统可以主动调查某项外商拟进行或正在进行的、可能会导致外国控制的并购对国家安全的影响，以及政府控制的外国实体进行的某些交易。若发现对国家安全造成威胁的可信证据，总统可以下令中止或禁止交易。2007年7月26日，布什总统签署了《外国投资和国家安全法》，该法扩大了安全审查的范围，同时要求

① 安永：《2019年全年中国海外投资概览》。

来自外国的“国有企业”的收购需要进行国家安全审查，并且审查更为严格。

二、跨境并购是公司战略发展的需要

并购是公司发展到一定程度的自然而然的需求，是实现公司战略发展目标的一种手段。并购本身不应成为任何组织的战略目标，而应该是为实现公司的既定目标所选择的方案之一。大多数公司，特别是业务经营涉及不同国家和地区的公司，不可能仅通过本国市场来实现公司的全方位成长，跨境并购是这些公司必须要经历的过程。与新设公司相比，并购因其时间短、有市场基础和客户资源等，成为实现公司国际发展战略的有效捷径。跨境并购可能带给公司的好处包括，公司的品牌和产品知名度得到提升，可以建立新的市场、销售系统和客户群体，在需要建立一整套基础设施（包括销售队伍）的地区，可以省却运输成本和关税等，特别是在客户附近建立生产设施以及进入或服务于某个特定市场需要新技术等情况时。

虽然跨境并购对公司的长远发展有诸多好处，但我们也注意到，成功的跨境并购交易并不多，几乎每一个跨境并购都存在这样或那样的问题，因此，在开始实施一项跨境并购之前，公司的管理者一定要认真思考为何进行并购，并购的具体安排，以及并购之后的市场融合和内部整合等问题。公司在没有战略目标的情况下进行一项跨境并购是危险的，但是，已经开始的并购交易却最终无法完全实施，恐怕会更糟糕。因此，在进行跨境并购之前，公司必须要认真思考几个问题：

1. 实施并购是否会帮助公司弥补产品缺口、获得或开发新产品？

2. 实施并购是否会帮助公司弥补销售缺口，如开发新的市场或扩大市场份额？

3. 实施并购是否会帮助公司弥补使用缺口，如公司可以引导没有使用过的消费者尝试使用该产品或服务、增加使用或购买的频次？

4. 实施并购是否会帮助公司弥补竞争缺口，如可以进入公司的竞争者的市场来打击竞争者？

此外，在对一项跨境并购进行决策时，公司管理者还必须对外汇、法律规则和融资方案等方面的问题进行仔细评估，以避免在并购交易实施过程中的外汇和法律法规变化风险以及可能的融资障碍等。

当然，一项成功的跨境并购交易并不能只关注商业或经济方面的问题，文化差异、管理难度、劳工等问题也是影响并购交易是否能够真正成功的重要因素。作为并购方，一定要充分理解潜在目标公司所在地的民族文化、国家历史和商业环境等，因为这些因素将影响中介角色的定位、尽职调查、谈判方式、定价习惯以及并购合同的履行等，从而影响并购目标是否能够实现。同时，并购方的管理人员不得不奔赴目标公司所在地开展管理工作，由此产生的地域时差、沟通障碍和效率低下等问题会使管理成本大大增加。此外，一些国家的工会、工人联盟等对于并购交易的影响也是巨大的，有时候甚至因为被并购方雇员的抗拒或罢工而造成并购交易的失败。

总之，跨国的并购交易是复杂的、具有挑战的，如果能够进行适当的规划、管理和有效的整合，并购交易将有可能为公司的战略发展提供巨大的帮助。经分析多个成功的跨境并购交易案例，我们认为，实现一项成功的并购交易，应当要完成以下工作：

1. 制订一个长远的公司发展战略，并购的安排应对该战略有积极且重要的帮助。

2. 制订一个良好的并购计划，选择合适的并购对象。当并购或合资是公司成长的必要的战略选择，但是，如果找不到满足战略需要的并购、合资对象，那么，也应该考虑放弃而不是随便找一个并购或合资目标。要让拟并购的目标公司了解交易的好处，并对可能发生的风险有足够的预判和应对方案。

3. 谨慎且合理地确立交易价格。并购交易的价格应充分考虑被并购方的资产回报率和投资回报率，以及并购可能带来的收入和利润、边际利润、资产和每股投资回报率等。同时，也应该考虑币值波动和货币管制，利润和股息的汇回成本，是否存在追加额外资本的可能性等。

4. 拟定一个能在最大限度上保护自身利益的并购交易合同。合同签署之前，应对合同的所有条款认真研读，对于涉及收购方权利的相关条款，如是否限制收购方持有公司控制权、是否存在资金汇回限制、是否会受到当地法律或政府的限制等应充分咨询当地法律顾问的专业意见。

5. 必须进行完整的审慎的尽职调查，包括但不限于商业调查、法律调查和财务调查。

6. 制订一个考虑周全的并购后的整合计划，全面考虑并购后运作的完整规划，包括但不限于并购后的人员安排、资金安排和文化融合，以及如何处理与工会、当地政府的关系等。

第二节　跨境并购的概念和类型

一、什么是并购

并购通常被理解为是收购和合并的简称，但实际上并购和合并是两个不同的概念。合并是两个或两个以上商业主体组成一个新的实体，被合并主体的股东成为新实体的股东。而并购是指一个公司吸收另一个公司，被吸收的公司不复存在。在并购方吸收被并购方的主体之后，该被吸收的主体的所有法律责任由存续的公司承接。

我们常说的并购常常指兼并与收购的合称。企业兼并（Merge）是指两家或更多的独立的企业、公司合并组成一家企业，通常由一家占优势的公司吸收一家或多家的公司，使被收购的企业失去法人资格，从而终结企业的存续。收购（Acquisition）是指一个公司通过产权交易取得其他公司一定程度的控制权，以实现自身一定的经济目标的经济行为。一般说来，被兼并的企业将被注销而不复存在，而被收购的企业则可能是被收购部分的股权，原公司仍旧存续。我们通常所说的并购，主要是指收购方买入被收购方大部分的股权取得控股地位，并对被收购方的经营有决策权。

跨境并购是并购行为的一种范围上的延伸，主要是指一个国家的企业，通过支付一定对价，取得另一国企业一定份额的股份。跨境并购与普通并购相比主要是涉及多个国家主体，从而造成了法律及监管环境的区别，税收制度的区别，支付手段接受度的区别等不同，使得原先已经相当复杂的并购业务变得更为复杂。如此的情况对并购当事方都提出了非常高的业务专业度要求。

本书将重点通过对中国企业作为收购方，收购境外企业控股权的情形，对跨境并购进行系统分析。这里的中国企业是一个较为广义的概念，包括两层意思，第一是并购企业或并购企业的最终控制方是注册在中国境内的企业。第二是并购企业或并购企业的最终控制方的资产50%以上在中国境内的企业。

现在的跨境并购业务企业大多设置特殊目的公司（Special Purpose Vehicle，SPV）来进行并购操作，所以要甄别一个企业并购是否属于跨境并购不能仅仅看实施并购的企业的注册地，必须要追溯到其最终控制人的注册地。最终控制人在境外设立SPV公司用于操作并购业务，为了融资、避税等目的SPV公司有可能会有多层，最终收购的标的是境外某公司。另外需要明确的是，许多企业为了在境外上市其最终控制方很有可能设置在境外，比如腾讯公司的最终控股方是设置在开曼群岛的腾讯控股有限公司，但是很显然腾讯大部分的资产是在境内的，所以如果腾讯收购境外的标的公司，这种情况也在本书讨论的范围中。

并购的支付方式可以分为全部现金、全部股票或部分现金和部分股票。

以股票为支付对价的并购交易包括普通股和优先股，也包括股票之外的其他支付方式，如债券等。股票和债券可以是公开转让的，也可以是非公开转让的。

二、并购的类型和方式

并购的类型包括平行并购（Horizontal）、纵向并购（Vertical）或集团并购（Conglomerate）等。平行并购通常是指竞争方并购，而纵向并购通常是指具有上下游供应或销售关系的主体的并购。集团并购通常是指不具有竞争关系且没有上下游供应和销售关系的主体之间的并购，最有代表性的是通用电气公司（General Electric Company，GE），并购了大量不同行业的企业，为投资人创造了巨大收益。近年来，集团并购出现新的特点，如字母表公司（Alphabet），其股东谷歌公司（Google）、亚马逊公司（Amazon）和脸书公司（Facebook）都是从互联网发展起来的，具有非常充裕的现金流，能够让他们通过并购涉猎其他产业。又如字母表公司和谷歌公司控制了安卓公司（Android）、视频网站（YouTube）等公司，被称为“新经济”集团并购。

并购的通常方式是正向合并，也称为法定合并，即被收购方直接并入至收购方体系内，收购方作为存续方。正向合并的最大弊端在于，交易的完成需要收购方和被收购方两方股东的批准方可实施。此外，收购方需要承担被收购方全部的法律责任，这也是正向并购需要考虑的问题之一。

正向子公司并购（Forward Subsidiary Merger），也称为正向三角合并（Forward Triangular Merger）或者间接合并（Indirect Merger），指收购方通过其子公司或者新设壳公司来实施并购，交易完成后，被收购方被该子公司或壳公司完全吸收。正向三角合并的好处在于：首先，收购方不需要对收购进行批准；其次，收购方的资产不会受到此次收购的影响。

反向并购（Reverse Mergers），主要是指非上市公司通过并购一个已经上市的公司而实现上市。被收购的上市公司通常是运营不太活跃或者专用于被收购的壳公司。壳公司通常是已上市但没有实际开展业务，只有少量实物资产或基本是现金资产等。合并后的公司将再发行股份，但其方式与首次公开募股（Initial Public Offering，IPO）完全不同，因而避免了因 IPO 发行而产生的高额成本和责任。借壳上市的公司将大大增加其资产的流动性。非上市公司并入壳公司或壳公司的子公司后，其股东将其非上市公司的股份置换为壳公司的股份，从而成为上市公司的股东。交易完成后，壳公司将拥有该非上市公司的资产和相应的责任，而壳公司的主要股东也变更为原非上市公司的股东。在美国，借壳上市通常会在两个月或三个月左右完成，比 IPO 的时间大大缩短。

与正向子公司收购相对应的，是反向子公司收购（Reverse Subsidiary Merger）、反向三角合并（Reverse Triangular Merger），指收购方的子公司或其新设的壳公司向被收购方股东支付价款，被收购方股东以其持有的被收购方股份作为对价，交易完成后，收购方子公司或壳公司被吸收入被收购方，被收购方存续。反向三角合并的优势在于，被收购方的资产不会因为并购而发生变化，因而不会触发处置或转让限制条款。

三、并购程序

一个完整的并购交易通常包括至少五个步骤，即并购项目的发现、并购方案准备和初步审查、尽职调查、正式谈判和合同签署、并购交割或交易结束等。当然，并不是每一个跨境并购项目都必然会经历这样的五个步骤，如通过公开竞标方式实施并购，可能会从发现项目机会就直接到尽职调查程序，而在有些股权并购的项目中合同签署可能会和交割同时完成，而且前述并购程序的步骤也不是截然分开的，有时候程序之间会存在重合的情况，界限并不是很清晰。并购程序中的每一个步骤需要持续多长时间完全依赖于并购交易双方的实际情况和交易的难易程度，没有统一的标准流程和时间。

美国法律有关于简易并购程序（Short - Form Merger）的安排，指并购交易不需要得到股东的批准即可进行。如果被并购方的股份集中在支持并购的管理层手中，则股东批准可以被省略，只需要董事会通过决议批准并购。简易并购程序只能在支持并购的股东持股比例超过州公司法律规定的比例时，方可施行。虽然每个州对于比例的要求各有不同，但基本原则都是一样的，如特拉华州规定只有支持并购的股东持股比例超过90%时才可以施行简易并购程序，而佛罗里达等一些州则规定80%为简易并购程序需要达到的比例。简易并购程序之后通常会有要约收购的安排，如果股东不想出售其股份，计划全部收购的买方通过要约全部收购被收购方股份的计划将可能会被冻结。

在发现合适的目标公司后，如果双方都有进一步商谈的意愿，则会很快进入并购方案准备和初步审查阶段，收购方会希望了解目标公司的基本情况，包括但不限于主营业务、供货来源、生产与销售过程，财务情况，以及目标公司管理方面的一些信息等。同时，收购方也需要了解目标公司的投资收益率和目标公司管理层是否希望继续留任等，这些对于并购交易是否能成功都有非常重要的意义。对于被收购的目标公司来说，需要关注的是收购方的财务资金实力，尤其是当支付的对价不仅仅是现金时，更要关注收购方作为支付对价的股票或债券的价值和升值能力。同时，目标公司也要关注与收购方在管理思路和企业文化等方面的匹配度，以确保被收购后双方能真正融为一体。

目标公司应该准备一份详细的公司情况说明书，尤其是目标公司主动发起的出售，对于潜在购买方需要了解的问题进行系统而认真的准备是非常有必要的。一方面是公平地向所有潜在购买方披露公司的相关情况，另一方面可以节省时间，无须根据潜在购买方的不同要求而准备不同的文件。一般而言，公司情况说明书应包括如下内容：

1. 目标公司历史沿革；

2. 资本结构和股东权益的详细情况；

3. 目标公司原材料供应体系、供应商依赖程度、生产流程描述、生产设备，以及资本性支出预算等；

4. 目标公司产品研发、产品质量、新技术或服务的产生途径等；

5. 公司市场营销体系，产品销售流程、市场及客户、广告宣传手段等；

6. 目标公司的主要人员，包括董事、主要管理人员和技术人员等；

7. 目标公司的雇员情况，包括非管理者职工人数、工会状况、工资额度、额外福利以及是否有集体协议及其内容等；

8. 目标公司的合规情况，以及是否存在潜在债务责任（税负、产品债务）等；

9. 目标公司未来 3 年到 5 年的财务预测，以及财务预测的依据；

10. 目标公司未来发展规划，及其相应的分析和说明等。

目标公司的情况说明书最好能够客观展示公司的实际情况，说明公司的优势，也可披露公司的弱点，如目标公司的生产资料主要依靠一家供应商，应当说明为什么形成这种状况，目标公司为改变这种状况在做些什么。一份客观真实的公司情况说明书有助于收购方了解目标公司，并节省在尽职调查环节所花费的时间，对于并购交易的成功非常有帮助。

第三节　跨境并购的交易架构和支付方式

一、交易架构

选择交易架构是实施并购的第一步，通常需要根据出售方的具体情况来确定。如果可供出售的只是出售方资产的一部分，则资产并购可以作为首选的方案。资产并购最有吸引力的一个优势，是购买方无须承担出售方的所有负债和责任。同时，购买方也只需要购买自己感兴趣的那部分资产，对于其不感兴趣的部分，则无须接受并承担责任。也就是说，购买方需要支付价款和承担责任的，只是在资产购买协议（Asset Purchase Agreement）中列明的内容，无须对未列明的内容承担责任。但是，资产收购也有一定的弊端，如被收购资产的产权转移程序会更复杂，且有些具有无形价值的资产，如执照、许可证或合约等的转移可能需要获得许可方的同意等。对于那些收购方不需要的资产，则可能在并购交易完成之前就要进行处置。

对于出售方来说，股权收购则更有吸引力。因为资产收购可能会让出售方只留下一些没有价值的资产。此外，资产并购可能会涉及第三方同意，因为在融资协议中，通常会有不处置或不转让条款，资产并购可能会触发这些条款而让交易变得非常复杂。

股权并购通常包括两种方式，即股份转让和并购。股权并购需要得到出售方股东的同意，如果出售方的股东人数比较少，股份转让是可以考虑的方案，因为关于股份转让的股东会批准可能不会太难。但是，如果是公开发行股份的公司，其股东人数较多且分散，则采取并购的方式才是一个明智的选择。在股权并购中，目标公司可以保留全部资产包括执照、许可证、特许权和合约等。

采取股份转让方式的交易，通常被收购方的股东对于公司有较为直接和紧密的控制，买方的收购方案通常直接发送给被收购方的股东。股份转让的优势之一是不存在移交问题，这是比资产收购更有优势的地方。股份转让比并购具有优势的地方在于，股份转让不存在股份购买请求权（Appraisal Rights），而在股权并购中，出售方股东则可能去法院要求行使股份购买请求权，以获得该股东实际收取的股权并购价格和该股东认为的公平价格之间的差额。当然，股份转让方式也存在弊端，如与资产收购相比，受让方可能会承担一些出售方的责任。此外，与股权并购相比，股份转让可能需要得到出售方其他股东的同意，如果不能取得其他股东的同意，则只能采取股权并购的方式了。

二、并购交易的支付

用现金购买股票或资产，是外国购买者常采用的形式。而运用股票或其他证券来收购目标企业的资产可以获得税收上的好处（特别是对出售方）。为此目的运用股票收购会受证券法规监管的影响。

现在利用目标资产或未来利润所进行的并购融资已经变得越来越普遍。这被称为杠杆收购。目标公司资产可以抵押给银行或其他金融机构，或者由买方来发行高利息的通常被称为垃圾的债券。除非可以不需要登记，否则这类债券属于证券因而要在证券交易所进行交易登记。在美国市场，外国购买者很少使用美国的债权融资工具（杠杆或其他）来进行并购活动。

外国购买者更倾向于用股东贷款来进行并购活动的融资，特别是如果他们从本国借款，这是另一种形式的杠杆收购，因为是收购目标公司最终偿还借款。杠杆收购中，通常是买方用债务融资的方式去收购卖方。管理层收购（Management Buy Out，MBO）是杠杆收购的主要方式。

并购协议可以约定一个固定的收购价格，也可以约定以不同的方式支付给被并购方。在对小型公司的并购中，通常会包括 Earn Out 条款，即业绩目标付款计划，部分收购款项的支付以被收购方未来一定期限内的业绩表现为条件。与 Earn Out 条款相关联的、经常被使用的另一个条款是或有价值权（Contingent Value Right，CVRs）。CVRs 赋予权力持有者在未来特定事件发生时以一个较高的价格出售其持有的公司股份。托管条款（Holdback Provision）也是并购协议中经常使用的条款，买方通过将一部分并购价款存放在第三方托管账户的方式，保证在未来一定期限内，如果发生诉讼或其他特定事项，买方有权将该资金用于支付该特定费用，若在期限内无特定事项发生，期限届满后，该资金则支付给出售方。

第四节 并购交易的定价和谈判

一、并购交易的定价

跨境并购交易的定价原则和标准与国内并购交易的定价原则和标准有很多相同的地方，只不过跨境并购交易的定价需要考虑外汇、汇率波动和税率差异等国际交易通常会考虑的一些因素。不同的国家或地区的会计准则对于同一资产的定价规则可能有差异，这也是影响跨境交易的价格的因素之一。

定价是通过对客观标准的应用和已知信息的判断，对目标公司的公平市场价值进行确定的过程。然而，所谓公平市场价值可能等于也可能不等于某一特定并购交易的成交价格。公平市场价值通常只是相对的，不同购买方会因市场情况、对并购项目的迫切程度、讨价还价能力等不同而支付高于或低于公平市场价值的价格。在资本市场和交易结算技术相对比较成熟的国家或地区，对于跨境并购交易的定价，更多是采用与公开市场同类公司相关数据进行比较的方式来确定。可供比较的数据或项目可能涉及收入和利润率、资产收益率、股本收益率、营运资金和杠杆比率、存货和资产周转率等。

定价条件的设置可能会根据并购交易的地域、行业和目标公司的实际情况来确定，但在定价分析之前，购买者对目标公司要做一个完整的尽职调查（Due Diligence），这是非常重要的。

二、并购交易的谈判

绝大多数的并购是在友好的气氛下进行的。对于由买方发起的收购，并购程序通常在买方委托的投资银行联系卖方的管理层或投资银行开始。对于由卖方发起的并购，卖方委托的投资银行将联系潜在的竞买方。如果潜在竞买方签署保密协议并同意不进行未经同意的竞买，则竞买方会收到卖方准备的非公开信息。卖方及其投资银行将组织竞买或与最有优势的购买方直接商谈，确定可以接受的出售价格。竞买程序根据并购项目的不同可能会有不同的方式，可以是条件和程序非常正式的竞买，也可能是比较随意的。除了竞买之外，并购交易也可以是出售方与唯一选定的购买方进行一对一谈判。

如果初步接洽比较顺利，则并购交易的双方主要人员可能会进行一次面对面的交谈，会谈地点可以在目标公司或一个中立的地方，如投资银行的办公室。会谈的保密性不言而喻，因为不成熟的并购谈判会引起员工、客户、供应商的关注，从而使交易的达成变得困难。

对于有诚意促成并购交易成功的双方，了解对方谈判人员的组成和主要人员的个人特征是非常有必要的。对于收购方来说，了解出售方主要谈判人员的风险偏好至关重要，如果是风险厌恶型，可能更接受固定价格的交易方案，而如果出售方偏向追求利益最大化，那么结构性交易价款安排则可能更受欢迎。对于出售方来说，了解收购方谈判人员的专业背景有助于促进并购交易的进行，如收购方的人员对于财务相关信息或数据更为关注，应尽可能提供真实的信息或数据，如果收购方人员对于技术或知识产权更为关注，则应充分说明技术和知识产权的先进性和价值。当然，提供相关信息或数据应在收购方签署保密协议的前提下。

并购交易双方的匹配度（Fit）是并购交易成功的最重要的因素。确定一项并购交易是否匹配收购方和出售方，通常会从三个角度进行分析，包括财务匹配度、业务协同、管理文化等。财务匹配度通常指收购方的财务资源能满足出售方更快增长的资金需求，同时，出售方的资产和业务增长也能给收购方带来较高的投资收益。业务协同主要是指收购方和出售方在研究、开发、生产、销售、市场营销等方面能产生协同效应，优势互补。管理文化主要指收购方是否能包容并给予出售方留任的管理人员同等发展或升迁机会，以及管理方法是否会提升出售方的管理效益等。

第五节 跨境并购涉及的专业机构

并购交易是一项复杂的系统工程。要成功完成并购，需要一个有力的并购团队，包括内部成员和外部成员。对大多数企业来说，并购不是它的日常业务，特别是对跨境并购缺乏经验，因此往往更加依赖于外部成员，包括财务顾问、律师、税务顾问等。

在选择中介时有一个经常被忽视的因素，即中介机构对企业的理解。在并购交易中，中介机构往往代表客户进行谈判。中介机构只有在对企业的需求有充分深刻理解的前提下，才能代表企业的最大利益。因此，国外公司与中介顾问常常是长期合作关系，顾问对企业的历史、管理层、战略定位和风险管理都了如指掌，因而在交易中发挥至关重要的作用。而大多中国企业的顾问是为了某项交易临时选聘的，对企业缺乏了解。特别是一些境外机构对中国企业缺乏了解，而他们的项目团队以境外团队为主，和中国企业的沟通也不够顺畅。例如，有的境外顾问机构对一些境外市场常见的交易条件习以为常，而没有考虑中国企业较为熟悉的国内市场惯例，忽略了中国企业风险承受能力的差异，从而轻易放弃了本来有可能争取的条件，或者没有对中国客户进行必要的风险提示。

一、并购交易的中介机构

中介在跨国交易中至关重要，许多公司把中介作为重要的联络方式。例如在日本，询问一家公司是否出售是十分不礼貌的，这表明你认为该公司是失败的或在财务上有问题。中介（在这里区别于投资银行）是指能使并购所涉及的各方面聚到一起的人或机构。而投资银行家在这里被定义为帮助双方制定规则、协商并购事项，并为最终并购提供金融支持的机构。

并购交易的中介机构（经纪人、代理人、会计师、商业银行、投资银行、商人银行、公司职工、供应商、顾客及其他类似人员）通常熟悉双方当事人，是使他们各自注意对方对交易感兴趣的起点。

是否使用中介取决于具体交易的特性。当与中介打交道时，确定由买方还是卖方负责中介费用是十分重要的。在清楚费用的计算方式、何种服务是收费的以及总体资金交易中哪些部分参与计费之前，不要让中介机构担负任何重大责任。国际并购中适当的接触艺术非常重要。要耐心等待，许多时候即使是谈判达成意向书也需要几个月。

二、投资银行

在任何交易中，都应尽早让法律、融资和估价方面的顾问参与并购。聘请顾问所取得的收益要大于所付出的成本，并且，顾问越晚参与进来，获得的效用就越小[①]。

如果一个公司计划收购另外一个公司，通常会需要律师、会计师和评估师的专业服务。如果是出售小型的私人持股公司，则通常会通过委托商业中介在市场上寻找买家，而对于大型的交易，尤其是涉及公开发行股份的公众公司，则通常会由投资银行来充当这一角色。投资银行的服务通常包括在市场上选择合适的并购目标、对并购目标进行评估、对并购策略提供方案和并

---

① ［美］本·J·丹尼尔、阿瑟·H·罗森布鲁恩主编：《国际并购与合资——做好交易》，赵锡军等译，中国人民大学出版社2002年版。

购融资计划等。

如果是代表买方，投资银行将帮助客户制定并购规划和并购方案，并代表客户与被并购方进行初步接洽。此外，投资银行还会对被收购方进行尽职调查和评估，以对被收购方的市场价值有好的判断。如果代表卖方，投资银行将帮助客户制订出售计划，并向潜在合格收购方发送，并根据潜在合格收购方的反馈，确定最适合出售方的买家。

三、跨境并购的法律顾问

律师通常在跨境并购中扮演着非常关键的角色。尤其是在敌意收购中，律师的作用更是非常重要，被收购方的抵抗通常是通过运用法律专业技巧来实现的。如果涉及上市公司并购，向证券监管和交易所提交的报告也需要专业法律人士的指导。法律尽职调查是并购中非常重要的一项工作。

法律尽职调查通常关注的问题包括组织机构、财务报表、法律合规审查、雇员保护等，并根据尽职调查的结果设定并购协议中陈述和担保的内容。收购方的法律顾问应独立地开展尽职调查，对于目标公司是否合法经营并遵守当地法律，或是否存在重大法律风险等进行调查，包括但不限于环境保护、安全合格生产、产品责任、知识产权、雇员或劳工保护、税务风险等。

法律尽职调查的方式包括查看目标公司主动披露的组织机构文件、财务账册、审计报告、营业记录和重要合同等。同时，收购方的法律顾问还通过可供公开浏览的公共信息或档案来对目标公司的资料真实性加以证实，在必要时，收购方的法律顾问还可以对目标公司的董事会成员、主要雇员和客户进行访谈。法律尽职调查报告中发现的问题均应在并购协议中得到体现或解决。

四、审计师及财务尽职调查

在跨境并购中，会计师的财务尽职调查也是非常重要的环节。会计师还需要根据项目的信息和其他专业机构的意见，出具财务审计报告。收购方应聘请熟悉当地会计准则的会计师对于目标公司的财务账册和会计数据进行核实或审计，并根据审计的结果决定是否继续该项并购，或者决定该项并购的合理价格。不同国家的会计准则可能存在不同之处，并对并购方式和价格产生重大影响。

第六节　与跨境并购有关之主要文件

一、并购方案建议书

跨境并购的方案建议书（Proposal）不是并购必需的法律文件，但在某些国家或地区，收购方需在确定收购意向时，向被收购方或相关并购监管机构提交一份详细的关于并购的方案建议书。内容包括实施该跨境并购交易的战略目标，拟并购目标公司及其特点，目标公司与收购方战略发展目标的匹配性，实施并购的回报和收益分析，目标公司及其所在国在文化、商业、政府等问题上与本国的差异，目标公司所在国政府更迭的可能性和对目标公司的影响以及并购完成之后的公司整合等。

二、保密协议

当并购双方开始就并购事项进行谈判，买方通常想了解更多卖方的非公开信息，卖方通常会在基本接受买方的并购条件后才愿意公开非公开信息。一份标准的保密信息通常要求作为信息接收方的买方不能将非公开信息用于友好收购之外的其他目的。保密协议，有时候也被称为不披露协议，其条款通常是标准的，对双方都公平的，也可以进行协商修改。

保密协议界定了非公开信息的提供方和接收方的责任，非公开信息通常除了包括被收购方的运营信息之外，也包括知识产权，如商业秘密以及本次交易的信息，因为被收购方通常不希望市场或客户知道其出售的信息。

保密协议通常包括 Standstill Agreement（中止协议），限制收购方在一定期限内购买被收购方的股份等行为。在平行并购（Horizontal M&A）中，并购双方也可能会签署 Joint Defense Agreement（JDA，联合抵抗协议），约定关于并购可以披露的信息范围等内容。当然，这样的约定可能会受到反垄断或其他监管机构的审查。

三、初步协议或条款清单

当并购双方有意推进并购，并对价格等基本条件达成初步意向，则买方将根据双方的初步意向起草 Term Sheet（条款清单）。条款清单通常不一定具有约束力，其主要条款由买方拟定，但卖方也会做一些调整，主要是将双方已经达成一致的主要条款以书面形式固定下来，以减少交易主要条款的不确定性。在竞买式并购中，条款清单通常会由出售方拟定，当出售方向潜在竞买方发出交易的条款清单时，竞买方应了解为竞标该交易而需要满足的条件。条款清单的内容可能存在很大差异，一般来说，一份标准的条款清单包括并购交易双方的信息、交易价格、影响交易价格的因素或事件（如出售方经营状况发生重大变化）、交易支付方式（现金或股份）、成本承担以及交易双方的责任和保证等内容。

条款清单签署后，并购双方会再签署一份更正式的意向书（Letter of Intent，LOI），此意向书将条款清单中的内容更加具体化，可以根据交易双方的意愿决定其是否具有约束力。意向书的内容也可能千差万别，有些意向书非常具体地规定了购买价格及其支付方式，有些则只是规定了一个大概的价格区间或计算方式。意向书通常也会对交易的交割条件做详细的约定，以及关于雇员的安排或约定等。基于意向书不具有强制约束力的特点，很多并购交易在签署条款清单之后，省略了签署意向书的环节，而是直接签署并购协议。

意向书要写明各方已经同意的基本要点。这对区分各方面的重要问题是非常有用的，缺点是它可能会拖延准备和签订更进一步的合同，或者对一个上市公司而言，过早地要求信息披露。除去存在如商业机密、工作停滞等这类情况，意向书对各方不具有法律约束力。

四、并购协议

当关于并购的尽职调查程序完成，并购交易双方的律师将开始起草详细的并购协议。通常来说，并购协议的第一稿是由买方的律师完成的，交易双方及其律师会进行多轮的讨论和修改。并购协议通常会非常长，条款内容也非常复杂，尤其是涉及交易金额比较大或者是上市公司的并购。并购价款及其支付方式是并购协议最重要的内容之一，还包括并购双方在协议签署后至交割前的责任和保证，以及交割的具体安排，如时间、地点和方式等。并购交易的中止也是并购协议的重要条款，触发协议终止的事件，买方无正当理由终止协议需要支付费用或承担责任等，除了在并购协议中明确约定的实质性影响事件（Material Adverse Event，MAE）允许买方退出交易外，买方终止并购需要承担相应的法律责任。并购协议通常会由附件的一系列支持性文件做支撑，包括但不限于出售方董事会批准并购交易的会议决议等。

五、其他

交易公平的意见（Fairness Opinion）主要是针对买方支付给卖方的并购价款是否公平和合理。像评估报告一样，交易公平的意见只针对出具意见当时市场的情况，对于交易完成后的价格公平性并不承担责任。交易公平意见应该只针对交易价款，对于交易的战略规划、锁定期、终止费和融资安排等不发表意见，也不对股东是否进行投票发表意见。

并购协议通常也会包含一系列的附属协议，这些协议可能包括非竞争协议、雇佣协议、租赁和授权协议、服务协议和其他文件，通常会在过户当天生效。此外，与跨境并购交易有关的其他支持性文件也需要在过户当天进行移交，如公司章程、重大的业务合同、财产购买合同、知识产权许可合同、雇佣合同等。在跨境并购交易的过户或交割当日，出售方还应将与目标公司有关的各类权属证明文件移交给收购方，包括目标公司所在地政府机构出具的说明目标公司处于正常经营状态的证明。

收购方和出售方的法律顾问关于双方已完全履行合同义务，交易具备过户或交割的法律意见书，也是跨境并购交易的一项重要文件。同时，如果收购方要求，出售方还需要出具一份证明以确认收购协议中所有陈述和担保在过户或交割当天是真实的、正确的。

第七节　跨境并购的批准程序

一、跨境并购的许可和通知

在跨境并购的监管和审批方面，绝大多数国家和地区都在法律层面设定了一些标准和程序。有些国家要求外国公司或个人在购买当地企业时，必须要获得当地政府的批准或许可，没有取得政府批准或许可的并购交易可能会被宣布无效。有些国家则只对外国公司或个人收购特定行业的企业设定特别许可条件，如持股不能超过50%等。而在其他的一些跨境并购案例中，当地政府对于跨境并购只进行事后监管，也就是在并购交易完成后通知当地政府或进行备案就可以了。

在一些实施外汇管制的国家，虽然没有规定要求所有的跨境并购都必须经过政府批准或许可，但由于外国公司或个人支付并购交易价款的外汇会受到外汇监管规定的限制，如果没有得到外汇汇入的许可，外国公司和个人就不能将实施并购交易之后可能获得的利润、资本金和利息汇回本国，这种情况下，并购交易双方就不得不在并购交易实施前，取得当地政府的许可。

对于涉及敏感行业或特殊行业的跨境并购，大多数国家都设置了非常严格的批准或许可程序进行限制（限制性行业）。虽然每个国家对于限制性行业的规定范围不太一样，但也有一些通用的标准，如银行、电信、计算机、公用设施、航运和交通等，也有一些国家将新闻传媒、矿产资源等列入敏感行业或特殊行业进行监管。对于这些敏感行业和特殊行业，各国政府通常采取的限制措施包括禁止外国公司或个人进行投资或并购，或者限制外国公司或个人的投资或并购比例，如不能形成控制权转移或不能超过50%的股权比例等。

除了外汇和限制性行业外，其他可能需要政府批准或许可的事项包括竞争法和劳动法。竞争法（反垄断）在几乎所有的跨境并购交易中都会涉及，尤其是并购交易的一方属于欧盟成员国企业。竞争法（反垄断）的批准和许可取决于并购交易的购买方和目标公司的销售额总和是否达到一定的数额标准，这一数额标准包括全球范围内的全部数额和并购交易双方所属国家或地区的数额两个部分。在销售额的数额标准确认方面，不同国家或地区根据各自区域内市场的情况，设定了不同的标准。以欧盟为例，如果购买方和目标公司在全球范围内的销售总收入之和超过了 50 亿欧元（约 60 亿美元），且至少有并购交易中的两家企业欧盟境内营业额分别都超过 2. 5 亿欧元就需要提交审查。此外，如果（1）各交易方在全世界营业总额超过 25 亿欧元，且（2）在至少三个成员国范围内各交易方营业总额分别都超过 1 亿欧元，且（3）至少并购交易中的两家企业的营业总额在符合（2）条件的三个成员国内分别都超过 2500 万欧元，且（4）至少并购交易中的两家企业在欧盟境内营业总额超过 1 亿欧元，也应提交审查。不同国家对于反垄断审查的期限规定有较大差异，即使在欧盟成员国范围内，对于反垄断审查的时间也不统一。如德国可能需要 4 个月，英国和法国则可能会在 2 个月内审批完毕。跨境并购交易中，收购方对目标公司的雇员是否进行妥当安排，是很多政府关注的问题，如果一个并购交易涉及大量的裁员，则可能需要政府的批准或许可。

政府的批准和许可对于跨境并购交易的影响是非常重大的，收购方应在与目标公司进行实质性谈判时，充分了解并购交易需要获得的政府批准和许可，并明确应由哪一方负责取得某一方面政府的批准或许可，尤其是涉及多个国家或地区的并购交易，明确各方的责任非常重要。同时，在拟定与跨境并购交易有关的各类文件或协议时，应当明确约定需要获得的政府批准或许可的内容和时间，以及无法取得必要的政府批准或许可时的解决方案和相关各方的法律责任。

二、美国对于跨境并购的批准和许可

跨境并购交易的批准和许可通常包括交易各方内部的批准和许可，以及政府或监管机构的外部批准和许可。在美国，每个州都有自己的法律来规范公司并购，通常会对国内公司之间的并购和外国公司对国内公司的并购有不一样的规定。目标公司的董事会通常以决议的方式批准进行并购，之后应由股东会来决定是否批准该项并购交易。通常来说，一个并购交易的完成需要获得被收购方至少51%股东的同意。当51%以上的股东批准该并购交易，则剩余的少数股东只能将其持有的股份出售给大股东或控股股东，即使这些少数股东并不同意该并购交易，这些少数股东被称为被排挤股东。当然，对于这些少数股东来说，如果坚信其持有的公司股份价值远远大于收购方的收购价格，可以去法院起诉，主张其股份收购请求权。

如果购买方以其股份支付并购价款且股份达到或超过20%，纽约交易所、美国证交所和纳斯达克都要求必须通过股东会的批准。对于友好并购，通常是由并购交易双方的管理层开始进行商谈，也通常会得到股东会的批准。股东会批准后，并购方案需要递交给州监管机构进行审核，通常是吸收或新设合并协议（Articles of Merger or Consolidation），州监管机构经审核认为收到的文件符合要求，则会签发证书。美国证监会的相关规则要求投票权征集（Proxy Solicitation）文件必须有Schedule 14A作为支撑。Schedule 14A要求交易主体在投票权代理文件中填写一些更加明确的信息，需要股东会投票的是涉及并购、出售主要资产、清算或者解散公司等事项。对于并购，需要提供的信息包括并购的主要条款和背景，财务安排和税收影响，财务审计报告和州、联邦法律合规报告，交易公平的意见以及其他相关的文件。

除了公司法和证券法相关的批准和许可程序外，美国的法律对于跨境的并购交易没有太多限制性的规定，如外汇等，外国公司或个人在美国投资、汇回利润和资本流回方面没有任何限制，只需从反洗钱等角度做好信息披露。但是，美国也有诸如特殊行业和反垄断审查的相关规定，如国防、银行、保险、国内航空或水运、渔业和广播电视等行业就限制外国公司或个人进行投资或实施控制。在《外国投资房地产税收法案》中，投资于房地产的外国投资者必须提供额外的报告，特别是对美国税收机关。达到或超过200英亩的农用土地的购买活动必须向美国农业部进行报告，而房地产收购活动可能还要求增加其他非联邦的报告义务。对于反垄断，美国反垄断法禁止任何可能导致竞争降低或产生垄断的兼并与收购活动。

美国虽然没有专门限制外国投资或外资并购的相关法律规定，但依据美国商务部的规定①，如果达到或超过10%的美国公司股权归外国投资者所有，就必须向美国商务部提供定期、直接的投资报告。同时，对《国防生产法》进行修订的《埃克森－佛罗里奥修正案》授权总统对某些非美国企业的收购、兼并及接收美国公司或企业的活动进行审查。如果总统有足够的证据证明外国人采取的行动可能威胁到美国的安全，他就有权中止或禁止这类并购活动，或者在并购完成后强令其放弃已得到的公司。总统将调查的任务委派给美国外资投资委员会（CFIUS）进行审查。但是，关于什么是涉及国家安全的事项，在界定时并不清晰，主要涉及三个“需要考虑的因素”：

1. 国内产品用于满足计划中的国防需要；

2. 满足国防需要的本国行业的能力，包括人力资源、产品、技术、原材料和其他供给和服务的有效性；

3. 被非美国公民控制的本国行业和商业活动影响到美国满足国家安全需求的能力。

第三个需要考虑的因素所涉及的范围非常广泛，可以被解释为包括非国

---

① A Guide to BEA's Direct Investment Surveys，载美国商务部官网，https：//www.bea.gov/sites/default/files/2018－04/a－guide－to－bea－direct－investment－surveys.pdf，最后访问于2020年8月3日。

防工业在内的或者与国防工业无关的并购交易活动，也需要报告给美国外国投资委员会。《埃克森－佛罗里奥修正案》可用于任何可能造成非美国企业或个人“控制”美国企业或个人的交易，甚至包括在只拥有少数股权的情况下也可作出重大决定的权利。

2018 年，美国对于外国直接投资审查又颁布了新的法律，即《2018 年外国投资风险评估现代化法案》（FIRRMA），为 CFIUS 审查外国投资的框架带来重大变化。FIRRMA 的重点条款或内容包括：

1. 重申 CFIUS 关注国防的审查特点；

2. 扩大 CFIUS 的管辖范围，主要关于关键基础设施、关键技术和敏感个人信息等；

3. 增加主动申报责任，要求交易方在某些情况下必须向 CFIUS 申报交易；

4. 关于 FIRRMA 如何实施的具体措施。

FIRRMA 的颁布，显著扩大了 CFIUS 审查的非控制性投资的范围（特定的非控制性投资和房地产交易），明确了对 TID 美国企业的非控制性投资的管辖权和对某些非控制性投资的强制申报要求，为外国投资者们带来了风险。

第二章　外国投资者并购中国企业

第一节　外商直接投资概述

在中国的法律体系中，外国投资者并购中国企业属于外商直接投资（FDI）的一种。除并购交易外，外商直接投资还包括外国企业和经济组织或个人（包括华侨、港澳台胞以及中国在境外注册的企业）按中国有关政策、法规，用现汇、实物、技术等在中国开办外商独资企业、与中国企业或经济组织共同举办中外合资经营企业、合作经营企业或合作开发资源的投资（包括外商投资收益的再投资），以及经政府有关部门批准的项目投资总额内企业从境外借入的资金。

1978 年 12 月第十一届三中全会后，中国开始实行对内改革、对外开放的政策，1979 年，全国人大颁布的《中外合资经营企业法》成为中国利用外资的里程碑。之后，随着中国改革开放进程的深入，外资的规模从小到大，进而蓬勃发展。在外商投资规模不断扩大的同时，所使用外资的产业结构也在不断优化。外资企业在促进国民经济增长、带动产业技术进步、扩大出口和提供就业机会等方面发挥着日益重要的作用，为中国经济迅速融入国际经济体系做出了令人瞩目的贡献。中国利用外资30年发展迅速，已经进入利用外资东道国的前列。

根据联合国贸发会议于2020年6月16日发布的《世界投资报告2020》[①]，2019年全球接收外商投资总额为15400亿美元，其中中国2019年接收外商直接投资的总额在全球范围内排在美国之后（2019年接收外商投资的总额为2460亿美元，相对于2018年的2540亿美元有所下降），位居第二。

具体到跨境并购交易，标的公司位于发达国家的并购交易在2019年度减少了40%，总交易金额下降至4110亿美元。由于欧元乏力及英国脱欧，标的公司位于欧洲的跨境并购交易减少了50%，总交易金额为1900亿美元。以美国公司为目标的交易仍在全球跨境并购交易中极为突出，占全球跨境并购总交易金额的32%。而在发展中经济体，跨境并购交易金额下降了37%，金额为800亿美元。2019年，跨境并购交易相对于国内并购呈更为突出的下降趋势，延续了过去几年企业跨境通过收购兼并扩张相对不受欢迎的大趋势。具体到行业，2019年全球跨境并购交易金额累计排前10的行业分别为：医药化学及生物制品、商务、金融及保险、化学及化学产品、矿产及石油、信息及通信、计算机及电子/光学产品及设备、运输及仓储、食品/饮料及烟草、贸易。具体数据如下：

表1　2018—2019年各部门和特定行业跨境并购金额及数量

	金额（十亿美元）		增长率	数量		增长率
部门/行业	2018年	2019年	（%）	2018年	2019年	（%）
总计	816	491	-40	6821	6575	-4
第一产业	39	34	-14	406	410	1
制造业	307	243	-21	1599	1531	-4
服务业	470	215	-54	4816	4634	-4

① 联合国贸发会议：《世界投资报告2020》。

续表

	金额（十亿美元）		增长率	数量		增长率
金额最高的前十个行业						
医药化学及生物制品	58	98	70	182	180	-1
商务	87	66	-24	1327	1156	-13
金融及保险	108	48	-55	599	565	-6
化学及化学产品	119	35	-71	158	152	-4
矿产及石油	38	32	-16	329	336	2
信息及通信	116	21	-82	1173	1210	3
计算机及电子/光学产品及设备	42	21	-51	257	264	3
运输及仓储	46	20	-57	229	249	9
食品/饮料及烟草	55	19	-65	205	177	-14
贸易	35	13	-62	501	509	2

数据来源：联合国贸发会议，跨境并购数据库（www. unctad. org/fdistatistics）。

一、中国外商直接投资的发展历程和阶段

中国的外商直接投资大致经历了三个发展阶段。

1. 萌芽与制度探索阶段（1979—1994 年）

1979 年全国人大颁布了《中外合资经营企业法》，允许外国投资者与中国企业组建合资企业，以此为标志拉开了中国利用外商直接投资的序幕。1986 年和 1988 年又分别出台《外资企业法》和《中外合作经营企业法》。上述三部关于利用外资的法律简称为“外资三法”。1986 年 10 月，国务院发布了《关于鼓励外商投资的规定》，明确了对外商投资企业的先进技术企业和产品出口企业在所得税、土地、水电、用工费用、利润汇出、进出口配

额、关税减免、外汇调剂等方面给予优惠，保障外商投资企业享有按照国际惯例进行经营管理的权利。1989 年以后，外商直接投资开始超过对外借款，并逐步取代对外借款成为中国利用外资的首选方式。

1992 年，邓小平同志视察南方并发表重要讲话，明确大胆利用外资是中国发展经济和对外开放的一项全新的事业。于是，随着对外开放的体制和环境不断得到改善，全国掀起了吸引外商直接投资的热潮，外资开始大规模进入中国投入生产。仅 1992 年，全国新批合同外资金额超过前 13 年的总和，实际利用外商直接投资金额增 152%。1993 年，中国已经成为世界第二大吸引外商直接投资的国家。整个 20 世纪 90 年代，中国得到的外商直接投资占流向发展中国家外商直接投资的 50%。

2. 制度发展阶段（1995—2013 年）

1994 年以后，伴随国际投资环境以及国内宏观环境的变化，中国使用外资金额有所下降。1995 年以来，中国开始重视外资质量，制定了首部《外商投资产业指导目录》，明确产业政策来引导外资投向，主要目标之一是改善产业结构，促进产业结构升级。外商直接投资领域扩大到基础产业、基础设施建设和高新技术项目。

1997 年爆发了席卷整个亚洲的东南亚金融风暴，中国在这一年取消了 3000 万美元以下的外商直接投资项目进口设备和原材料的减免税政策，并对有关加工贸易和出口退税政策进行调整，这导致当年来华外商直接投资下降了 30%。但是，即便是 1997 年，进入中国的外商直接投资还是占到了世界范围内外国直接投资的 11.31%，约占整个发展中国家的 1/3。

中国于 2001 年 12 月加入世界贸易组织（WTO）。随着加入 WTO，中国全面对外开放，外商直接投资稳步增长。累计外商直接投资 12442 亿美元，年均增长 10%。即使在全球金融危机和欧债危机的背景下，外商直接投资仍然保持稳定增长。

为适应世界贸易组织规则，进一步吸引外资，中国政府调整了现有的外商投资法律和政策，扩大服务业对外开放，鼓励外国投资者到中西部地区投资。2003年，中国超过美国成为吸引外商直接投资的最大东道国。随后5年，中国每年新批准的外商直接投资项目都在300万至400万个，年均实际投资金额超过600亿美元[①]。

2008年开始，传统外商投资管理体制开始转型，当年生效的《企业所得税法》开始了外商投资企业与内资企业所得税体制并轨的进程，并在5年内过渡完成并轨。同样，同年生效的《反垄断法》使中国外商投资企业与内资企业公平竞争法体系终于初步建成。

3. 制度变革及持续发展阶段（2013年至今）

2013年7月，在第五次中美战略与经济对话中，中国同意在两国间的双边投资协定谈判中采用“准入前国民待遇和负面清单”原则，尽管谈判后来被终止，但这一原则后来直接在中国国内立法实践中体现出来。2013年9月，中国设立上海自由贸易试验区，对开放外资进行压力测试。从2013年10月1日起，相关外资管理法律的规定在上海自由贸易区范围内暂停实施3年，上海自由贸易区外资准入负面清单同时公布实施，这意味着中国外资准入制度的巨大变革，中国在赋予企业投资自主权、提高外商投资便利化水平等领域的改革进入一个新的阶段。

2013年11月12日中国共产党第十八届中央委员会第三次全体会议通过了《中共中央关于全面深化改革若干重大问题的决定》，提出在制定负面清单的基础上，各类市场主体可依法平等地进入清单之外的领域，探索对外商投资实行“准入前国民待遇+负面清单”管理制度。自此之后，中国进入试行“准入前国民待遇+负面清单”管理制度的阶段。此后，全国人大常委会又授权国务院在广东自由贸易试验区、天津自由贸易试验区、福建自由

---

① 何适：《我国外商直接投资发展阶段》，载搜狐网，https：//www. sohu. com/a/308714426_120006447，最后访问于2020年7月13日。

贸易试验区施行同样的模式。2016年9月相关外资管理法律的规定在上海自由贸易区范围内暂停实施即将届满3年，全国人大常委会颁布了《关于修改〈中华人民共和国外资企业法〉等四部法律的决定》，将三资企业法以及《中华人民共和国台湾同胞投资保护法》中不涉及特别管理措施（负面清单）的相关行政审批要求修改为适用备案管理，体现了轻准入审批，重事中事后监管的发展趋势。与此同时，各相关部门在政策及法规执行层面亦进行了“单一窗口”“线上全流程操作”等各方面的积极探索，使中国外商投资环境得到进一步提升。

截至2019年底，中国批准设立的外商投资企业超过100万家，外商直接投资额1381.4亿美元，投资额同比增长2.40%①；全球最大的500家跨国公司已有约490家来华进行投资②，跨国公司在华设立研发中心已超过1200家。中国已连续21年成为吸收外商直接投资最多的发展中国家。

表2　外商直接投资额统计

年份	外商直接投资额（亿美元）
1978	—
2000	407.2
2017	1310.4
2018	1349.7
2019	1381.4

表3　外商直接投资平均增长速度

年份	平均增长速度（%）
2001—2019	6.65%

数据来源：国家统计局《中国统计年鉴》，载 http：//www.stats.gov.cn/tjsj。

① 数据来源：国家统计局，载 http：//data.stats.gov.cn/easyquery.htm？cn = C01，最后访问于2020年7月14日。

② 数据来源：商务部副部长钱克明采访，载央广网，https：//www.sohu.com/a/335560421_362042，最后访问于2020年7月14日。

二、中国外商直接投资的特点

1. 外商直接投资的国别（地区）结构

中国外商直接投资中，来自中国港、澳、台地区的资金一直占较大比重，在20世纪90年代以前，中国港、澳、台地区投资约占80%。90年代初期以来，其他发达国家和地区大跨国公司投资明显增加，中国港、澳、台地区资金比例逐年下降，但累计仍占近60%。外商直接投资中，来自中国港、澳、台地区的资金占有较大比重，主要原因为中国港、澳、台地区投资者与我们在血缘关系、语言、文化等方面，有着天然的亲近性。1988年大陆颁布了鼓励台湾同胞来大陆投资的规定后，台湾地区投资也增加较快。90年代初期以后中国港、澳、台地区投资比例逐渐下降，一方面，是由于日本、美国和欧盟大跨国公司投资增长较快；另一方面，是受亚洲金融危机和其他多方面因素的影响，中国港、澳、台地区投资能力有所下降。

根据商务部的统计，2019年1—10月投资前10位的国家或地区情况如下：

表4　2019年1—10月投资前10位的国家或地区

单位：亿美元,%

国家或地区	实际使用外资金额	比重
总计	1107.8	100.00
中国香港	797	71.94
新加坡	55.2	4.98
韩国	50.4	4.55
中国台湾	35.2	3.18
日本	33.3	3.15
美国	27	2.55
英国	20.3	1.83
中国澳门	15	1.35

续表

国家或地区	实际使用外资金额	比重
德国	14. 4	1. 30
荷兰	10. 3	0. 93

数据整理自商务部外资司《2019 年 1—10 月全国吸收外商直接投资快讯》。

2. 外商直接投资的行业结构

20 世纪 70 年代末期到 80 年代初期，外商在华投资主要为旅游宾馆和中低档加工贸易型制造业。此后，工业领域的投资项目不断增加，在外商实际投资额中占主要份额。90 年代初期，投资于房地产业的外资增加较快，个别年份占到外商实际投资额的 1/3 以上。累计看，投资于工业的外资仍然占最大的份额，约占 60%。

从中国三大产业吸引外商投资的规模来看，第一产业引资规模较小且趋势平稳，从 2001 年的 17. 6 亿美元到 2016 年的 123. 2 亿元人民币（约合 19. 08 亿美元）；第二产业引资规模相对较大且呈现波动趋势，从 2001 年的 534. 5 亿美元上升到 2011 年的最高点 557. 5 亿美元，而后又逐步下降到 2016 年的 2293. 2 亿元人民币（约合 355. 3 亿美元）；第三产业引资规模从 2001 年的 139. 8 亿美元扩大到了 2016 年的 5715. 8 亿元人民币（约合 855. 6 亿美元），占外资总量的 70. 3%①。

3. 外商直接投资的方式结构

在外商直接投资在中国落地的初期，在华投资的外商主要采取中外合资和中外合作两种方式。自 1997 年起，新设立项目中，外商独资经营的项目数超过中外合资经营的项目数。自 1998 年起，外商独资经营企业的合同金额超过了中外合资经营项目的合同金额。但以累计数计，中外合资经营仍然是占最大份额的投资方式，占实际投资额的近一半，外商独资经营所占比例不到1/3。对

① 邓慧慧、陈昊等：《中国外商投资发展报告（2017）》，对外经济贸易大学出版社 2017 年版，第 106－107 页。

外资开放初期，中国不允许外商设立独资企业。但很快制定和修改了有关法律，允许外商在华设立独资企业。此后较长时期内，在华投资者仍然主要采取中外合资和中外合作的方式，是因为中国刚刚开始体制改革，外国投资者不了解中国的情况，不得不借助中方合作者，以适应传统计划体制的许多特点。20世纪90年代以来，外国投资者更多地采取独资方式，原因主要有：第一，大跨国公司在华投资增加较快，这些企业在发展中国家的投资，较多采取独资经营的方式；第二，随着国内体制改革不断推进，中国市场经济体制环境正在形成之中，外商在华独资经营的环境明显改善；第三，外商投资企业的技术水平不断提高，出于技术保密要求，越来越多的外商投资企业，希望采取能控制企业的股权结构。目前外商直接投资仍以外商独资的方式为主。

4. 外商直接投资的地区结构

中国吸收的外商直接投资，主要集中在沿海少数地区。在整个20世纪80年代，外商直接投资投向沿海地区的占90%以上。各个省份的FDI水平是高度不均衡的，在80年代，广东省吸收的FDI约占全国总量的一半。90年代初，这种地区差距表现得更加突出，东部地区FDI占比高达93.9%，而中、西部地区比重分别为3.8%、2.2%。整个90年代，FDI在空间上呈现出由东向西逐级推进的态势。90年代以后，在沿海地区的投资，累计仍占全部投资额的88%，这一比重略有下降，但总的趋势没有明显改变。

目前，外商投资仍集中在沿海地区尤其是长三角和珠三角地区。以2018年外商投资企业注册资本外商出资额计算，利用外商投资最多的地区依次为广东（25%）、江苏（14%）和上海（11%）。该三省合计占中国利用外商投资总额的50%左右，东部地区10省市（指北京市、天津市、上海市、辽宁省、河北省、山东省、江苏省、浙江省、福建省、广东省）占中国利用外商投资总额的60%，而西藏、青海、宁夏、贵州、甘肃和新疆六省/自治区合计为1.52%[①]。

① 数据来源：国家统计局《中国统计年鉴》，载 http://www.stats.gov.cn/tjsj。

第二节　中国外资管理体制

一、国民待遇及负面清单

《外商投资法》生效后，中国外资准入管理模式发生了根本性的改变，明确了对外商投资实行准入前国民待遇加负面清单的管理制度，即外商投资准入负面清单规定禁止投资的领域，外国投资者不得投资；负面清单规定限制投资的领域，外国投资者进行投资应当符合负面清单规定的条件；负面清单以外的领域，按照内外资一致的原则实施管理。

国民待遇是国际投资领域以东道国投资者享受的待遇为参照对象的一种相对待遇标准，即东道国政府在相似情况下给予外国投资者的待遇不低于给予国内投资者的待遇，其主要针对东道国政府的法律、法规和其他措施。目前，国际上大多数投资条约均规定了国民待遇，但各国根据自己的国情，对国民待遇的适用范围采取了不同的规定，主要可分为：准入后（Post - establishment）国民待遇和准入前（Pre - establishment）国民待遇两大类。准入后国民待遇即外资运营阶段的国民待遇，核心为外资进入东道国后“不被歧视”的投资保护，又可细分为有限的准入后国民待遇（如“因公共秩序、国家安全等必需，可以采取差别待遇”的立法管理模式）以及全面的准入后国民待遇。准入前国民待遇是在全面的准入后国民待遇的基础上再加上准入前的国民待遇，亦可细分为：有限的准入前国民待遇，即“正面清单（Positive List）管理模式”，除非东道国特别明确同意，外商投资在准入前阶段不适用国民待遇；全面的国民待遇，即除通过“负面清单”（Negative List）模式保护某些产业及活动外，在准入阶段给予国民待遇的原则扩及所有的外国投资者[①]。

负面清单即为仅列举法律法规禁止的事项，对于法律没有明确禁止的事项，都属于法律允许的事项，其源于最早出现在古希腊的政治准则中的“法无禁止即自由”（All is permissible unless prohibited）的法治理念，且受到古罗马法学家，以及霍布斯、洛克及亚当·斯密等古典自由主义思想的滋养，是私法自治的集中体现，强调市场主体的准入自由是法律对市场规制的出发点，若政府拟对准入自由加以限制，必须有法律的明确规定，并提供充分、合法的理由，在法定的准入限制之外，市场主体可以进入。目前公认的运用负面清单的代表性法律文件是1994年生效的北美自由贸易协定（NAFTA）。负面清单作为一种国际通行的外商投资管理办法，其特征在于以否定性列表的形式标明外资进入的领域[②]。就外商投资管理而言，负面清单，是指国家规定在特定领域对外商投资实施的准入特别管理措施。其中，负面清单规定禁止投资的领域，外国投资者不得投资；负面清单规定限制投资的领域，外国投资者进行投资应当符合负面清单规定的股权要求、高级管理人员要求等限制性准入特别管理措施；外商投资准入负面清单以外的领域，按照内外资一致的原则实施管理。从经济发展水平上来看，发达国家的负面清单列表相对简短，如比利时、法国等国家甚至完全没有禁止外资进入的行业，而发展中国家负面清单内容相对较多且行业分类更加细化，如菲律宾、印度等国家不仅负面清单列表较长，而且限制措施种类繁多。负面清单的存在形式主要有三种：（1）东道国自主制定的以独立的外资准入政策文件为形式的负面清单；（2）以双边或多边投资协定附件形式存在的负面清单；（3）没有一个通常意义的清单文本，相关限制性规定散落于宪法、法律、行政法规、地方性法规、行业部门法规等法律法规中，如德国《武器法》《药品法》《旅店

① 余劲松：《中国发展过程中的外资准入阶段国民待遇问题》，载《法学家》2004年第6期。
② 参见王利明：《负面清单管理模式与私法自治》，载《中国法学》2014年第5期。

法》等法律中均有关于外资审批的管理规定。少部分国家，如韩国，亦有同时具有负面清单的形式[①]。

德国概念法学的代表人物普赫塔认为："可以由（作为规整客体的）构成事实中分离出若干要素，将此等要素一般化，在此基础上形成类别概念（抽象概念），进而借助增减若干（规定类别的）要素，形成不同抽象程度的概念，由此建构成一个逻辑上位阶分明，没有矛盾、没有漏洞的规范体系。"[②] 在这样一个体系中，仅仅使用形式逻辑就可以得到法律判断的结论，因此使法学成为像自然科学一样严谨而精密的学问，然而现实生活的复杂性注定完全由概念与逻辑构成的完美体系只能是一种空想，即使法制再完善的社会，也会存在法律的"空白地带"，而立法在大多数情况下都是滞后于社会经济发展的，随着新的经济业态不断出现，市场主体的准入、活动皆会面临没有法律明确规定的"空白地带"，正面清单与负面清单的根本性区别即是对于法律"空白地带"的态度：在正面清单的管理模式下，法律未作规定的"空白地带"，市场主体不能随意进入；而在负面清单管理模式下，只有法律法规明确禁止的领域，市场主体才不得进入，赋予了市场主体更充分的行为自由。

联合国贸发会议发布的报告中提到，相对于正面清单，负面清单模式意味着潜在的更高水平的自由化束缚，负面清单管理模式在给予市场主体更大的自由空间的同时，也在制度层面明确了行政机关的职权范围。宾汉姆曾经指出："法治并不要求剥离行政或司法决策者们所拥有的自由裁量权，但它拒绝不受限制的，以致成为潜在独裁的自由裁量权。"[③] 在负面清单模式下，政府的自由裁量空间受到极大的限制，对于空白领域，市场主体可以自由进入，无须政府裁量认定，而对于需要进行自由裁量的领域，负面清单模式也

---

① 参见葛顺奇：《外商投资"负面清单"管理模式研究》，人民出版社 2018 年版。
② 梁慧星：《民法解释学》，中国政法大学出版社 1995 年版，第 60 页。
③ ［英］汤姆·宾汉姆：《法治》，毛国权译，中国政法大学出版社 2012 年版，第 78 页。

提出了更具体、清晰的行为准则，从而在制度层面构建一个公法私法协同配合、综合调整的市场规制体系①。

二、三资企业法与逐案审批

1979年的《中外合资经营企业法》、1986年的《外资企业法》、1988年的《中外合作经营企业法》被统称为三资企业法，在改革开放初期为外商投资企业在中国发展创造了良好的法治环境。在三资企业法的基础之上，国务院及相关监管部门制定了效力等级不一的涉外行政法规与规章，形成了中国的外商投资法律体系，以及具备“以外资准入审批为核心的监管模式”及“内外资分别立法”两个突出特点的外商投资管理体制。21世纪以来，为适应加入世界贸易组织的需要，三资企业法几经修改，先后删除了外商投资企业在境内优先采购、实现外汇收支平衡、出口实绩等规定，并通过企业所得税法统一了内外资企业的所得税制。

在外商投资准入方面，国家计划委员会、国家经济贸易委员会、对外贸易经济合作部于1995年发布《外商投资产业指导目录》，这是中国首次就外商在哪些行业可以投资、在哪些行业不可以投资、在哪些行业投资有所限制进行明确规定。2002年国家计划委员会、国家经济贸易委员会、对外贸易经济合作部批准实施新的《外商投资产业指导目录》及附件，此后随着中国经济结构的调整优化，外资产业政策得到适时调整，该目录历经多次修订。

但在2013年上海自贸区开始探索“准入前国民待遇+负面清单”的外资管理模式前，中国对于外资准入一直实行逐案审批制。且考虑各行各业的具体情况不同，为控制外资质量，中国采取了分行业由主管部门制定部门规章管理的方式。虽然对于外资准入实行适当监管具有必要性和合理性，但逐

① 参见王利明：《负面清单管理模式与私法自治》，载《中国法学》2014年第5期。

案审批制则会造成审批环节多、行政成本高、容易滋生权力寻租等问题。

而内外资分别立法的“双轨制”模式，随着中国经济的不断发展及改革的日益深化，暴露出诸多缺陷，不仅有悖于市场主体平等竞争的原则，而且造成中国的外商投资法律体系处于比较零散、混乱的局面，缺乏体系性及透明度，存在法律规定相互冲突、法律解释相互矛盾以及执法力度不平衡等多方面问题，不利于中国不断深化改革开放、积极利用外资为中国经济发展服务的长远大局。

三、上海自贸区关于“准入前国民待遇 + 负面清单”管理模式的探索

随着中国对外开放的不断深入，原先逐案审批的“正面清单”管理模式已不适应中国进一步吸引外资的需要。2013 年，上海自由贸易区成立。2013 年 8 月 30 日第十二届全国人大常委会第四次会议通过了《关于授权国务院在中国（上海）自由贸易试验区暂时调整有关法律规定的行政审批的决定》（现已失效），授权国务院在中国（上海）自由贸易试验区暂时调整包括外资企业设立审批、外资企业分立及合并或者其他重要事项变更、外资企业经营期限审批在内的有关三资企业法规定的行政审批，暂时停止行政审批，改为备案管理。2013 年 9 月 29 日，上海市政府公布了《中国（上海）自由贸易试验区管理办法》（已废止），该办法第十一条（负面清单管理模式）规定，自贸试验区实行外商投资准入前国民待遇，实施外商投资准入特别管理措施（负面清单）管理模式。对外商投资准入特别管理措施（负面清单）之外的领域，按照内外资一致的原则，将外商投资项目由核准制改为备案制，但国务院规定对国内投资项目保留核准的除外；将外商投资企业合同章程审批改为备案管理。

2013 年 11 月 12 日中国共产党第十八届中央委员会第三次全体会议通过

了《中共中央关于全面深化改革若干重大问题的决定》，要求建立公平、开放、透明的市场规制。探索对外商投资实行“准入前国民待遇＋负面清单”管理制度。这充分体现了“法无禁止即可为”的私法自治精神。

四、三资企业法修改：从审批制到备案制

2016年9月3日根据自由贸易试验区取得的可复制推广的经验，第十二届全国人大常委会第二次会议审议通过《关于修改〈中华人民共和国外资企业法〉等四部法律的决定》，将《外资企业法》《中外合资经营企业法》《中外合作经营企业法》以及《台湾同胞投资保护法》这四部法律中不涉及国家规定的实施准入特别管理措施的外商投资企业的设立及变更，由审批制改为备案制。2016年10月8日，商务部公布《外商投资企业设立及变更备案管理暂行办法》（现已失效），明确外商投资企业的设立及变更，不涉及国家规定实施准入特别管理措施的，适用该办法规定的备案制管理。此时，《外商投资产业指导目录（2015年修订）》仍然适用。2016年10月8日国家发改委、商务部经国务院批准，发布了《关于明确外商投资准入特别管理措施范围的公告》，明确外商投资准入特别管理措施范围按《外商投资产业指导目录（2015年修订）》中限制类和禁止类，以及鼓励类中有股权要求、高管要求的有关规定执行，涉及外资并购设立企业及变更的，按现行有关规定执行。在相应新时代外商投资管理便捷化的基本要求之下，之后修订的《外商投资产业指导目录（2017年修订）》已大幅缩减限制类、禁止类投资领域的数量，由2011年的限制类产业79项、禁止类产业38项，减少到2017年的限制类产业35项、禁止类产业28项。

2017年7月30日，商务部公布了《关于修改〈外商投资企业设立及变更备案管理暂行办法〉的决定》，对2016年的《外商投资企业设立及变更备案管理暂行办法》进行了修订。同日，商务部还公布了《关于外商投资

企业设立及变更备案管理有关事项的公告》，对此次修订进行了进一步说明。此次修订扩大了外资准入备案制的适用范围，将不涉及准入特别管理措施的外国投资者并购境内非外商投资企业，以及不涉及准入特别管理措施的外国投资者对上市公司实施战略投资者纳入了备案制范围。商务部在公告中进一步明确，自由贸易试验区内，国家规定实施准入特别管理措施的范围，自2017年7月10日起，依照《自由贸易试验区外商投资准入特别管理措施（负面清单）（2017年版）》的规定执行；自由贸易试验区外，国家规定实施准入特别管理措施的范围，自2017年7月28日起，依照《外商投资产业指导目录（2017年修订）》中《外商投资准入特别管理措施（外商投资准入负面清单）》的规定执行。

2018年6月29日，为贯彻落实党中央、国务院决策部署，在全国推开外资企业设立商务备案与工商登记“一套表格、一口办理”，商务部对《外商投资企业设立及变更备案管理暂行办法》进行了再次修订，优化了外商投资企业设立备案程序，进一步提升外商投资便利化水平。

五、《外商投资法》及相关配套法规

十三届全国人大二次会议于2019年3月15日上午以2929票赞成、8票反对、8票弃权，表决通过了《外商投资法》，该法自2020年1月1日起生效实施，取代《中外合资经营企业法》《外资企业法》《中外合作经营企业法》外资三法成为中国利用外资的基础性法律。

《外商投资法》通过后，国务院、最高人民法院、商务部、国家市场监督管理总局先后出台《外商投资法实施条例》《优化营商环境条例》《最高人民法院关于适用〈中华人民共和国外商投资法〉若干问题的解释》《外商投资信息报告办法》等配套文件，使中国外商投资立法体系进一步得到完善。以下为2019年1月至2020年1月公布、修订的外商投资相关法规列表：

表 5　外商投资相关法规

序号	效力级别	名称	发布机关	发布日期	生效日期
1－1	法律	中华人民共和国外商投资法	全国人民代表大会	2019 年 3 月 15 日	2020 年 1 月 1 日
1－2	法律	中华人民共和国台湾同胞投资保护法（2019 年修订）	全国人民代表大会常务委员会	2019 年 12 月 28 日	2020 年 1 月 1 日
2－1	行政法规	中华人民共和国外商投资法实施条例	国务院	2019 年 12 月 26 日	2020 年 1 月 1 日
2－2	行政法规	优化营商环境条例	国务院	2019 年 10 月 22 日	2020 年 1 月 1 日
2－3	行政法规	国务院关于修改《中华人民共和国外资保险公司管理条例》和《中华人民共和国外资银行管理条例》的决定	国务院	2019 年 9 月 30 日	2019 年 9 月 30 日
2－4	行政法规	中华人民共和国外资银行管理条例（2019 年修订）	国务院	2019 年 9 月 30 日	2019 年 9 月 30 日
2－5	行政法规	中华人民共和国外资保险公司管理条例（2019 年修订）	国务院	2019 年 9 月 30 日	2019 年 9 月 30 日
2－6	行政法规	中华人民共和国进出口商品检验法实施条例（2019 年修订）	国务院	2019 年 3 月 2 日	2019 年 3 月 2 日
2－7	行政法规	中华人民共和国技术进出口管理条例（2019 年修订）	国务院	2019 年 3 月 2 日	2019 年 3 月 2 日
2－8	行政法规	中华人民共和国进出口货物原产地条例（2019 年修订）	国务院	2019 年 3 月 2 日	2019 年 3 月 2 日
3	司法解释	最高人民法院关于适用《中华人民共和国外商投资法》若干问题的解释	最高人民法院	2019 年 12 月 26 日	2020 年 1 月 1 日

续表

序号	效力级别	名称	发布机关	发布日期	生效日期
4-1	部门规章	鼓励外商投资产业目录（2019年版）	国家发展和改革委员会；商务部	2019年6月30日	2019年7月30日
4-2		外商投资合伙企业登记管理规定（2019年修订）	国家市场监督管理总局	2019年8月8日	2019年8月8日
4-3		中华人民共和国外资保险公司管理条例实施细则（2019年修订）	中国银行保险监督管理委员会	2019年11月29日	2019年11月29日
4-4		中华人民共和国外资银行管理条例实施细则（2019年修订）	中国银行保险监督管理委员会	2019年12月18日	2019年12月18日
4-5		外商投资信息报告办法	商务部；国家市场监督管理总局	2019年12月30日	2020年1月1日
4-6		外商投资准入特别管理措施（负面清单）（2020年版）	国家发展和改革委员会；商务部	2020年6月23日	2020年7月23日
4-7		自由贸易试验区外商投资准入特别管理措施（负面清单）（2020年版）	国家发展和改革委员会；商务部	2020年6月23日	2020年7月23日
5-1	规范性文件	国务院关于进一步做好利用外资工作的意见	国务院	2019年10月30日	2019年10月30日
5-2		关于进一步扩大金融业对外开放的有关举措	国务院金融稳定发展委员会	2019年7月20日	2019年7月20日

续表

序号	效力级别	名称	发布机关	发布日期	生效日期
5－3	规范性文件	国家市场监督管理总局关于贯彻落实《外商投资法》做好外商投资企业登记注册工作的通知	国家市场监督管理总局	2019 年 12 月 28 日	2020 年 1 月 1 日
5－4		国家市场监督管理总局关于贯彻落实《优化营商环境条例》的意见	国家市场监督管理总局	2019 年 12 月 30 日	2019 年 12 月 30 日
5－5		国家外汇管理局关于进一步促进跨境贸易投资便利化的通知	国家外汇管理局	2019 年 10 月 23 日	2019 年 10 月 23 日
5－6		国家外汇管理局关于在自由贸易试验区试点取消部分外汇管理行政许可申请材料的通知	国家外汇管理局	2019 年 12 月 26 日	2019 年 12 月 26 日
5－7		中国人民银行、国家外汇管理局关于进一步便利境外机构投资者投资银行间债券市场有关事项的通知	中国人民银行；国家外汇管理局	2019 年 9 月 30 日	2019 年 11 月 15 日
5－8		国家市场监督管理总局、商务部、国家外汇管理局关于做好年报“多报合一”改革有关工作的通知	国家市场监督管理总局；商务部；国家外汇管理局	2019 年 12 月 16 日	2019 年 12 月 16 日
5－9		商务部公告 2019 年第 62 号——关于外商投资信息报告有关事项的公告	商务部	2019 年 12 月 31 日	2020 年 1 月 1 日
5－10		商务部公告 2019 年第 72 号——商务部、市场监管总局、外汇局关于开展 2019 年度外商投资信息报告年度报告的公告	商务部；国家市场监督管理总局；国家外汇管理局	2019 年 12 月 31 日	2020 年 1 月 1 日

续表

序号	效力级别	名称	发布机关	发布日期	生效日期
5-11	规范性文件	国务院关于同意在北京市暂时调整实施有关行政法规和经国务院批准的部门规章规定的批复	国务院	2019年11月12日	2019年11月12日
5-12		全国人民代表大会常务委员会关于授权国务院在自由贸易试验区暂时调整适用有关法律规定的决定	全国人民代表大会常务委员会	2019年10月26日	2019年12月1日
5-13		中国银保监会办公厅关于明确取消合资寿险公司外资股比限制时点的通知	中国银行保险监督管理委员会	2019年12月6日	2020年1月1日

目前正在适用的外商投资准入负面清单包括《外商投资准入特别管理措施（负面清单）（2020年版）》（下称《全国版负面清单》）和《自由贸易试验区外商投资准入特别管理措施（负面清单）（2020年版）》（下称《自贸区版负面清单》），为国家发改委、商务部于2020年6月23日公布。外商投资在自贸区进行应优先适用《自贸区版负面清单》，而在自贸区之外的地区进行的外商投资应适用《全国版负面清单》，整体而言，《自贸区版负面清单》对于外资准入限制较《全国版负面清单》更加宽松。

相较于2019年版的负面清单，《全国版负面清单》由40条减至33条，《自贸区版负面清单》由37条减至30条，主要变化包括：第一，加快服务业重点领域开放进程。金融领域，取消证券公司、证券投资基金管理公司、期货公司、寿险公司外资股比限制。基础设施领域，取消50万人口以上城市供排水管网的建设、经营须由中方控股的规定。第二，放宽制造业、农业准入。制造业领域，放开商用车制造外资股比限制，取消禁止外商投资放射性矿产冶炼、加工和核燃料生产的规定。农业领域，将小麦新品种选育和种子生产须由中方控股放宽为中方股比不低于34%。第三，继续在自贸试验区进行开放试点。在全国开放措施基础上，自贸试验区继续先行先试。医药领域，取消禁止外商投资中药饮片的规定。教育领域，允许外商独资设立学制类职业教育机构。除了进一步扩大开放外，还与法律法规有关规定进行了衔接。主要包括：第一，落实外资准入管理。在负面清单说明中规定，有关主管部门在依法履行职责过程中，对境外投资者拟投资清单内领域但不符合清单规定的，不予办理许可、企业登记注册等相关事项；涉及固定资产投资项目核准的，不予办理相关核准事项。第二，调整中外合作经营限制性规定。《外商投资法》实施后，《中外合作经营企业法》废止，外商投资准入负面清单部分条目中限于中外合作经营企业方式投资的规定已经过时，不再保留。比如，将“医疗机构限于合资、合作”的条目调整为“医疗机构限于合资”。第三，增加负面清单豁免规定。外商投资构成较为复杂，为了与法律法规做好衔接并考虑特殊情况，2020年版外商投资准入负面清单在说明中增加了负面清单豁免规定，即“经国务院有关主管部门审核并报国务院批准，特定外商投资可以不适用外商投资准入负面清单中相关领域的规定”。

第三节　外国投资者并购中国企业的特别规定

根据数据统计，1991—2005年，中国以并购方式吸收FDI平均占4.7%，与其他发展中国家相比，中国利用FDI年均占发展中国家总额的24.19%，而并购额仅占发展中国家的4.67%。2004—2012年，中国跨境并购累计利用外资217亿美元，占同期外资总额的2.6%；2014年为75亿美元，2015年为178亿美元，2016年为189亿美元，虽然有所增长，但总体规模依旧偏低。相比较而言，在中国企业对外直接投资（ODI）中，跨境并购已成为重要方式，并购交易约占对外投资总量的45%。而跨境并购之所以占比一直较低，与中国对跨境并购作用的认识和管理政策密切相关①。

一、外资并购立法演变

中国对于外国投资者并购中国企业的直接立法监管肇始于2003年由外经贸部、国家外汇管理局、国家工商总局以及国家税务总局联合发布的《外国投资者并购境内企业暂行规定》（下称《暂行规定》，现已失效）。《暂行规定》一共包含26条，在外资并购的主体资格、并购形式、并购流程、出资方式、审查机构、审查门槛等方面作出了相关规定。值得注意的是，《暂行规定》第十条第三款规定："被股权并购境内公司中国自然人股东在原公司享有股东地位一年以上的，经批准，可继续作为变更后所设外商投资企业的中方投资者。"这是首次在主体资格方面承认外资并购过程中国自然人的股东地位。在《暂行规定》出台以前，涉及引入外资的法律政策，如三资企业法等，均未将自然人包括在中方投资者的范畴之内，而随着经济体制改革的不断深入，多种所有制经济的全面发展，这显然已不符合中国的经济发展形势。此外，《暂行规定》第二条规定："本规定所称外国投资者并购境内企业，系指外国投资者协议购买境内非外商投资企业（以下称'境内公司'）的股东的股权或认购境内公司增资，使该境内公司变更设立为外商投资企业（以下称'股权并购'）；或者，外国投资者设立外商投资企业，并通过该企业协议购买境内企业资产且运营该资产，或，外国投资者协议购买境内企业资产，并以该资产投资设立外商投资企业运营该资产（以下称'资产并购'）。"即明确了外国投资者并购境内企业包括股权并购和资产并购两种方式，并在债权债务关系、出资方式与期

① 参见葛顺奇：《外商投资"负面清单"管理模式研究》，人民出版社2018年版。

限、持股比例限制、审批流程等方面就两种并购方式分别进行相关规定。在并购流程方面，《暂行规定》同以往新设投资相比审批时间缩短为30天。

随后，2006年8月，商务部、国资委、国家税务总局、国家工商总局、国家外汇管理局以及证监会联合修订通过了《关于外国投资者并购境内企业的规定》（以下简称《规定》，现已修改），在内容上对《暂行规定》进行了较大的补充完善，条文数量由原来的26个增加至61个，并将61个条文分为6个章节，分别是总则、基本制度、审批与登记、外国投资者以股权作为支付手段并购境内公司、反垄断审查及附则，条理更加清晰。

2007年3月，商务部发布了《外国投资者并购境内企业反垄断申报指南》，其后《反垄断法》于2008年8月开始生效实施。2009年6月，为保证《规定》与《反垄断法》和《国务院关于经营者集中申报标准的规定》相一致，商务部以《关于修改〈关于外国投资者并购境内企业的规定〉的决定》对《规定》进行了修订，核心变更为删除第五章“反垄断审查”，在“附则”中新增一条作为第五十一条，表述为：“依据《反垄断法》的规定，外国投资者并购境内企业达到《国务院关于经营者集中申报标准的规定》规定的申报标准的，应当事先向商务部申报，未申报不得实施交易。”此后，直至2020年1月1日《外商投资法》生效，《关于外国投资者并购境内企业的规定》未作任何修订，依然作为最直接的关于外国投资者并购境内企业的部门规章。

二、《关于外国投资者并购境内企业的规定》

《关于外国投资者并购境内企业的规定》（下称6号文）针对外国投资者通过购买境内非外商投资企业股权或资产的方式并购境内企业进行了规定，其核心为商务主管部门对外国投资者并购境内企业的行政审批制度，经审批机关批准也是因上述并购变更设立外商投资企业向市场监督管理机关、外汇管理机关等办理相关核准、登记手续之前置条件：

类别	审批事项	审批机关	相关条文
原则性规定	外国投资者并购境内企业	中华人民共和国商务部或省级商务主管部门	第六条、第十条
特别规定	境内公司、企业或自然人以其在境外合法设立或控制的公司名义并购与其有关联关系的境内的公司	中华人民共和国商务部	第十一条
	外国投资者以股权并购境内公司	中华人民共和国商务部	第三十二条

随着十二届全国人大常委会第二十二次会议通过《全国人民代表大会常务委员会关于修改〈中华人民共和国外资企业法〉等四部法律的决定》，商务部公布、修订《外商投资企业设立及变更备案管理暂行办法》，中国外资管理体制由“审批制”到“备案制”进行了重大变革。在此改革背景及已确立的管理体制之下，6 号文关于外国投资者并购境内企业适用审批制度的规定显然与之存在矛盾，且易造成具体法律适用上的疑惑和混淆。

2017 年 7 月 30 日，商务部公布了《关于修改〈外商投资企业设立及变更备案管理暂行办法〉的决定》，明确“由于并购、吸收合并等方式，非外商投资企业转变为外商投资企业，属于本办法规定的备案范围的，按照本条第一款办理设立备案手续，填报《设立申报表》”，一定程度上在同一立法层级将 6 号文审批制度的适用予以取代，也解决了很长一段时间存在的因外国投资者并购中国企业新设外商投资企业是否应适用 6 号文的争议。

但需要注意的是，6 号文作为现行有效的部门规章，仍具有法律效力，特别是中国公司、企业或自然人以其在境外合法设立或控制的公司名义并购与其有关联关系的中国公司、外国投资者以股权并购中国公司等特殊类型的并购是否还适用审批制度，不够明确。此外，除作为核心的外国投资者并购中国企业审批制度外，6 号文第八条规定：“外国投资者并购境内企业……及时向外汇管理机关办理各项外汇核准、登记、备案及变更手续。”根据《国家外汇管理局关于进一步简化和改进直接投资外汇管理政策的通知》（汇发〔2015〕13 号），境内直接投资项下外汇登记核准和境外直接投资项下外汇登记核准两项行政审批事项已被取消，而改由银行按照该通知直接审核办理；部分直接投资外汇业务办理手续也得到了简化。因此，6 号文第八条的表述仍将外汇管理机关（第十条明确规定“外汇管理机关为中华人民共和国国家外汇管理局或其分支机构”）作为办理各项外汇核准、登记等手续的机构，与汇发〔2015〕13 号通知所规定的外汇管理政策改革存在不一致。

在《外商投资法》生效后，6 号文的相关规定显然与其上位法产生了更明显的不一致之处，但其作为关于外国投资者并购中国企业最直接的立法，是否持续有效、哪些条款继续适用，尚需相关立法部门的进一步明确。

三、返程投资与特殊目的公司

2005 年 10 月 21 日，国家外汇管理局发布了《关于境内居民通过境外特殊目的公司融资及返程投资外汇管理有关问题的通知》（汇发〔2005〕75 号，以下简称 75 号文），对“特殊目的公司”“返程投资”等行为涉及的跨境资金流转行为进行规范。

根据 75 号文，境内居民法人持有境内企业资产，在境外进行融资而成立的企业称为“特殊目的公司”。境内居民在特殊目的公司开展的投资活动称为“返程投资”。75 号文虽然于 2014 年被《关于境内居民通过特殊目的公司境外投融资及返程投资外汇管理有关问题的通知》（汇发〔2014〕37号）替代，但从国家外汇监管的角度对境内企业境外间接上市的相关概念和外汇申请程序进行了明确，75号文对中国境内居民境外投资及返程投资相关事宜还是进行了具有创新意义的规范。

对于“特殊目的公司”为实现在境外上市，其股东以其所持公司股权，或者特殊目的公司以其增发的股份，作为支付手段，购买中国公司股东的股权或者中国公司增发股份的并购交易，6号文亦通过专门一节进行规定。根据6号文的规定，中国公司应向商务部申请核准手续才可以在境外设立特殊目的公司，且特殊目的公司以股权形式并购中国公司时，应向商务部报送相关文件以获得批准。然而由于6号文规定的严格审批程序和时间限制，致使在该规定出台至今，尚未在公开渠道得知有任何一家中国企业通过前述并购交易获得商务部的批准而完成境外上市的架构搭建。基于此，各种试图规避并购规定审批程序的模式不断被设计并尝试，包括VIE模式、新设中外合资（合作）企业模式及建立家族信托模式等。

四、VIE 模式

VIE是Variable Interest Entity的简称，在中国通常被称为协议控制。实质上，VIE是会计准则的概念，来源于国际财务报告准则及国际会计准则，并根据美国财务会计准则委员会（Financial Accounting Standard Board，FASB）的解释而适用于没有直接股权控制关系的企业，通过拥有实际或潜在经济利益，成为另一企业的实际控制人或主要受益人，而需要做财务并表处理[①]。传统上，股份持有人的权利通过股东投票权来体现，具有投票权的

① 参见郭雳、陈俐俐：《红筹架构企业回归A股首发上市实践与监管研究》，载《证券法苑》（2013）第九卷，第572页。

投资人有权决定是否开展对所投资企业有重大经济影响的活动，并有责任弥补亏损和分享收益。但是，当一个企业的资本金非常缺乏，没有其他额外资金的补充无法正常经营，而股东又缺乏能力或经验对企业进行融资时，那些能够对企业进行资金支持的投资者可能会通过其他经济利益关系来实施对企业的影响和控制，例如提供借款、债务担保等，就形成了 Variable Interest Entity（VIE，可变利益实体）。而很多中国公司之所以选择 VIE 模式，主要原因之一便是为了规避中国关于外国投资者禁止或限制投资特定行业或产业的规定。

以最早使用 VIE 模式的中国公司新浪网为例，其选择搭建 VIE 架构主要目的即为避免境外融资及上市融资主体吸纳外资后，作为外商投资企业不得经营电信运营和电信增值服务业务（包括网络信息服务，Internet Content Provider，ICP）的限制。新浪的 VIE 架构具体如下：

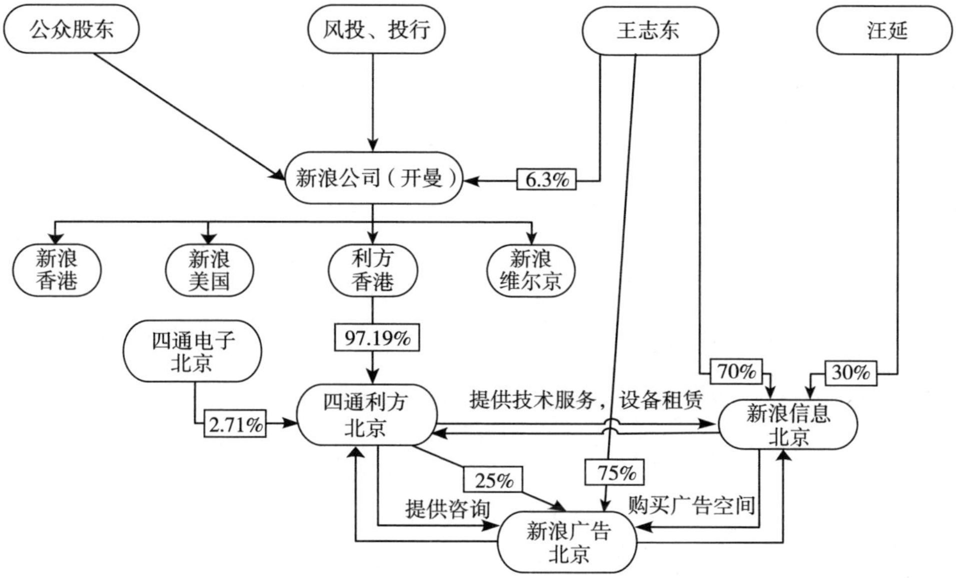

上市主体新浪公司通过境内外关联主体之间五份业务协议，将北京新浪信息服务有限公司（ICP 公司）的营业收入和利润合并计算至上市公司的控制体

系内，包括：（1）北京四通利方与新浪广告之间的咨询服务协议；（2）北京四通利方与ICP公司之间的技术服务协议；（3）北京四通利方与ICP公司之间的设备租赁协议；（4）新浪公司与新浪广告的海外市场独家广告代理协议；（5）新浪广告与ICP公司之间的广告空间购买协议等。

新浪成功上市后，各互联网公司纷纷效仿，包括空中网、百度、阿里巴巴、分众传媒、华视传媒等皆通过搭建VIE架构而实现境外上市的同时规避《外商投资产业指导目录》、6号文涉及禁止或限制外商投资特定产业或行业、外资并购及外汇审批等监管规定的目的。VIE模式也因此一直伴随着诸多关于其合法性的讨论而成为资本市场关注的焦点。

长沙亚兴置业发展有限公司（下称亚兴公司或甲方）诉北京师大安博教育科技有限责任公司（下称安博公司或乙方）其他合同纠纷案被称为“中国VIE结构第一案”。

该案主要事实如下：

湖南长沙同升湖实验学校和湖南长沙同升湖幼儿园（下称目标学校）分别经湖南省教育委员会和长沙市雨花区教育局批准设立，其最初的举办者为亚兴公司。2009年7月28日，亚兴公司（甲方、转让方）和安博公司（乙方、受让方）签订《合作框架协议》，该协议中约定：鉴于1. 甲方为转让标的目标学校的唯一合法举办者，拥有目标学校的100%权益；……3. 注册于开曼群岛的BVI－A是甲方实际控制的海外公司，BVI－B公司则是BVI－A公司的全资控股子公司；4. Ambow Education Holding Ltd是乙方的海外关联公司。甲方将目标学校的教学举办权、经营收益权（不包括转让交割前的历年结余额）、经营处置权、无形资产等以及截至协议签订之日目标学校正在使用的教学设备和小学部、初中部、高中部教学楼的房产作为转让标的权益（下称标的权益），甲方向乙方转让标的权益70%的标的权益和其关联BVI－B公司的所有权益。有关甲方过户到目标学校名下的部分房产，在双方另签订《关于收益分配及资产保障的补充协议》中明确将来无偿归还给甲方或由乙方购买的条件后，甲方同意放弃30%权益所对应的标的权益，并同意将该部分标的权益全部归乙方所有。双方同意对目标学校70%标的权益整体估值共计为人民币16779万元，乙方以现金方式支付甲方人民币8391万元，另外按人民币8388万元兑换等值待上市的股票并支付到甲方指定的海外公司，乙方对应取得目标学校70%的举办权益、100%的经营收益权和100%的经营处置权。双方签订《合作框架协议》及《关于支付部分转让款的备忘录》后7个工作日内，乙方向甲方支付转让款总额的10%，即899万元，该笔款项将支付到双方共管的账户中，在湖南省教育局出具正式批准文件批准本次权益转让，且同意目标学校的举办者由转让方变更为受让方、同意学校校舍由学校向现有房产的所有权人（亚兴公司和长沙市同升湖房地产开发有限公司）交付使用后，该笔资金立即解冻，作为权益转让款的一部分划归甲方。在目标学校举办者由转让方变更为受让方，并获得教育局批准后的7个工作日内，乙方向甲方再支付转让款总额的40%，即3356万元。余款在双方正式交接及正式《权益转让协议》签订后一年内支付完毕。如果在2009年9月29日前，甲方未办理完教育主管部门关于目标学校举办者的变更批准手续和民政局的变更手续，则各方原有签署的所有协议解除，不追究违约责任。双方同意，乙方向甲方按目标学校整体估值的50%，即人民币8388万元支付等值的股票给甲方指定的海外公司。在取得教育局批文，海外BVI公司已经设立且双方已经签署海外换股协议后的45个工作日内，乙方向甲方出具发放8388万元人民币等值的股权证，并由乙方关联企业Ambow Education Holding Ltd向甲方海外关联企业BVI－A公司发放等值于8388万元人民币的股票，以置换其全资控股的BVI－B公司100%股权的形式支付目标学校权益转让的剩余对价。乙方另外奖励目标学校经营团队409971股，并在协议中列明了团队个人的份额。双方为履行《合作框架协议》又签订了《权益转让协议》《房屋及场地使用合同》《关于收益分配及资产保障的补充协议》；双方关联公司签订了《股权购买协议》。

上述协议签订后，自2009年8月4日起，安博公司共向亚兴公司支付转让款现金84378609.46元，价值8388万元人民币的等值股票也于2009年向亚兴公司发放完毕。

2009年9月28日，长沙市雨花区教育局向亚兴公司、安博公司颁发《关于对〈湖南长沙同升湖实验学校关于拟变更的申请报告〉的批复》（雨教〔2009〕72号）和《关于对〈湖南长沙同升湖实验幼儿园关于拟变更的申请报告〉的批复》（雨教〔2009〕73号），批准目标学校的举办者变更为安博公司，长沙市雨花区教育局向安博公司分别颁发了目标学校的《中华人民共和国民办学校办学许可证》，有效期限自2009年9月28日至2017年9月27日。2009年9月30日，安博公司与亚兴公司办理了目标学校建筑物移交手续。2009年10月12日，长沙市雨花区民政局颁发《关于同意湖南长沙同升湖实验学校法人代表变更的行政许可决定》（雨民社发〔2009〕21号）和《关于同意湖南长沙同升湖实验幼儿园法人代表变更的行政许可决定》（雨民社发〔2009〕22号），同意将目标学校的法定代表人由王某和变更为孙某文，并向两学校颁发了《民办非企业单位登记证书》。2009年10月29日，安博公司及目标学校的法定代表人孙某文作为接交人与作为移接人的亚兴公司办理了目标学校的财务交接手续。

安博公司系于2004年11月向北京市工商行政管理局申请设立登记的公司，公司注册资本为300万元，公司设立的股东为解某军、薛某国、冯某刚、安博科技有限公司、北京师大科技园科技发展有限公司，法定代表人为黄某。2005年9月，安博公司的法定代表人变更为解某军，股东变更为解某军、薛某国、北京师大科技园发展有限公司，股东出资为解某军225万元，薛某国30万元，北京师大科技园科技发展有限公司45万元。2008年12月，安博公司股东变更为解某军、薛某国，北京师大科技园科技发展有限公司退出安博公司。

根据安博教育控股公司于2010年在美国首次公开发行美国存托股时公开披露的信息，安博教育控股公司（Ambow Education Holding Ltd）系2007年6月依据开曼群岛法律注册成立的税务免除型有限责任公司，北京安博在线软件公司（下称安博在线公司）系安博教育控股公司于2000年依据中国法律设立的一家外商独资企业，系安博教育控股公司在中国经营的主要公司。安博教育控股公司在公开披露的信息中称，在中国，其主要通过安博在线和可变利益实体及其股东之间的协议安排开展业务，安博教育控股公司在可变利益实体中没有直接或控股的权益，在可变利益实体的下属机构中也没有直接或间接控股。包括安博公司在内的可变利益实体股东向安博在线公司质押其在可变利益实体中的股权，全权委托安博在线公司行使其在可变利益实体中的投票权，安博教育控股公司可以有效控制该可变利益实体。安博在线公司通过向这些可变利益实体及其附属机构销售产品、技术支持、市场营销以及管理咨询服务，从可变利益实体及其附属机构的税前利润中获取经济收益。安博教育控股公司在公告中称安博公司即其一个可变利益实体（Variable Interest Entities，VIEs），持有目标学校70%的股权。安博教育控股公司通过其在中国的全资子公司安博在线公司与安博公司之间的协议安排开展教育业务。依据安博在线公司与安博公司股东解某军和薛某国之间所达成的一系列协议，安博公司股东解某军、薛某国将其在安博公司的全部股权质押给安博在线公司。解某军、薛某国将其在安博公司的一切表决权无期限、不可撤销地授予安博在线公司。根据安博在线公司与安博公司之间的独家合作协议，安博在线公司拥有向安博公司提供技术支持和中小学在线教育营销咨询服务及其他相关服务的专有权，以获得金额相当于安博公司税前盈利的服务费。

亚兴公司按照双方《合作框架协议》中约定所取得的价值人民币8388万元的待上市股票系于2010年8月在美国纽约证券交易所上市的安博教育控股公司的普通股票即ADR（该部分股票由亚兴公司的海外关联公司BVI－

B公司实际持有），亚兴公司如果要出售该部分股票，须先将该部分股票按照2:1的比例转换成相应数量的美国存托股即ADS（即每两股亚兴公司所持的安博教育控股公司的普通股票ADR转换成一股美国存托股ADS），然后通过券商在证券交易市场公开交易。亚兴公司所持安博教育控股公司的普通股票自该股于2010年8月5日在美国纽约证券交易所上市后，有180日的禁售期，自2011年2月6日起该部分股票解禁可出售。安博教育控股公司的股票于2010年8月5日在美国纽约证券交易所上市交易后股价一路下跌，2013年3月22日，纽约证券交易所暂停安博教育控股公司的股票交易，停牌时，安博教育控股公司的股价为每股0.95美元。

2012年3月6日，亚兴公司向安博教育控股公司提出将所持安博教育控股公司的2457272股普通股（ADR）转换成1228636股可出售的美国存托股（ADS）的申请，安博教育控股公司则认为应由亚兴公司自己按照ADR股转换成ADS股的程序办理。之后，双方就亚兴公司所持ADR股转换为ADS股多次协商沟通，但亚兴公司一直未能完成将所持ADR股转换成ADS股，亚兴公司称是因为安博教育控股公司阻碍导致，而安博教育控股公司则认为是亚兴公司未按法定程序办理所导致。因安博教育控股公司的股票已经被纽约证券交易所暂停交易，且股价大幅下跌，双方遂形成本案纠纷。

安博教育是在中国境内注册的企业，股东为国内自然人。安博在线公司系安博教育控股公司（注册在开曼群岛的公司，2010年在纽交所上市，以下称安博教育控股）在国内设立的外商独资企业。安博在线与安博教育及其自然人股东签订一系列协议，包括独家合作协议、借款协议、股权质押协议、购股权协议、委托书等（以下统称VIE协议），取得安博教育股东的表决权，并将安博教育的经济利益转移至安博在线。

目标学校最初的举办者为亚兴置业。2009年7月28日，亚兴置业与安博教育签订《合作框架协议》，约定将标的权益转让给安博教育，转让对价为人民币16779万元，其中人民币8391万元以现金方式支付，其余人民币

8388万元以安博教育控股等值待上市的股票的形式支付到亚兴置业指定的海外公司。双方为履行《合作框架协议》，另行签订了《权益转让协议》《房屋及场地使用合同》《关于收益分配及资产保障的补充协议》；双方海外的关联公司签订了《股权购买协议》。上述协议签订后，安博教育以现金和股票的形式支付了转让对价，教育部门批准将目标学校的举办者变更为安博教育，并颁发了新的办学许可证，民政部门批准了目标学校的法人代表变更，并颁发了新的民办非企业法人登记证书。

该案争议焦点是案涉《合作框架协议》的合同效力问题。

最高人民法院判决认为：(1）安博公司系内资企业，非外资企业。因安博公司的股东解某军、薛某国均为中国公民，安博公司无外资股东，其在工商登记机关登记的企业性质为中国境内的有限责任公司。亚兴公司主张以安博公司注册资本金的现金来源为由，确定安博公司的企业性质，无法律依据。安博公司虽以合同方式将其相关股东权利委托给安博在线公司行使，但安博在线公司并不具备公司法上安博公司的股东身份。故亚兴公司主张安博公司系外资企业于法无据；(2）VIE协议的组成协议之一《合作框架协议》是双方的真实意思表示，亚兴公司与安博公司订立《合作框架协议》，以转让目标学校的举办权的方式取得相应对价。为履行《合作框架协议》，双方又签订了《权益转让协议》《房屋及场地使用合同》《关于收益分配及资产保障的补充协议》；双方关联公司签订了《股权购买协议》。双方订立合同的过程及履约行为显示，并不存在欺诈、胁迫及其他意思表示不真实的情形；(3）《合作框架协议》并未违反法律、行政法规的强制性规定，亚兴公司主张《合作框架协议》因违反《中华人民共和国中外合作办学条例》第六条及《外商投资产业指导目录》《商务部实施外国投资者并购境内企业安全审查制度的规定》第九条的强制性规定无效。但《外商投资产业指导目录》及《商务部实施外国投资者并购境内企业安全审查制度的规定》系部门规章，而非法律和行政法规。根据《中华人民共和国合同法》第五十二条第五项有关“违反法律、行政法规的强制性规定”应当认定无效的规定及《最高人民法院关于适用〈中华人民共和国合同法〉若干问题的解释（一）》第四条“合同法实施以后，人民法院确认合同无效，应当以全国人大及其常委会制定的法律和国务院制定的行政法规为依据，不得以地方性法规、行政规章为依据”的规定，《外商投资产业指导目录》及《商务部实施外国投资者并购境内企业安全审查制度的规定》不能作为认定合同效力的依据。①

这一判决认为 VIE 架构所规避的外商投资管理相关法规文件，不属于可导致合同无效的“法律、行政法规的强制性规定”，一定程度上维护了 VIE 架构存在的稳定性。

第四节 外国投资者并购中国企业的交易流程及所需文件

一、基本交易流程

对于很多选择通过并购方式在中国进行直接投资的外国投资者而言，并购一家中国企业意味着能更快速地进入中国市场、开展经营活动。然而，虽然并购交易可以带来更为丰富的本土资源，但在交易前后相伴而生的还有目标主体不确定的法律风险、与目标主体斗智斗勇的尽职调查、反复多轮的谈判、交割后与本土合作伙伴的持续合作以及合规经营等困难，特别是作为收购方的外国投资者，还会面临完全不了解中国法律及文化、不适

① 参见中华人民共和国最高人民法院民事判决书（2015）民二终字第117号。

应中方工作习惯等挑战，任何一个环节出现问题，都可能导致一项并购交易失败。

一项典型的外国投资者并购中国企业的交易，通常包括如下阶段：

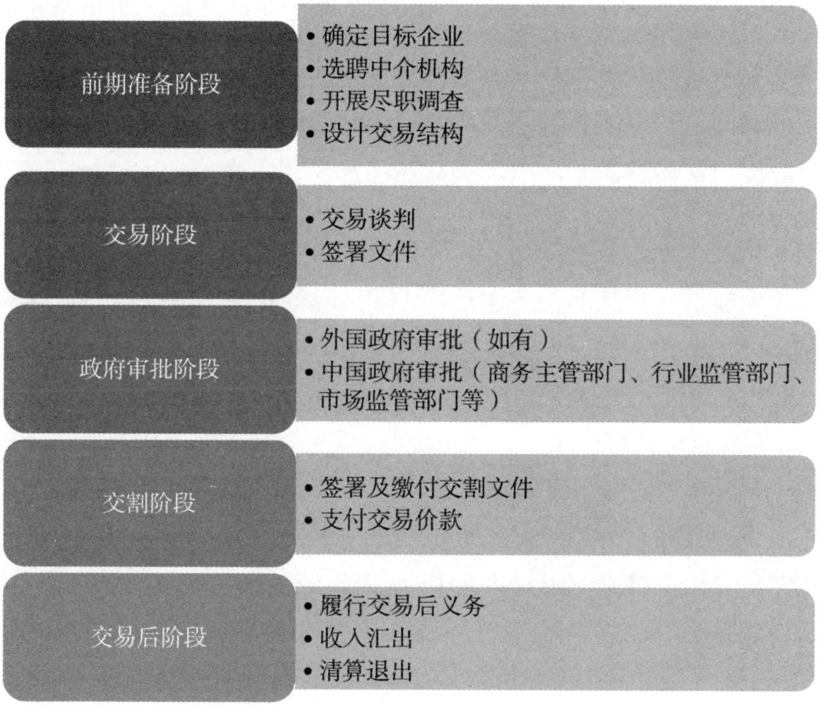

关于跨境并购交易中如何进行尽职调查等交易前的准备、如何进行融资、会面临除外资准入外哪些政府审批以及交割后需要注意的合规义务，本书将在其他章节进行介绍，本章将聚焦于外国投资者并购中国企业所需履行的与行业准入相关的注意事项及流程。

一家中国企业被外国投资者并购的结果即是目的企业的性质由内资企业变更为外商投资企业，即在法律层面是新设一家外商投资企业。如前文所述，中国的外资准入经历了从“逐案审批”到“负面清单＋准入前国民待遇”的制度变迁。拟进行并购的外国投资者在选择并购标的时，首先需要关注的是并购标的是否处于现行负面清单中禁止或限制外国投资者投资的行业或领域。负面清单规定禁止投资的领域，外国投资者不得投资。负面清单规定限制投资的领域，外国投资者进行投资应当符合负面清单规定的股权要求、高级管理人员要求等限制性准入特别管理措施。

在2020年1月1日《外商投资法》及《外商投资法实施条例》正式生效实施之后，外商投资企业的设立程序进一步简化，商务备案与市场监管部门登记已实施“一套表格、一口办理”，设立外商投资企业不再需要另行在商务主管部门的窗口或系统中进行单独的备案，直接在市场监管部门一次性办理被并购企业变更登记即可，市场监督管理部门负责将相关信息接收后推送至商务主管部门，如北京、上海等城市已实现全程在线办理，仅需2—3天即可领取变更后的营业执照。对于涉及外商投资准入特别管理措施的外商投资企业设立，即并购目的企业处于外商投资负面清单所列的限制外商投资的行业的，亦仅需在申请办理市场监督管理部门登记变更时，填报商务备案信息，市场监督管理部门核准登记后相关信息推送至商务部外商投资综合管理应用系统，由商务部门继续办理相关手续，而无须另行向商务主管部门报送信息或文件①。

二、特殊行业监管与金融行业开放

外国投资者在选择并购目标时除关注外商投资负面清单外，亦需关注目标企业所处行业的特殊监管要求。如拟并购目标企业处于银行、保险、电信、医疗等行业，限于该行业主管机构的要求，即使该等目标企业所处行业不在外商投资负面清单中，外国投资者也需满足行业主管机构关于该类企业“股东”或“外资股东”的要求。《外商投资法》第四十一条亦规定：“对外

① 参见《外商投资企业设立流程》，载上海外商投资促进服务平台，http：//www. investsh. org. cn/wstzqysllc/1059. htm，最后访问于2020年7月13日。

国投资者在中国境内投资银行业、证券业、保险业等金融行业，或者在证券市场、外汇市场等金融市场进行投资的管理，国家另有规定的，依照其规定。”

2019 年起，中国金融开放脚步不断加快，重磅政策接连落地，金融业对外开放大门越开越大。2019 年 11 月 7 日，国务院发布《关于进一步做好利用外资工作的意见》，明确要求加快金融业开放进程：全面取消在华外资银行、证券公司、基金管理公司等金融机构业务范围限制，丰富市场供给，增强市场活力。减少外国投资者投资设立银行业、保险业机构和开展相关业务的数量型准入条件，取消外国银行来华设立外资法人银行、分行的总资产要求，取消外国保险经纪公司在华经营保险经纪业务的经营年限、总资产要求。扩大投资入股外资银行和外资保险机构的股东范围，取消中外合资银行中方唯一或主要股东必须是金融机构的要求，允许外国保险集团公司投资设立保险类机构。继续支持按照内外资一致的原则办理外资保险公司及其分支机构设立及变更等行政许可事项。2020 年取消证券公司、证券投资基金管理公司、期货公司、寿险公司外资持股比例不超过 51% 的限制。

此后，《外资银行管理条例》《外资银行管理条例实施细则》《中国银保监会外资银行行政许可事项实施办法》《外资保险公司管理条例》《外资保险公司管理条例实施细则》《中国银保监会办公厅关于明确取消合资寿险公司外资股比限制时点的通知》等法律文件先后修订或公布，全面落实金融业对外开放的政策。2019 年 10 月，中国证监会召开新闻发布会，自 2020 年 1 月 1 日起，取消期货公司外资股比限制；自 2020 年 4 月 1 日起，在全国范围内取消基金管理公司外资股比限制；自 2020 年 12 月 1 日起，在全国范围内取消证券公司外资股比限制。

在 2020 年版外商投资负面清单中，证券公司、证券投资基金管理公司、期货公司、寿险公司的外资股比限制已被彻底删除。但对于并购中国境内金融机构的外国投资者，以下特殊并购目标所涉及的特别规定仍值得特别关注。

并购目标	行业监管规定	外资股东特殊要求
银行	《中华人民共和国外资银行管理条例》(2019年修订)	拟设外商独资银行、中外合资银行的股东或者拟设分行、代表处的外国银行应当具备下列条件:(一)具有持续盈利能力,信誉良好,无重大违法违规记录;(二)拟设外商独资银行的股东、中外合资银行的外方股东或者拟设分行、代表处的外国银行具有从事国际金融活动的经验;(三)具有有效的反洗钱制度;(四)拟设外商独资银行的股东、中外合资银行的外方股东或者拟设分行、代表处的外国银行受到所在国家或者地区金融监管当局的有效监管,并且其申请经所在国家或者地区金融监管当局同意;(五)国务院银行业监督管理机构规定的其他审慎性条件。拟设外商独资银行的股东、中外合资银行的外方股东或者拟设分行、代表处的外国银行所在国家或者地区应当具有完善的金融监督管理制度,并且其金融监管当局已经与国务院银行业监督管理机构建立良好的监督管理合作机制。 拟设外商独资银行的股东应当为金融机构,除应当具备本条例第九条规定的条件外,其中唯一或者控股股东还应当具备下列条件:(一)为商业银行;(二)资本充足率符合所在国家或者地区金融监管当局以及国务院银行业监督管理机构的规定。 拟设中外合资银行的股东除应当具备本条例第九条规定的条件外,其中外方股东应当为金融机构,且外方唯一或者主要股东还应当具备下列条件:(一)为商业银行;(二)资本充足率符合所在国家或者地区金融监管当局以及国务院银行业监督管理机构的规定。
证券公司	《外商投资证券公司管理办法》(2020 年修订)	外商投资证券公司的境外股东,应当具备下列条件: (一)所在国家或者地区具有完善的证券法律和监管制度,相关金融监管机构已与中国证监会或者中国证监会认可的机构签定证券监管合作谅解备忘录,并保持着有效的监管合作关系; (二)为在所在国家或者地区合法成立的金融机构,近 3 年各项财务指标符合所在国家或者地区法律的规定和监管机构的要求; (三)持续经营证券业务 5 年以上,近 3 年未受到所在国家或者地区监管机构或者行政、司法机关的重大处罚,无因涉嫌重大违法违规正受到有关机关调查的情形;

续表

并购目标	行业监管规定	外资股东特殊要求
证券公司	《外商投资证券公司管理办法》（2020 年修订）	（四）具有完善的内部控制制度； （五）具有良好的国际声誉和经营业绩，近 3 年业务规模、收入、利润居于国际前列，近 3 年长期信用均保持在高水平； （六）中国证监会规定的其他审慎性条件。
期货公司	《外商投资期货公司管理办法》（2018 年公布）	直接持有期货公司 5% 以上股权的境外股东，除应当符合《期货公司监督管理办法》第七条和第九条规定的条件外，还应当具备下列条件： （一）持续经营 5 年以上，近 3 年未受到所在国家或者地区监管机构或者行政、司法机关的重大处罚； （二）管理层具有良好的专业素质和管理能力； （三）具有健全的内部控制制度和风险管理体系； （四）具有良好的国际声誉和经营业绩，近 3 年业务规模、收入、利润居于国际前列，近 3 年长期信用均保持在高水平； （五）中国证监会规定的其他审慎性条件。 有关联关系的多个境外股东合计持有期货公司 5% 以上股权的，每个境外股东均应具备上款所列条件。
保险公司	《中华人民共和国外资保险公司管理条例》（2019 年修订）	申请设立外资保险公司的外国保险公司，应当具备下列条件：（一）提出设立申请前 1 年年末总资产不少于 50 亿美元；（二）所在国家或者地区有完善的保险监管制度，并且该外国保险公司已经受到所在国家或者地区有关主管当局的有效监管；（三）符合所在国家或者地区偿付能力标准；（四）所在国家或者地区有关主管当局同意其申请；（五）国务院保险监督管理机构规定的其他审慎性条件。
私募基金管理人	《私募基金登记备案相关问题解答（十）》	境外股东为所在国家或者地区金融监管当局批准或者许可的金融机构，且境外股东所在国家或者地区的证券监管机构已与中国证监会或者中国证监会认可的其他机构签订证券监管合作谅解备忘录； 境外股东最近三年没有受到监管机构和司法机构的重大处罚。

除金融行业外，外国投资者投资增值电信业务、医疗等行业，亦要求外国投资者应具备相关行业业绩和运营经验等条件。此外，如拟并购目标企业为国有企业、上市公司，还应关注国有资产监管、上市公司收购的特殊规定。

三、所需交易文件

一项并购交易通常所需的交易文件如下表所列：

编号	文件名称	签署（出具）方
1	股权转让协议或增资协议	外国投资者、原股东、目标公司
2	目标公司股权出质解除通知书	市场监管部门
3	本次交易已通知债权人并取得债权人同意的证明（如涉及）	目标公司债权人
4	目标公司章程及股东协议	交割后的公司股东
5	目标公司法律尽职调查报告	外国投资者聘请的法律顾问
6	目标公司截至约定时间的财务报表	目标公司
7	反映本次交易需求的股东会决议和董事会决议	交割前后的股东、董事
8	通知担保权人本次交易的书面通知（如涉及）	目标公司、原股东
9	目标公司反映本次交易的工商变更登记后的新营业执照	市场监管部门
10	证明交割后股东已登记为目标公司的股东且无权利负担的股东名册	交割后的股东
11	显示交割条件已满足的交割证明书	目标公司、目标公司原股东

其中，《股权转让/增资协议》约定并购交易各方在交易阶段的权利义务，《目标公司章程/股东协议》约定交易交割后各方的权利义务，是并购交易中最重要的文件。在“审批制”时代，由于《中外合资经营企业法》以及《中外合作经营企业法》皆规定了，各方签订的合营/资协议、合同、

章程，应报国家审查批准机关审查批准，故并购交易中交易文件的效力问题一直存在多方争论。对此，在《外商投资法》正式在法律层面确立“负面清单+准入前国民待遇”的原则下，2019 年 12 月 16 日公布的《最高人民法院关于适用〈中华人民共和国外商投资法〉若干问题的解释》对交易文件的效力问题进行了明确规定：投资合同，是指外国投资者即外国的自然人、企业或者其他组织因直接或者间接在中国境内进行投资而形成的相关协议，包括设立外商投资企业合同、股份转让合同、股权转让合同、财产份额或者其他类似权益转让合同、新建项目合同等协议。

对《外商投资法》第四条所指的外商投资准入负面清单之外的领域形成的投资合同，当事人以合同未经有关行政主管部门批准、登记为由主张合同无效或者未生效的，人民法院不予支持。该投资合同签订于外商投资法施行前，但人民法院在外商投资法施行时尚未作出生效裁判的，适用前款规定认定合同的效力。

外国投资者投资外商投资准入负面清单规定禁止投资的领域，当事人主张投资合同无效的，人民法院应予支持。外国投资者投资外商投资准入负面清单规定限制投资的领域，当事人以违反限制性准入特别管理措施为由，主张投资合同无效的，人民法院应予支持。人民法院作出生效裁判前，当事人采取必要措施满足准入特别管理措施的要求，当事人主张前款规定的投资合同有效的，应予支持。

在生效裁判作出前，因外商投资准入负面清单调整，外国投资者投资不再属于禁止或者限制投资的领域，当事人主张投资合同有效的，人民法院应予支持。

从而在司法裁判规则层面明确遵从了《外商投资法》对于负面清单准入之外领域外商投资的合法准入原则，并与《合同法》第五十二条之规定“有下列情形之一的，合同无效：……（五）违反法律、行政法规的强制性规定”，《民法典》第一百五十三条之规定“违反法律、行政法规的强制性规定的民事法律行为无效。但是，该强制性规定不导致该民事法律行为无效的除外”保持了一致。

第五节　交易后阶段重点关注问题

一、并购后外商投资企业之组织形式及治理结构

《外商投资法》生效前，关于外国投资者并购中国企业后设立的合资经营以及合作经营企业的组织机构，《中外合资经营企业法》和《中外合作经营企业法》皆有区别于内资企业的特殊规定，对于合资经营企业和采取有限责任公司形式的合作经营企业，在公司治理结构方面，均以董事会为最高权力机构，决定企业治理中的重大问题，同时相关实施条例中明确了董事会的组成、召开、表决等程序。

《外商投资法》第三十一条规定：“外商投资企业的组织形式、组织机构及其活动准则，适用《中华人民共和国公司法》、《中华人民共和国合伙企业法》等法律的规定。”第四十二条规定：“本法自 2020 年 1 月 1 日起施行。《中华人民共和国中外合资经营企业法》、《中华人民共和国外资企业法》、《中华人民共和国中外合作经营企业法》同时废止。本法施行前依照《中华人民共和国中外合资经营企业法》、《中华人民共和国外资企业法》、《中华人民共和国中外合作经营企业法》设立的外商投资企业，在本法施行后五年内可以继续保留原企业组织形式等。具体实施办法由国务院规定。”该条规定落实了“内外资一致”的标准，体现了准入前国民待遇原则。

对于《外商投资法》生效前，完成并购交易之后依照《中外合资经营企业法》《中外合作经营企业法》成立的中外合资企业或中外合作企业，根

据《外商投资法》应当进行的调整主要包括以下三个方面：

其一，组织形式的变更。对于2020年1月1日以前设立的外商投资公司以及外商投资合伙企业无须进行组织形式的变更登记，继续保留原有的有限责任公司或股份有限公司（少量）的形式即可。而对于部分不具有法人资格的外商投资企业，则可在过渡期内申请改制为合伙企业而非公司，这一原因主要在于，不具有法人资格的外商投资企业的投资者对企业债务承担无限连带责任，与公司制下股东承担有限责任不同，当前中国现行法律并无对公司和合伙制企业相互转换的明确规定，因此从保护债权人合法权益的角度，暂未明确不具有法人资格的外商投资企业申请改制为公司。尽管市场监督管理总局登记注册局负责人表示在实践中，对于确有需要的个案会另行研究处理，但我们认为申请改制为公司的难度极大，建议按照合伙企业予以改制更为便捷。

其二，治理结构的调整。如前所言，原三资企业中除外商独资企业外，董事会为企业内部最高权力机构，与《公司法》下的组织结构有较大差异。随着新法的颁布，三资企业法废除，这一“双轨制”特殊规定也将成为历史。此后，在有限责任公司形式的外商投资企业中，应设置股东会作为最高权力机构，股东会和董事会依据《公司法》的规定进行分工。《外商投资法》施行后，外商投资企业必须在过渡期内按照《公司法》或《合伙企业法》的要求对组织机构进行调整，我们以最常见的有限责任公司为例，对于有限责任公司形式的外商投资企业，应当尽快修订其合资/合作合同和公司章程，对以下内容进行调整：

（1）最高权力机构的新设和变更。外商投资企业应设立股东会，将公司最高权力机构从董事会调整为股东会。

（2）增设股东会职权、表决机制等条款。将过去由董事会决议的重大事项（修改公司章程、增加或者减少注册资本的决议，以及公司合并、分立、解散或者变更公司形式）变更为股东会职权，由股东会三分之二或以上决议批准，并按照公司法的要求明确约定股东会的表决机制和会议召开机制等。

（3）调整董事会职权、组成、表决机制、会议召开机制等条款。三资企业法和《公司法》就董事会的成员人数、任期、会议召开的法定人数、产生方式等的规定也存在不一致之处，应根据《公司法》的要求调整原有的董事会相关条款，特别注意应根据《公司法》第三十七条（股东会职权）和第四十六条（董事会职权）对两会行使的职权进行调整。

（4）增设监事会/监事条款。根据《公司法》的要求，公司应设立监事会或监事，但三资企业法并未明确规定监事要求，对于未设置监事的外商投资企业，应当新设监事会/监事。

其三，有关权利转让的限制不再使用。《中外合资经营企业法》及《中外合作经营企业法》规定，合营者转让其在合资或合作企业中的注册资本等权利，必须经他方同意。而在中国《公司法》规定中，有限责任公司的股东之间可以相互转让其全部或者部分股权，股东向股东以外的人转让股权，应当经其他股东过半数同意。《合伙企业法》则规定，如合伙协议另有约定，合伙人向合伙人以外的人转让其在合伙企业中的全部或者部分财产份额时，可不经其他合伙人一致同意。

根据《外商投资法》第四十二条的规定，依照《中外合资经营企业法》《外资企业法》《中外合作经营企业法》设立的外商投资企业，在该法施行后五年内可以继续保留原企业组织形式等，故对于此前依据三资企业法设立的企业，最晚应于2025年1月1日前完成组织形式及治理结构的调整。

二、外商投资企业借用外债

根据6号文的规定，外国投资者股权并购的，对并购后所设外商投资企业应按照以下比例确定投资总额的上限：（1）注册资本在210万美元以下的，投资总额不得超过注册资本的70%；（2）注册资本在210万美元以上至500万美元的，投资总额不得超过注册资本的2倍；（3）注册资本在500万美元以上至1200万美元的，投资总额不得超过注册资本的2.5倍；（4）注册资本在1200万美元以上的，投资总额不得超过注册资本的3倍。而投资总额与注册资本之间的差额，即“投注差”，即是该企业可借用的外债额度。根据《外债登记管理办法》，境内居民借用外债的，应当办理外债登记，部分特殊债务人举借外债金额应遵循国家规定的相关额度限制。

但根据《中国人民银行关于全口径跨境融资宏观审慎管理有关事宜的通知》，“投注差”模式对于大多数企业已不再适用。该通知明确规定，除政府融资平台和房地产企业适用“投注差”模式外，其他企业均可适用全口径宏观审慎模式。其中境内外金融机构必须适用全口径宏观审慎模式，其举借外债额度不得超过跨境融资风险余额上限。即除特定类型的外商投资企业外，其他企业借用外债不再受“投资总额”的限制。

所谓全口径宏观审慎模式，是指居民举借外债余额不得超过跨境融资风险加权余额上限，跨境融资风险加权余额上限＝资本或净资产×跨境融资杠杆率×宏观审慎调节参数，不同类型的主体适用不同的参数。在该模式下，随着净资产的增加，该额度可随之不断上涨。外商融资租赁公司可借外债最高限额＝净资产×10－上年末风险资产总额，借用外债形成的资产全部计算为风险资产。此外，不同于“投注差”模式下即使企业借款偿还后剩余可借外债额度也不会增加的规定，全口径宏观审慎模式下企业的还款行为可恢复企业剩余可借外债额度。

因此，在现行全口径宏观审慎模式下，对于企业和境外资金持有人来说，资金持有人向中国企业可提供的资金规模可随净资产的增加而增加，资金的借入具有一定的灵活性。外债还款主要通过外债专用账户或外债还款的还本付息专用账户进行，债务人可以用自有外汇资金偿还外债，也可经外汇管理部门核准后用人民币购汇偿还外债。需要注意的是，根据《外债统计监测实施细则》，债务人还款受到严格的控制，其还款资金计划安排需每年上报，还款专用账户的外汇支出应当经外汇局逐笔核准。同时根据《中国人民银行关于全口径跨境融资宏观审慎管理有关事宜的通知》，企业和金融机构的跨境融资签约币种、提款币种和偿还币种须保持一致，即如以人民币形式出借资金给境内主体，则仅能以人民币形式收回该笔资金。

三、股息收入汇出

《外商投资法》从国家立法层面明确了依法保护外国投资者在中国境内的投资、收益和其他合法权益。第二十一条明确表示外国投资者在中国境内的出资、利润、资本收益、资产处置所得、知识产权许可使用费、依法获得的补偿或者赔偿、清算所得等，可以依法以人民币或者外汇自由汇入、汇出。这也是投资保护的核心条款，以列举的方式，明确了外国投资者可自由汇入、汇出的资产类型，同时强调了外国投资者可以依法“自由汇出”。

2000年之前，中国关于外商投资汇出的管制十分严格，既体现在汇出资产类型的单一，也体现在汇出程序的烦琐。2001年前后，为了适应加入WTO的需要，中国对外商投资企业的相关法律法规进行了修订，同时完善了外汇法律制度。关于实现外汇收支平衡的规定从三资企业法中删除，使外商投资企业投资汇出得以实现。

2012年11月，外汇管理局下发《关于进一步改进和调整直接投资外汇管理政策的通知》，取消了外商直接投资大部分常规性外汇业务的事前核准，改由外汇管理局对有关外汇信息进行登记，再由银行根据登记信息办理相关外汇业务。2013年5月外汇管理局下发《外国投资者境内直接投资外汇管理规定》，进一步梳理和规范了外商直接投资的外汇管理。2015年2月，外汇管理局下发了《关于进一步简化和改进直接投资外汇管理政策的通知》，延续了外汇管理局近年来简化外商直接投资外汇管理的趋势，并将《外汇管理支持试验区建设实施细则》在银行层面进行外汇登记的试点做法扩大至全国范围，实质上取消了外汇管理局对外商直接投资相关外汇交易事项的事前行政审批，极大地便利了企业涉及交易的经营活动。

《外商投资法》第二十一条以罗列的方式尽可能涵盖了外国投资者可能获得收入的途径，也意味着该条款对于外资的汇入汇出，是持有尽量不予以额外限制的态度①。

四、外商投资企业境内再投资

外商投资企业境内投资是指外商投资企业以本企业的名义，在中国境内投资设立企业或购买其他企业（下称被投资企业）投资者股权的行为。

《国家外汇管理局综合司关于完善外商投资企业外汇资本金支付结汇管理有关业务操作问题的通知》（下称142号文）出台前，中国并未对外商投资企业资本金进行境内股权投资的限制，但彼时无监管的状态使得大量结汇资金涌入房地产、股市、民间借贷等领域，正常的外汇经济秩序被扰乱。因此，国家出台了142号文加强对资本金流动的监管。142号文明确了“外商投资企业资本金结汇所得人民币资金，应当在政府审批部门批准的经营范围内使用，除另有规定外，结汇所得人民币资金不得用于境内股权投资”。这一规定确定了外商投资企业资本金进行境内股权投资的原则，即投资性外商投资企业基于其经营范围可从事境内股权投资，但资本金的划转应当经政府审批部门批准；非投资性外商投资企业的资本金不可用于境内股权投资。

经过七年的发展，人民币资金外流的压力、跨境投资的活跃等国际市场环境的变化，使得外商投资企业资本金境内股权投资的限制有了一定程度的放开。国家外汇管理局通过先行试点的方式，于2015年4月16日，发布了《关于改革外商投资企业外汇资本金结汇管理方式的通知》（下称19号文）。

---

① 参见孔庆江等：《〈中华人民共和国外商投资法〉解读》，法律出版社2019年版，第89－93页。

19 号文明确："除原币划转股权投资款外，允许以投资为主要业务的外商投资企业（包括外商投资性公司、外商投资创业投资企业和外商投资股权投资企业），在其境内所投资项目真实、合规的前提下，按实际投资规模将外汇资本金直接结汇或将结汇待支付账户中的人民币资金划入被投资企业账户。上述企业以外的一般性外商投资企业以资本金原币划转开展境内股权投资的，按现行境内再投资规定办理。以结汇资金开展境内股权投资的，应由被投资企业先到注册地外汇局（银行）办理境内再投资登记并开立相应结汇待支付账户，再由开展投资的企业按实际投资规模将结汇所得人民币资金划往被投资企业开立的结汇待支付账户。被投资企业继续开展境内股权投资的，按上述原则办理。"但这一规定在实践中，并未解决非投资性外商投资企业境内股权投资受限的问题。19 号文亦明确规定："外商投资企业资本金及其结汇所得人民币资金不得用于以下用途：（一）不得直接或间接用于企业经营范围之外或国家法律法规禁止的支出……"因此，相当于无论是何种类型的外商投资企业，使用资本金及其结汇所得人民币资金在中国境内进行股权投资，在其经营范围中皆需要包括"投资"这一项。

设立以投资为主要业务的外商投资企业（包括外商投资性公司、外商投资创业投资企业和外商投资股权投资企业），所要达到的门槛极高，如根据《商务部关于外商投资举办投资性公司的规定》："申请设立投资性公司应符合下列条件：（一）1. 外国投资者资信良好，拥有举办投资性公司所必需的经济实力，申请前一年该投资者的资产总额不低于四亿美元，且该投资者在中国境内已设立了外商投资企业，其实际缴付的注册资本的出资额超过一千万美元，或者；2. 外国投资者资信良好，拥有举办投资性公司所必需的经济实力，该投资者在中国境内已设立了十个以上外商投资企业，其实际缴付的注册资本的出资额超过三千万美元；（二）以合资方式设立投资性公司的，中国投资者应为资信良好，拥有举办投资性公司所必需的经济实力，申请前一年该投资者的资产总额不低于一亿元人民币。"而非投资性外商投资企业如拟在其经营范围中加注“投资”字样，亦需要经过地方金融监管部门的许可，在实践中操作难度极大。因此，根据19号文的规定，非投资性的外商投资企业以其资本金在境内开展股权投资仍受到非常大的限制。

2019年3月发布《外商投资法》后，各项相关制度亦进行了相应的更新、修订、完善。《外商投资法实施条例》第四十七条明确：“外商投资企业在中国境内投资，适用外商投资法和本条例的有关规定。”从法律层面明确了外商投资企业的境内投资，适用新法体系。适用外商投资法和实施条例的有关规定，不仅意味着外商投资企业境内投资过程中，全面适用准入前国民待遇和负面清单原则，同样亦适用于外商投资信息报告制度等新法体系下的外商投资监管制度。2019年10月23日，国家外汇管理局发布《关于进一步促进跨境贸易投资便利化的通知》（下称28号文），为促进跨境贸易投资的便利化，进一步优化外汇管理政策措施，便利市场主体合规办理外汇业务。其中第二条明确取消非投资性外商投资企业资本金境内股权投资限制，具体安排如下：

在投资性外商投资企业（包括外商投资性公司、外商投资创业投资企业和外商投资股权投资企业）可依法依规以资本金开展境内股权投资的基础上，允许非投资性外商投资企业在不违反现行外商投资准入特别管理措施（负面清单）且境内所投项目真实、合规的前提下，依法以资本金进行境内股权投资。

非投资性外商投资企业以资本金原币划转开展境内股权投资的，被投资主体应按规定办理接收境内再投资登记并开立资本金账户接收资金，无需办理货币出资入账登记；非投资性外商投资企业以资本金结汇开展境内股权投资的，被投资主体应按规定办理接收境内再投资登记并开立“资本项目－结汇待支付账户”接收相应资金。

从而明确了非投资性外商投资企业资本金境内投资的两大条件：

（1）不违反现行外商投资准入特别管理措施（负面清单）；

（2）境内所投项目真实、合规。

因此，非投资性外商投资企业与投资性外商投资企业开展资本金结汇境内股权投资适用同样的条件，此外《国家外汇管理局关于精简外汇账户的通知》（下称29号文）的附件2《银行办理相关资本项目外汇业务操作指引》中明确了境内机构可接收非投资性外商投资企业（经营范围可不含“投资”字样）的直接结汇所得或结汇待支付账户内的人民币资金，即非投资性外商投资企业使用自由资本金进行再投资的，已不再要求经营范围内必须有投资字样，只要满足不违反现行外商投资准入特别管理措施（负面清单），其境内所投项目真实、合规即可用资本金进行境内股权投资。这一规定，大大提升了外商投资企业境内再投资的便利性。

但28号文的出台，仍留有一些问题尚待解决与明确：

其一，由于其使用的账户为资本项目下的结汇待支付项目，被投资企业接收该笔投资也需要单独建立结汇待支付项目。被投资企业该笔资金是否需要遵循结汇待支付项目账户的负面用途限制，28号文未能给出一个明确的指引。根据《国家外汇管理局关于改革和规范资本项目结汇管理政策的通知》，境内机构的资本项目外汇收入及其结汇所得人民币资金，可用于自身经营范围内的经常项下支出，以及法律法规允许的资本项下支出，并遵守以下规定：（1）不得直接或间接用于企业经营范围之外或国家法律法规禁止的支出；（2）除另有明确规定外，不得直接或间接用于证券投资或除银行保本型产品之外的其他投资理财；（3）不得用于向非关联企业发放贷款，经营范围明确许可的情形除外；（4）不得用于建设、购买非自用房地产（房地产企业除外）。境内机构与其他当事人之间对资本项目收入使用范围存在合同约定的，不得超出该合同约定的范围使用相关资金。上述负面用途限制除经营范围可不含“投资”字样的境内股权投资行为可依据“法律法规允许的资本项下支出”开展外，其他资金用途仍受到前述负面用途清单限制。

其二，28号文表示需要满足项目真实且合规的要求。“真实”要求所投项目不能虚构或实际不存在，“合规”要求所投项目符合法律、政策的规定。而受限于“真实、合规”性原则，即使在28号文放开之后，投资于其他投资平台的动作仍然可能存在困难。是否能像内资企业一般便捷地完成多层次的股权架构，是否可以通过其他投资平台进一步进行股权投资，仍有待监管机关予以明确。

第三章　中国企业境外并购

第一节　中国企业境外并购背景简介

中国企业到其他国家或者地区并购公司股权或资产，被视为境外直接投资（Outbound Direct Investment）的一种方式。对于出售该公司股权或资产的公司来说，则属于获取外资的一种方式。由于出售股权/资产的公司和收购股权/资产的公司分属于不同的国家，或者属于同一国家的不同法律体系，则会产生跨国或者跨地区的法律冲突。

一般的国内商事行为，主体是中国人（含中国法人、自然人和其他组织），行为的内容不具有任何涉外因素。出于鼓励交易促进经济发展的考虑，政府对这种国内性质的经济行为干预甚少。相对而言，中国企业境外的并购行为则受到了更为严格的政府监管。实际上，当一个中国企业计划开展境外并购活动时，国内的政府监管是首先要面对和解决的问题之一。随着市场的开放及经济的发展，中国企业的境外并购自 20 世纪 80 年代至今已经有近 40 年历程，中国企业的境外并购经历了萌芽探索、摸索发展和飞速发展等阶段，无论是数量还是规模都取得了翻天覆地的进展。而政府对于企业境外并购的监管也在不断变化，这些变化与经济发展的形势具有内在的一致性。

中国改革开放40多年来经济获得飞跃性的进步，21世纪初加入世界贸易组织又进一步使中国经济跨入了新的发展阶段，伴随着中国企业实力的壮大，境外并购已经成为迅速获取国外资源、市场和技术，积极开展国际化经营和战略转型的重要途径。中国企业也在国际并购市场上扮演着更为重要的角色。

一、中国企业境外并购的发展历程

纵观历史，可以将中国企业跨境并购的历程分为以下三个阶段。

1. 萌芽探索阶段：20世纪80—90年代

1978年12月18日召开的第十一届三中全会开启了中国改革开放和社会主义现代化的伟大征程。此后中国实现了从计划经济到市场经济的转轨，也拉开了中国企业进行境外投资的序幕。

1983年起，中国授权原中华人民共和国对外经济贸易部（下称对外经济贸易部）作为中国企业对外投资的管理部门，主要负责对个案进行审核，但并未形成统一的规范。并建立了以对外经济贸易部为审批主体，其他部门和省、市相关部门层层审批上报的管理体制。这一阶段中国企业投资的行业主要是餐饮业、建筑业和金融业，而在制造业和服务业上的投资非常少①。

1985年以后，中国在继续积极引进外资的背景下，把积极鼓励大型国企"走出去"作为工作重点。1985年2月，对外经济贸易部颁布了《关于在国外开设非贸易性合资经营企业的审批程序和管理办法》。办法明确下放部分企业境外投资的审批权限，降低企业进行境外投资的准入门槛，简化审批手续，缩短审批时间。同年7月，对外经济贸易部又发布《关于在境外开

① 蔡政元、巴曙松：《中资企业海外并购的问题及对策建议》，载《金融发展研究》2019年第2期。

办非贸易性企业的审批程序和管理办法的试行规定》，这代表着对外直接投资实现了从“国务院个案审批到规范性审批的转变”①。

这一阶段中国改革开放尚处于“引进来”，而不是“走出去”的阶段，加上缺乏相关配套的法律法规和政策支持，中国境外并购的数量少、规模小，并购地区主要集中在美国、加拿大、印度和中国香港等国家和地区，所涉及的行业主要为航空、矿产资源等带有垄断色彩的行业，而并购主体基本都是大型国企。

表 1　1979—1984 年中国对外直接投资情况（非贸易类）

年份	1979	1980	1981	1982	1983	1984
当年企业数（个）	4	13	13	13	33	37
累计企业数（个）	4	17	30	43	76	113
当年投资额（亿美元）	0. 0053	0. 309	0. 0256	0. 0318	0. 087	0. 809
同比增长率（%）	-	5730. 19	-91. 72	24. 22	173. 59	829. 89
累计投资额（亿美元）	0. 0053	0. 314	0. 34	0. 37	0. 46	1. 27

数据来源：联合国贸易和发展会议。

表 2　1985—1991 年中国企业境外非贸易直接投资情况

年份	1985	1986	1987	1988	1989	1990	1991
当年企业数（个）	76	88	108	141	119	156	207
累计企业数（个）	189	277	385	526	645	801	1008
投资流量（亿美元）	0. 505	0. 776	3. 5	1. 53	2. 3	9	10
投资流量增长率（%）	-37. 58	53. 66	351. 03	-56. 29	50. 33	291. 3	11. 11
投资存量（亿美元）	1. 77	2. 3	5. 8	7. 33	9. 63	18. 63	28. 63

数据来源：联合国贸发会议世界投资报告。

---

① 《1985—1991：对外直接投资初步发展》，载商务历史，http：//history. mofcom. gov. cn/? specialfour = dwzjtzcbfz，最后访问于 2020 年 7 月 14 日。

2. 摸索发展阶段：1992—2001 年

1992 年，邓小平视察南方讲话成为推动对外投资的重要转折点，国务院扩大了生产型企业对外投资的权限。同年，党的十四大报告中明确指出，要“积极扩大我国企业的对外投资和跨国经营”。通过对外直接投资中国企业可有效规避各种贸易壁垒，积极利用国外市场和资源，促进企业不断发展壮大。

彼时正值中国经济体制由计划经济向市场经济转型，受客观条件的制约，稳定落实“对外开放”方针，中国企业的境外并购行为均被置于国家宏观管理之下有目的、有计划地进行。而国家宏观管理下的措施之一，就是对企业的境外投资项目实行审批制度。1993 年原中华人民共和国对外贸易经济合作部颁布《海外投资企业审批程序和管理办法》，提出强化中国企业境外投资的行为管理①。中国境外投资的发展速度在这一时期开始放慢。

受到 1998 年亚洲金融危机的影响，中国对外投资和境外并购在 1999 年出现大幅下滑，为应对资本外逃和外汇损失，国家开始收紧外资审批，中国企业对外投资活动步入缓慢发展期。

总的来说，在这一阶段中国企业的境外并购经历了一定的起落，并购数量和金额相较以前有较大增长，并购专业性也出现大幅提升，规模较大的境外并购仍然由大型国有企业完成，如中国石油天然气集团、中国远洋运输、中国国际航空、中粮集团、中信集团等②。然而与发达国家相比，中国企业的境外并购规模仍然差距悬殊。

3. 飞速发展阶段：2001 年至今

进入 21 世纪以来，改革开放进入了新的历史性阶段。2001 年，《国民经济和社会发展第十个五年计划纲要》正式将“走出去”战略写入。同年

---

① 蔡政元、巴曙松：《中资企业海外并购的问题及对策建议》，载《金融发展研究》2019 年第 2 期，第 27 页。

② 卢进勇、李秀娥：《中国企业跨境并购历程、特点、问题及对策研究》，载《国际贸易》2012 年第 12 期，第 41 页。

11 月中国加入世界贸易组织这一历史性的事件，以及全球第五次并购浪潮的兴起，为“走出去”战略提供了良好的国际背景和促进条件，中国企业境外并购的步伐开始加快。随着境外并购占中国对外直接投资的比重不断提升，中国逐渐走向对外投资和吸引外资相平衡的新阶段①。

根据中国政府的权威数据，尽管 2017 年中国对外直接投资首次出现负增长，但 1582.9 亿美元的对外直接投资总量仍居于历史第二高位（仅次于 2016 年），是 2002 年流量的 58.6 倍，占全球比重连续两年超过一成，中国对外投资在全球外国直接投资中的影响力不断扩大②。此外，中国对外直接投资流量已连续三年高于吸引外资，中国已经度过了以吸引外资为主的不平衡阶段，对外投资热度仍在持续。

二、中国企业境外并购的特点

2008 年金融危机之后，中国企业在国际并购市场上越发活跃，2016 年达到了一个高峰，蝉联全球第二大对外投资国地位，全年对外投资流量 1830 亿美元，同比增长 42%③。但此后，根据《世界投资报告 2019》和商务部网站数据显示，中国企业对外投资在 2017 年至 2019 年连续三年减少，跨境并购的数量及规模增速都明显放缓。主要原因包括中国国内一系列抑制资本外流的监管政策以及美国和欧洲等境外市场加强了对中国企业外来投资、并购的审查④，导致跨境并购市场逐步降温。但同时，中国对外投资行业结构更

---

① 蔡政元、巴曙松：《中资企业海外并购的问题及对策建议》，载《金融发展研究》2019 年第 2 期，第 27 页。

② 信息来源：《2017 年度中国对外直接投资统计公报》，载 http：//www. fdi. gov. cn/CorpSvc/Temp/T3/Product. aspx？ idInfo = 10000499&idCorp = 1800000121&iproject = 33&record = 11652，最后访问于 2020 年 7 月 14 日。

③ 联合国贸发会议：《世界投资报告 2017》，第 14 页。

④ 联合国贸发会议：《世界投资报告 2019》，第 10 页。

趋优化，交易活动日趋成熟与规范，总体呈现平稳健康发展态势[①]。总的来说，中国企业境外并购于近几年呈现以下特点：

1. 总量增速趋于放缓，巨额交易大量减少

自2016年以来，中国企业境外并购的总量呈下降趋势，保持审慎态度，市场趋于冷静。2019年，宣布境外并购总额686亿美元，同比下降31%；并购数量591宗，同比减少23.5%[②]。

在这当中，大型跨境并购的数量也发生了显著变化。在2017年披露交易价值的交易中，交易额最高的并购案例为由厚朴、高瓴资本、中银集团、万科集团和普洛斯管理层组成的中国财团以约160亿美元并购亚洲最大的物流地产巨头普洛斯（GLP）的交易，而2016年中国化工与先正达历史罕见的巨型交易金额更是高达430亿美元。巨额交易在当时中国企业境外并购的案例中十分常见，2017年前十大交易金额总计782.7亿美元，占到了2017年交易总金额的53.24%。但近年来，随着各种国际因素的变化，境外并购预期显著下降，导致大型跨境并购交易大量减少，尤其是在较为敏感的高科技行业，规模较大的境外并购交易受到重大打击，而规模较小的交易受影响较小[③]。

2. 区位：欧美地区增速放缓，“一带一路”沿线地区比重上升

2017年以来，美国CFIUS及欧盟对中国企业跨境并购的审核明显趋严，主要表现在以下三个方面：一是对中国企业境外并购反垄断审查规则发生了变化。例如，欧盟对中国国有企业进行反垄断调查时对并购企业主体经营业绩的计算，引致国企在欧盟申请并购评估时，审批流程更加长、审查级别提高，其通过欧委会反垄断审查的概率降低。二是加强了对中国企业境外并购的安全审查。美国CFIUS以“国家安全”为由，对中国企业提出的并购案进行手续繁复且耗时的审查程序。三是跨境审核周期延长。2017年9月13

① 商务部：《中国对外投资发展报告2018》，第3页。
② 安永：《2019年全年中国海外投资概览》。
③ 普华永道：《2019中国企业并购市场回顾与2020展望》。

日，欧盟委员会发布了《欧盟境外直接投资审查框架条例的立法建议》（下称条例草案），条例草案授予了欧盟委员会和所有欧盟成员国调查外资并购交易的权力，从而增加了政府监管的流程，延长了政府监管周期。

值得注意的是，境外主体审核趋严影响最大的行业主要是油气能源、重工业、芯片半导体、通信、军事设施等领域。美国 CFIUS 对上述行业的重大跨境并购都将进行旷日持久的审核。2017 年 7 月 12 日，德国联邦政府通过政令，扩大某些情况下使用否决权的权限，加强对外资并购具有“战略意义”公司的管制。受到审查保护的领域涵盖服务业或德国战略领域部门，如能源网、电信网、核电站、供水、医院或机场等。

除 2017 年以后审查上的趋严以外，对于欧盟而言，受到英国脱欧等国际背景的影响，中国对欧洲的并购交易严重缩水，如 2019 年中国对德国的并购交易总额由 2018 年的 110 亿美元下降到 65 亿美元，对英国由 45 亿美元下降到 14 亿美元①。对于美国而言，2018 年以来，受到中美贸易冲突和美国利用长臂管辖制裁中国企业的影响，中国对北美地区的投资持续降温。2018 年 8 月，经特朗普总统批准美国实施《外国投资风险评估现代化法案》，强化了对所谓“非市场经济国家”企业赴美投资的限制，使得中国企业赴美并购有了更大的障碍，导致中国对美投资总量下降明显②。但根据数据显示，随着中美关系趋于缓和，2019 年第四季度中企对美投资回暖，环比上升 41%，使美国重回全年中企境外并购第一大目的国③。

但“一带一路”倡议为中国企业境外并购提供了新的机遇。中国对“一带一路”企业的投资一直呈稳步增长的趋势，2019 年并购交易总计 176 宗，总计交易金额 118 亿美元④。2020 年 1—4 月，中国企业在“一带一路”

① 普华永道：《2019 中国企业并购市场回顾与 2020 展望》。
② 商务部：《中国对外投资发展报告 2018》，第 78 页。
③ 安永：《2019 年全年中国海外投资概览》。
④ 普华永道：《2019 中国企业并购市场回顾与 2020 展望》。

沿线对53个国家非金融类直接投资366.2亿元人民币，同比增长17.9%，占同期总额的15.6%①。并且，此类投资国别覆盖广，行业多元化，纵深均有发展。如2019年，中国企业对“一带一路”沿线56个国家均有新增投资，并且正由能源资源、基础设施、加工制造、农业等传统领域向绿色经济、数字经济、跨境电子商务、金融科技等新经济领域方向发展。

3. 行业分布：冷热泾渭分明，总体投资多元化且质量提升

2016年年末，中国政府出台了一系列境外投资的监管政策，对于中国企业走出去投资行业的引导、风险控制进行了加强管控。其中2017年8月发布的国务院办公厅转发四部门《关于进一步引导和规范境外投资方向的指导意见》，其核心内容之一“三个分类”分别将中国企业境外投资分为“鼓励类、限制类、禁止类”。2017年，中国企业跨境并购在行业的选择上深受该政策影响，呈现明显的两极分化。其中，医疗、汽车等行业并购保持持续扩张趋势，房地产、泛娱乐等被归类于敏感类或限制类行业的跨境并购行为明显减弱，这直接体现了政策对中国企业境外并购时的直接导向性影响。

但同时，随着上述监管的深化和国家对于对外投资真实性审查的强化，非理性对外直接投资得到有效遏止，实体经济和新兴产业对外投资表现良好，中国对外直接投资行业结构更趋优化，质量显著提高。如2019年1—11月，超过60%的对外直接投资流向租赁和商务服务业、制造业、批发和零售业，尤其是高技术含量和高附加值的新兴产业、高端服务业和消费品行业。按交易金额计算，前五大并购行业为TMT，消费品，电力和公用事业，金融服务，房地产、酒店与建造②。体育和娱乐业对外投资没有新增项目，非理性投资减少。

4. 主体：从国有企业为主到民营企业并进，财务投资者逐渐发展

从企业主体的资本属性来看，近年来民营企业超越国企，成为境外并购

---

① 数据来源：商务部，载http://www.mofcom.gov.cn/article/tongjiziliao/dgzz/202006/20200602970852.shtml，最后访问于2020年7月14日。

② 安永：《2019年全年中国海外投资概览》。

中的最活跃主体。2019 年，民企并购交易数量 384 宗，总计交易金额 265 亿美元，国企对外并购交易数量 60 宗，总计交易金额 161 亿美元[①]。

从该数据中可以发现，国有企业在跨境并购中更为谨慎，这主要源于以下三方面因素的影响：一是近年来国有企业加大整顿力度，对“三重一大”的执行更加规范，不再盲目投资并购；二是 2017 年针对国有企业及中央企业境外投资的规定进一步得到明确，严厉遏制非理性的跨境投资，有序引导资金流动；三是在国内供给侧改革背景下，近年来国有企业主体加强自身在境内市场的重组优化，跨境布局的节奏也有所放缓。与此同时，民营企业已经在积极实施跨境布局，尤其是具备资金规模及技术优势的部分优秀民营企业正快速推进全球业务布局。

2016 年以来，民营企业连续在并购交易数量和金额上超过国有企业。其背后的原因在于：首先，中国市场经济及国有企业改革为企业境外并购提供了有力支撑；其次，美国等发达国家对具有国企背景的境外并购加大了安全审查，对民营企业的限制相对较小，扩大了境外投资空间；再次，经过近 30 年的发展，民营企业逐渐成长为国内产业的龙头和标杆企业，具有强大的生命力、创新力和竞争力，国有企业并购优势在于矿产资源等上游行业，而民营企业则在信息通信、互联网、生物医药、先进制造和文化体育等行业异军突起，例如复星、万达、华为、海尔和美的等在境外并购中均有不俗表现；最后，中国外商投资体制的不断改革为民营企业“走出去”创造了良好的政策环境。

同时，以私募股权和风投基金为代表的财务投资者逐渐成为境外并购中不可或缺的一部分，2019 年对外并购数量为 223 宗，交易金额为 149 亿美元，在中国大陆境外并购中占有较大的比重[②]。

---

① 普华永道：《2019 中国企业并购市场回顾与 2020 展望》。
② 普华永道：《2019 中国企业并购市场回顾与 2020 展望》。

第二节　针对中国企业境外并购的国内政策及监管

一、政策回顾

1. 初步建立系统性法规监管

通常说来，中国企业境外投资主要涉及三个行政机关的监管：国家发改委或地方发改委（合称发改部门）的项目核准、商务部或地方商务部门（合称商务部门）的境外企业核准以及国家外汇管理局和地方分局（合称外管部门）登记。发改部门主要从投资项目角度进行审核，商务部门为拟进行境外投资的中国企业核发《企业境外投资证书》，外管部门主要是对境外投资所涉的外汇、换汇及汇出进行审核。针对企业境外投资并购的系统性法规监管始于2004年。

发改部门的统一性文件始于2004年的《境外投资项目核准暂行管理办法》（下称21号令，现已失效）。21号令适用于中华人民共和国境内各类法人，及其通过在境外控股的企业或机构，在境外进行的投资（含新建、购并、参股、增资、再投资）项目的核准。21号令中，发改部门将境外投资项目分为资源开发类和非资源开发类，针对资源开发类投资项目，中方投资额3000万美元以下的，地方企业由省级发改委核准，中央企业报国家发改委备案；中方投资额3000万美元至2亿美元的，由国家发改委核准；中方投资额2亿美元及以上的，由国家发改委审核后报国务院核准。而针对非资源开发类投资项目，中方投资额1000万美元以下的资源开发类，地方企业由省级发改委核准，中央企业报国家发改委备案；中方投资额1000万美元至5000万美元的，由国家发改委核准；中方投资额5000万美元及以上的，由国家发改委审核后报国务院核准。

商务部也于2004年发布《关于境外投资开办企业核准事项的规定》(下称16号令，现已失效)，据此为境外投资开办的企业核发《企业境外投资证书》。境外投资开办企业，包括了中国企业通过新设（独资、合资、合作等)、收购、兼并、参股、注资、股权置换等方式在境外设立企业或取得既有企业所有权或管理权等权益的行为。中央企业在境外投资开办企业（金融类企业除外）由商务部核准，中央企业之外的其他企业在境外投资开办企业由省级商务行政主管部门核准。企业需提交投资项目内容、境外企业章程、外汇主管部门出具的外汇资金来源审查意见等。

在针对企业境外投资开始建立系统性法规监管的初始阶段，发改部门和商务部门等行政部门均采用了核准制。所谓核准制，是指企业的境外投资项目必须经过国家行政部门的核准、同意方可予以实施。在核准制下，政府从社会和经济公共管理的角度审核企业的投资项目，例如发改部门核准项目的条件即为：符合国家法律法规和产业政策，不危害国家主权、安全和公共利益，不违反国际法准则；符合经济和社会可持续发展要求，有利于开发国民经济发展所需战略性资源；符合国家关于产业结构调整的要求，促进国内具有比较优势的技术、产品、设备出口和劳务输出，吸收国外先进技术；符合国家资本项目管理和外债管理规定；投资主体具备相应的投资实力等。而商务部门的考量角度基本类似又有细微的不同，包括国别（地区）投资环境；国别（地区）安全状况；投资所在国（地区）与中国的政治经济关系；境外投资导向政策；国别（地区）合理布局；履行有关国际协定的义务；保障企业合法权益等。而企业境外投资开办企业在经济、技术上是否可行，由企业自行负责。

2. 监管政策深化改革

发改部门的监管在此后十年间由严格的核准制为主逐渐放宽，并最终改为备案制为主，核准制为辅的监管模式。所谓备案制，是指企业可以自行决定投资项目的实施，无须相关行政部门的同意，只需将该项目向相关行政部门备案登记即可，企业享有充分的自主决策权。备案制的施行在很大程度上放开了政府对企业自主经营权的管制，对企业利用自筹资金从事核准制范围外的境外投资项目，将完全遵循“谁投资、谁收益、谁担风险”的市场原则，从投资项目的选择、可行性研究、融资到实施境外并购或其他合作方式，都由企业自主把握，政府不再进行行政干预。

国家发改委于2004年颁布21号令，此后随着企业境外投资的迅速发展，3000万美元的审核额度标准给企业和政府都带来了不小的负担。2011年，国家发改委发布《关于做好境外投资项目下放核准权限工作的通知》（现已失效），将资源类投资项目的核准标准由3000万美元提至3亿美元、非资源类投资项目的1000万美元核准标准提至1亿美元。与此同时，境外投资的审批进程也大大加快。

2014年8月，国家发改委进一步推出《境外投资项目核准和备案管理办法》（下称9号令，现已失效）。9号令取消了长久以来的对于投资项目进行资源类和非资源类的区分。境外投资领域经过多年的发展，也逐渐由国有企业主导的能源、资源类项目，发展到国有企业和民营企业齐头并进，房地产、消费品、农产品项目多元发展。取消资源类、非资源类的区分，与这一变化暗相契合。另外，9号令再次将3亿美元的核准标准大幅提升为10亿美元，而对于核准外的境外投资项目一律适用备案制。鉴于10亿美元以上的超大型境外投资项目数目毕竟比较少，此时发改委审批制度为“备案为主、核准为辅”，离实质“备案制”仅有一步之遥。

国家发改委于2017年12月发布了《企业境外投资管理办法》（下称11号令），正式对境外投资项目实施核准和备案相结合的管理方式，即除明确规定需核准的境外投资项目以外，均实施备案管理。即“备案为主，核准为辅”。其中，敏感类项目实行核准管理，非敏感类项目实行备案管理。

商务部于2004年发布的16号令在2009年被《境外投资管理办法》（下

称5号令，现已失效）取代。5号令对于需商务部核准的项目额度大幅松绑，尽管此时所有境外投资项目仍需商务部“核准”，但对于中央企业1亿美元以下的境外投资及地方企业1000万美元以下的境外投资，均已大幅松绑为“简易审查”。简易审查受理后仅需3个工作日便将核发《企业境外投资证书》，实质审查受理后的审批时限为15个工作日（不含省商务部门初审10个工作日及征求使领馆意见的时间）；审批效率有了较大提升。2014年10月，商务部开始实施新《境外投资管理办法》（下称2014年3号令），正式确立了“备案为主、核准为辅”的模式。

总体而言，通过十年的简政放权，作为境外投资的两大审批部门，发改部门和商务部门已经在监管内容上衔接一致，即除涉及敏感国家、敏感地区、敏感行业适用核准外，其余一律采取备案制。两大部门实行“备案为主、核准为辅”的模式，简化了境外投资的审批程序，缩短了办理时限，进一步优化了企业的境外投资环境，从政策角度更好地促进了中国境外投资快速、健康地发展。

二、近年整体政策趋势

为适应经济全球化新形势，把握国际经济合作新方向，国务院、商务部、国家发改委、外交部、国资委等部门积极颁布实施多项政策，推进“一带一路”建设，从不同的方向指导企业更快更好地“走出去”。资金扶持方面，与先前的国家计划相比（如中非合作），尽管中国政府继续通过优惠政策的支持（包括政策银行融资）推进中国企业境外投资，现在更多采取的是市场导向型政策。例如，国家发改委提议设立旗舰IPCC基金。同时，主权财富基金，如丝绸之路基础设施基金、中非基金、中拉基金、中拉美工业产能基金以及各省级政策基金等，将作为积极参与者，为中国企业境外投资提供重要股权融资。监管审批层面，从境外投资首次系统性法规监管的2004

年起，中国政府逐渐简政放权，至2014年，最重要的两个监管机构——国家发改委和商务部均适用“备案制为主，核准制为辅”，合力瓦解了企业境外投资审批的瓶颈，为中国资本走向世界铺平了道路。

然而，在中国企业对外投资的进程中，亦存在企业盲目决策，导致后续经营困难，造成较大损失；或将境外投资重点放在房地产等非实体经济领域，不仅未能带动国内经济发展，反而导致资金跨境流出大幅增加，冲击中国金融安全；或忽视投资目的国环保、能耗、安全等标准和要求，引发矛盾和纠纷，造成经济损失等情况。

在前述背景下，国家外汇管理局于2016年12月6日公布《发改委等四部门就当前对外投资形势下加强对外投资监管答记者问》（下称答记者问），国家发改委、商务部、人民银行、国家外汇管理局提出，在支持国内有能力、有条件的企业开展真实合规的对外投资活动，参与“一带一路”共同建设和国际产能合作的同时，监管部门密切关注在房地产、酒店、影城、娱乐业、体育俱乐部等领域出现的一些非理性对外投资的倾向，以及大额非主业投资、有限合伙企业对外投资、“母小子大”、“快设快出”等类型对外投资中存在的风险隐患。四部门建议有关中国企业在境外投资时需“审慎决策”，并提出国家发改委等四部门对对外投资的监管目的之一是要“保持国际收支基本平衡”。中国企业境外投资的监管政策逐渐收紧。

此后，国务院办公厅于2017年8月18日转发了国家发改委、商务部、人民银行、外交部《关于进一步引导和规范境外投资方向的指导意见》（下称《指导意见》），该意见将境外投资分为鼓励类、限制类和禁止类。其中，鼓励类境外投资主要包括基础设施、产能和装备、高新技术和先进制造、能源资源、农业、服务业等方面的境外投资；限制类投资主要包括赴敏感地的、有非理性倾向的及不符合投资目的地国环保、能耗及安全标准的境外投资等；禁止类投资主要包括危害或可能危害国家利益和国家安全的境外投资。具体见下表：

鼓励类投资	重点推进有利于“一带一路”建设和周边基础设施互联互通的基础设施境外投资； 稳步开展带动优势产能、优质装备和技术标准输出的境外投资； 加强与境外高新技术和先进制造业企业的投资合作，鼓励在境外设立研发中心； 在审慎评估经济效益的基础上稳妥参与境外油气、矿产等能源资源勘探和开发； 着力扩大农业对外合作，开展农林牧副渔等领域互利共赢的投资合作； 有序推进商贸、文化、物流等服务领域境外投资，支持符合条件的金融机构在境外建立分支机构和服务网络，依法合规开展业务。
限制类投资	赴与我国未建交、发生战乱或者我国缔结的双多边条约或协议规定需要限制的敏感国家和地区开展境外投资； 房地产、酒店、影城、娱乐业、体育俱乐部等境外投资； 在境外设立无具体实业项目的股权投资基金或投资平台； 使用不符合投资目的国技术标准要求的落后生产设备开展境外投资； 不符合投资目的国环保、能耗、安全标准的境外投资。
禁止类投资	涉及未经国家批准的军事工业核心技术和产品输出的境外投资； 运用我国禁止出口的技术、工艺、产品的境外投资； 赌博业、色情业等境外投资； 我国缔结或参加的国际条约规定禁止的境外投资； 其他危害或可能危害国家利益和国家安全的境外投资。

《指导意见》同时提出以下几点要求：

1. 对三类投资活动实施分类指导，按照积极鼓励、适度限制、严格禁止的原则，引导企业合理把握境外投资方向和重点。

2. 完善管理机制，要求监管机关加强境外投资真实性、合规性审查，防范虚假投资行为，同时提出建立健全境外投资黑名单制度、部门间信息共享机制、国有企业境外投资资本金制度等一系列制度，优化境外投资管理政策框架，科学有效防范各类风险。

3. 提高服务水平，提出制定境外投资经营行为规范、加强与合作国开展机制化合作、支持中介机构发展等政策举措，优化企业境外投资外部环境。

4. 强化安全保障，提出加强对赴高风险国家和地区投资的指导和监督、督促企业开展境外项目安全风险评估等政策措施，推动企业提升境外投资安全风险防范能力。

就《指导意见》的实施，商务部发言人于 2017 年 8 月 24 日在《商务部：境外投资管理改革坚持三个不动摇》的发言中进一步表明了两个方面的监管态度：其一，鼓励合规的境外投资。具体而言，是需要坚持三个“不动摇”和三个“确保”：坚持对外开放的战略方向不动摇，坚持推进“走出去”战略不动摇，坚持防范境外投资风险的原则不动摇；确保企业境外投资行稳致远，确保“一带一路”建设顺利推进，确保国家金融安全和经济安全。其二，加强对境外投资的监督管理。主要措施包括：1. 加强境外投资真实性审查；2. 完善境外投资备案报告管理制度；3. 加强境外投资事中事后监管；4. 积极推进境外投资立法；5. 健全公共服务体系，加强“走出去”公共服务平台建设。

综上，中国目前对于企业对外投资整体的监管趋势为在坚持“走出去”的前提下，加强监督管理。鼓励和扶持合规的境外投资，限制或禁止不合规的境外投资，加大对外投资的同时做好风险防范工作。

三、现行监管

（一）主要监管部门

中国企业的对外投资主要受四个部门的监管，分别为：发改部门、商务部门、外管部门以及国家税务总局或地方税务部门（合称税务部门）。具体而言，中国企业进行境外投资，根据投资的不同情形（金额、行业、投资地等），由发改部门对投资项目进行核准或备案，由商务部门对投资主体进行核准或备案。取得相应的核准文件或备案证明后，办理海关、出入境管理和税收等相关手续。实践中，企业境外投资涉及的中国境内核准、备案及登记流程大致如下：

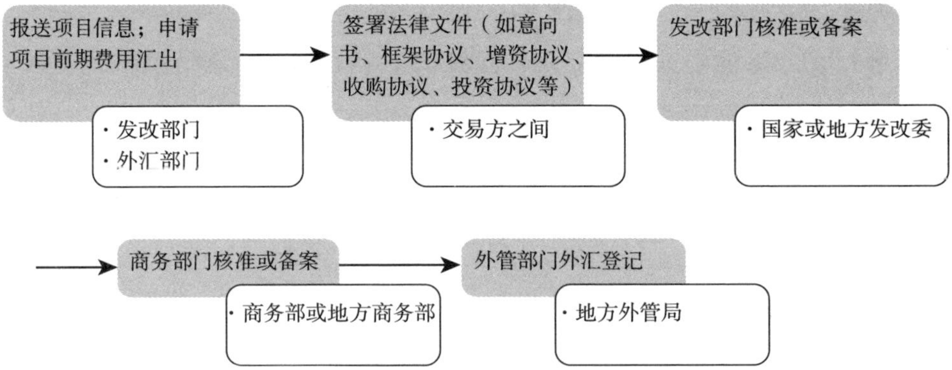

（二）不同监管部门对企业境外投资的要求

1. 发改部门

（1）主要规范性文件

序号	文件名称	颁布日期
1	《企业境外投资管理办法》（11 号令）	2017 年 12 月 26 日
2	《境外投资敏感行业目录（2018 年版）》（发改外资〔2018〕251 号）	2018 年 1 月 31 日
3	《国家发展改革委关于发布企业境外投资管理办法配套格式文本（2018 年版）的通知》（发改外资〔2018〕252 号）	2018 年 2 月 9 日

（2）具体监管要求

根据 11 号令，发改部门对于境外投资项目实施核准和备案相结合的管理方式，除明确规定需核准的境外投资项目以外，均实施备案管理。即“备案为主，核准为辅”。其中，敏感类项目实行核准管理，非敏感类项目实行备案管理。

	审查部门	分类标准
核准项目	由国家发改委核准	涉及敏感国家和地区、敏感行业的境外投资项目
备案项目	国家发改委备案	中央管理企业（含中央管理金融企业、国务院或国务院所属机构直接管理的企业）实施的境外投资项目、地方企业实施的中方投资额3亿美元及以上境外投资项目
	省级政府发改部门	地方企业实施的中方投资额3亿美元以下境外投资项目

对于核准或备案的项目，核准、备案具体流程如下：

项目	详情
办理方式（流程）	（1）需要核准的项目：通过网络系统提交项目申请报告及其附件取得核准； （2）需要备案的项目：提交备案申请表及附件取得备案通知书。 注：投资主体为中央管理企业的，由其集团公司或总公司向核准/备案机关提交；投资主体为地方企业的，由其直接向核准/备案机关提交。
申请报告	项目申请报告主要包括以下内容： （1）投资主体情况； （2）项目情况，包括项目名称、投资目的地、主要内容和规模、中方投资额等； （3）项目对我国国家利益和国家安全的影响分析； （4）投资主体关于项目真实性的声明。 项目申请报告的通用文本以及应当附具的文件清单由国家发改委发布。
备案申请表	项目备案表格式文本及附件清单由国家发改委发布。
核准条件	（1）不违反我国法律法规； （2）不违反我国有关发展规划、宏观调控政策、产业政策和对外开放政策； （3）不违反我国缔结或参加的国际条约、协定； （4）不威胁、不损害我国国家利益和国家安全。
核准文件和备案通知书效力	属于核准、备案管理范围的项目，投资主体未取得有效核准文件或备案通知书的，外汇管理、海关等有关部门依法不予办理相关手续，金融企业依法不予办理相关资金结算和融资业务。

续表

项目	详情
审限（核准）	（1）项目申请报告及附件不齐全或内容不符合规定要求的，在收到项目申请报告之日起5个工作日内一次性告知补正； （2）商请有关部门在7个工作日内出具书面审查意见，有关部门逾期没有反馈书面审查意见的，视为同意（项目涉及有关部门职责的）； （3）4个工作日内委托评估+30个工作日内评估（原则上不超过，项目情况复杂的，经核准机关同意，可以延长评估时限，但延长的时限不得超过60个工作日）； （4）受理之日起20个工作日内完成核准+项目情况复杂延长10个工作日（不包括委托咨询机构评估时间）。
审限（备案）	（1）项目备案表或附件不齐全、项目备案表或附件不符合法定形式、项目不属于备案管理范围、项目不属于备案机关管理权限的，国家发改委在收到项目备案表之日起5个工作日内一次性告知补正； （2）7个工作日出具备案通知书或不予备案的书面通知。
有效期	核准文件、备案通知书有效期2年。确需延长有效期的，投资主体应当在有效期届满的30个工作日前向出具该项目核准文件或备案通知书的机关提出延长有效期的申请。

综上，企业对外投资需要经过发改部门的核准或者备案，取得相应的核准文件或备案通知书。当前办理对外投资核准或备案可自行到国家发改委官方网站进行注册，注册成功后登录、提交相应的附件。注册网址为：http：//jwtz. ndrc. gov. cn/jwtz－ex/index. action。另外，在实践当中的附件要求可能更多，企业提前与省级发改委进行沟通、确认更为稳妥。

（3）监管趋势

相较于此前发改部门监管企业境外投资的主要法规《境外投资项目核准和备案管理办法》（下称9号令，现已失效），11号令进一步优化了境内审批流程，缩小核准项目范围，延长核准文件/备案通知书有效期，调整监管范围，明确“投资活动”“敏感类项目”等概念的界定并同时加强企业境外投资的事中事后监管。具体而言，11号令改革要点主要包括以下几个方面。

①取消“小路条”制度

9 号令第十条规定：“中方投资额 3 亿美元及以上的境外收购或竞标项目，投资主体在对外开展实质性工作之前，应向国家发展改革委报送项目信息报告……”

该项目信息报告制度即为市场所称“小路条”制度。“小路条”制度设计的初衷是防范中国企业之间的恶性竞争，但在实操过程中，特别是在境外竞标项目中，“小路条”制度影响了中国企业的交易确定性和时间表，从而使得中国企业在境外竞标项目中与其他境外竞标方相比处于不利地位且需支付额外的“中国成本”。11 号令将此制度取消。

②核准/备案：从投资交易文件生效条件变更为实施条件

9 号令第二十五条规定：“投资主体实施需国家发展改革委核准或备案的境外投资项目，在对外签署具有最终法律约束效力的文件前，应当取得国家发展改革委出具的核准文件或备案通知书；或可在签署的文件中明确生效条件为依法取得国家发展改革委出具的核准文件或备案通知书。”

鉴于该条在实践中增加了交易的不确定性，且不符合国际交易惯例，11 号令第三十二条对此进行了修改，规定：“属于核准、备案管理范围的项目，投资主体应当在项目实施前取得项目核准文件或备案通知书……”据此，项目核准/备案不再作为境外投资交易协议生效条件，而作为交割条件。

③缩小核准项目范围

9 号令根据投资额的大小及投资项目是否属于敏感类项目，规定投资项目适用核准或备案程序。11 号令仅将敏感类项目列入核准类项目，除敏感类项目外，其余项目均适用备案程序。

④从程序和时限上进一步提高便利化

11 号令取消了地方企业作为投资主体的情形下，在申请核准或备案时由省级发改委转报，从而简化了地方企业的申请程序，并使地方企业获得相关核准和备案的时间更可预计。此外，在申请核准流程中，11 号令对委托评估的时间作了略微调整，将9号令规定的“5个工作日内委托评估，评估不得超过40个工作日”改为“4个工作日内委托评估，评估不得超过30个工作日”。

⑤延长核准文件、备案通知书有效期，便于企业把握投资节奏

11号令中将核准文件和备案通知书的有效期统一定为二年，并就延期程序的时限进行了规定，有利于企业更从容地把握投资节奏。

⑥调整监管范围

相较于9号令，11号令将境内自然人通过其控制的境外企业以及港澳台进行境外投资纳入了监管范围。同时，对于投资行为的界定，11号令将监管范围限定为“直接投资或通过控制的境外企业或港澳台企业投资”。也即，中国企业参股的境外企业或港澳台企业投资不再属于发改部门的监管范围。此外，11号令明确金融企业境外投资亦受发改部门的监管。

⑦对境外投资活动进行列举

11号令第二条对投资活动进行了列举，有助于投资主体判断其境外活动是否属于境外投资的范畴。

根据11号令第二条的规定，投资活动主要包括但不限于下列情形：

a. 获得境外土地所有权、使用权等权益；

b. 获得境外自然资源勘探、开发特许权等权益；

c. 获得境外基础设施所有权、经营管理权等权益；

d. 获得境外企业或资产所有权、经营管理权等权益；

e. 新建或改扩建境外固定资产；

f. 新建境外企业或向既有境外企业增加投资；

g. 新设或参股境外股权投资基金；

h. 通过协议、信托等方式控制境外企业或资产。

⑧重新定义敏感类项目

11号令规定的“敏感类项目”包括涉及敏感国家和地区的项目和涉及敏感行业的项目。

对于敏感国家和地区，11 号令将 9 号令中“受国际制裁的国家”调整为“根据我国缔结或参加的国际条约、协定等，需要限制企业对其投资的国家和地区”。此外，新增“其他敏感国家和地区”，其范围将根据国家宏观政策进行调整。

对于敏感行业，11 号令第十三条规定：“……本办法所称敏感行业包括：（一）武器装备的研制生产维修；（二）跨境水资源开发利用；（三）新闻传媒；（四）根据我国法律法规和有关调控政策，需要限制企业境外投资的行业。敏感行业目录由国家发展改革委发布。”与 9 号令相比，敏感行业的变化，突出监管将着力于维护国家利益和国家安全，并将根据中国宏观政策进行调整。

⑨加强事中和事后监管

11 号令第四十三条、第四十四条、第四十五条，分别新增了重大不利情况报告、项目完成情况报告、重大事项问询和报告等制度。

⑩建立“黑名单”、实施联合惩戒

11 号令第四十九条规定了信用记录和联合惩戒制度，国家发改委“建立境外投资违法违规行为记录，公布并更新企业违反本办法规定的行为及相应的处罚措施，将有关信息纳入全国信用信息共享平台、国家企业信用信息公示系统、信用中国网站等进行公示，会同有关部门和单位实施联合惩戒”。

2. 商务部门

（1）主要规范性文件

商务部于 2014 年 9 月 6 日颁布 2014 年第 3 号令，该办法为商务部门规范境外投资的主要文件。

（2）具体监管要求

从 2014 年 3 号令来看，商务部门对中国企业境外投资的管理同样转变为了“备案为主、核准为辅”的模式。即除中国企业境外投资涉及敏感国家和地区或敏感行业的实行核准管理外，其他中国企业境外投资项目均实施备案管理。而根据企业的性质是否为中央企业，核准备案的机关也有所不同。具体可见下表：

类型	项目类型	企业性质	办理程序
核准	企业境外投资涉及敏感国家和地区（主要指未建交的国家、受联合国制裁的国家；商务部可另行公布）、敏感行业［限制出口的产品和技术的行业、影响一国（地区）以上利益的行业］	中央企业	向商务部提出申请。【应当征求我驻外使（领）馆（经商处室）意见】
		其他	通过所在地省级商务主管部门向商务部提出申请【应当征求我驻外使（领）馆（经商处室）意见】
备案	企业其他情形的境外投资	中央企业	商务部备案
		其他	所在地省级商务主管部门备案

2014 年 3 号令对于企业境外投资应当提交的材料、审核、备案的期限等内容均进行了规定，具体如下：

程序	具体内容
提交材料	企业申请境外投资备案需提交以下材料： ①《境外投资备案表》； ②企业营业执照复印件。 企业申请境外投资核准需提交以下材料： ①申请书，主要包括投资主体情况、境外企业名称、股权结构、投资金额、经营范围、经营期限、投资资金来源、投资具体内容等； ②《境外投资申请表》，企业应当通过“管理系统”按要求填写打印并加盖印章； ③境外投资相关合同或协议； ④有关部门对境外投资所涉的属于中华人民共和国限制出口的产品或技术准予出口的材料； ⑤企业营业执照复印件。
期限（核准）	①3 日内一次告知补正； ②省级主管部门在 15 个工作日内将初步审查意见和全部申请材料报送商务部；商务部收到省级商务主管部门的初步审查意见后，应当在 15 个工作日内作出是否予以核准的决定； ③商务部受理后 20 个工作日内作出决定。 注：②③包含了征求驻外使（领）馆（经商处室）意见的时间（驻外使领馆应自收到征求意见之日起 7 个工作日内回复）。
期限（备案）	自收到《备案表》之日起 3 个工作日内予以备案并颁发《企业境外投资证书》。

续表

程序	具体内容	
共同投资	两个以上企业共同开展境外投资	由相对大股东在征求其他投资方书面同意后办理。
	如果各方持股比例相等	协商后由一方办理备案或申请核准。
	如投资方不属同一行政区域	负责办理备案或核准的商务部或省级商务主管部门应当将备案或核准结果告知其他投资方所在地商务主管部门。
有效期	自领取《证书》之日起 2 年内，企业未在境外开展投资的，《证书》自动失效。如需再开展境外投资，应当重新办理。	

另，根据商务部对外投资和经济合作司 2016 年 12 月 2 日公布的通知，境内投资主体在办理对外投资备案或核准手续时，除按现行规定提交《境外投资备案表》或《境外投资申请表》、营业执照复印件外，还需提供以下材料：

①对外投资设立企业或并购相关章程（或合同、协议）；

②相关董事会决议或出资决议；

③最新经审计的财务报表（全套）；

④前期工作落实情况说明（包括尽职调查、可研报告、投资资金来源情况的说明、投资环境分析评价等）；

⑤境外投资真实性承诺书（格式附后）；

⑥属于并购类对外投资的，还需在线提交《境外并购事项前期报告表》。

上述材料应以纸质版的方式提供。境内投资主体在提交上述材料时，应保证材料如实、完整、符合法定形式。经审查确认境外投资的真实性后，相关商务主管部门正式受理企业申请，对该申请进行备案或核准。

综上，企业对外投资需要经过商务部和省级商务主管部门的批准或者备案，取得相应的《企业境外投资证书》。当前办理对外投资核准或备案可自行到商务部官方网站进行注册，注册成功后登录、提交相应的附件。注册网址为：https：//ecomp. mofcom. gov. cn/loginCorp. html。

（3）监管趋势

前述商务部于2016年12月2日公布的通知，即是对《指导意见》及答记者问的贯彻与执行。商务部门在对企业境外投资进行核准或备案时，应重点审查境外投资的真实性及合规性。

3. 外管部门

（1）主要规范性文件

序号	文件名称	颁布日期
1	《国家外汇管理局关于发布〈境内机构境外直接投资外汇管理规定〉的通知》（汇发〔2009〕30号）	2009年7月13日
2	《国家外汇管理局关于进一步改进和调整直接投资外汇管理政策的通知》（汇发〔2015〕20号）	2015年5月4日
3	《国家外汇管理局关于进一步改进和调整资本项目外汇管理政策的通知》（汇发〔2014〕2号）	2014年1月10日
4	《国家外汇管理局关于境内居民通过特殊目的公司境外投融资及返程投资外汇管理有关问题的通知》（汇发〔2014〕37号）	2014年7月14日
5	《国家外汇管理局关于进一步简化和改进直接投资外汇管理政策的通知》（汇发〔2015〕13号）	2015年2月13日
6	《国家外汇管理局关于进一步推进外汇管理改革完善真实合规性审核的通知》（汇发〔2017〕3号）	2017年1月18日

（2）具体监管要求

根据《国家外汇管理局关于进一步简化和改进直接投资外汇管理政策的通知》（下称《简化通知》），自2015年6月1日起，有境外投资需求的中国企业，在办理外汇登记业务时除特殊情况（例如，境内机构境外直接投资前期费用登记项下，前期费用累计汇出额超过300万美元或超过中方投资总额15%的，境内投资者需提交说明函至注册地外汇局申请办理；境外直接投资外汇变更登记项下境外放款转为对境外公司股权的应同时向注册地外汇局申请办理境外放款变更或注销登记等）外，可直接到银行办理企业境外直接投资的相关外汇登记手续。也即，中国企业境外直接投资的外汇登记改为“银行办理、外管监督”的模式，国家外汇管理部门的职能将逐步变为事后监管与控制。

此外，在《简化通知》出台以前，中国企业境外再投资需进行外汇备案，中国企业还需就境外投资每年进行外汇年检；在《简化通知》出台以后，该两项手续也取消了。

实践中，企业境外投资之外汇业务主要涉及前期费用登记、外汇登记、外汇变更登记三类。三类登记所需材料及审核原则分别如下：

①境内机构境外直接投资前期费用登记

所需材料	一、汇出境外直接投资前期费用的，需提交以下材料： 1.《境外直接投资外汇登记业务申请表》。 2. 营业执照和组织机构代码证。 二、境内机构为其境外分支、代表机构等非独立核算机构购买境外房产的，需提交以下材料： 1.《境外直接投资外汇登记业务申请表》。 2. 境外设立分支、代表等非独立核算机构的批准备案文件或注册证明文件。 3. 境外购房合同或协议。 4. 其他真实性证明材料。
审核原则	1. 境内机构（含境内企业、银行及非银行金融机构，下同）汇出境外的前期费用，累计汇出额原则上不超过 300 万美元且不超过中方投资总额的 15%。 2. 境内机构汇出境外的前期费用，可列入其境外直接投资总额。 3. 银行通过外汇局资本项目信息系统为境内机构办理前期费用登记手续后，境内机构凭业务登记凭证直接到银行办理后续资金购付汇手续。 4. 境内投资者在汇出前期费用之日起 6 个月内仍未设立境外投资项目或购买境外房产的，应向注册地外汇局报告其前期费用使用情况并将剩余资金退回。如确有客观原因，开户主体可提交说明函向原登记银行申请延期，经银行同意，6 个月期限可适当延长，但最长不得超过 12 个月。 5. 如确有客观原因，前期费用累计汇出额超过 300 万美元或超过中方投资总额 15% 的，境内投资者需提交说明函至注册地外汇局申请（外汇局按个案业务集体审议制度处理）办理。

②境内机构境外直接投资外汇登记

所需材料	1.《境外直接投资外汇登记业务申请表》。 2. 营业执照或注册登记证明及组织机构代码证（多个境内机构共同实施一项境外直接投资的，应提交各境内机构的营业执照或注册登记证明及组织机构代码证）。 3. 非金融企业境外投资提供商务主管部门颁发的《企业境外投资书》；金融机构境外投资提供相关金融主管部门对该项投资的批准文件或无异议函。 4. 外国投资者以境外股权并购境内公司导致境内公司或其股东持有境外公司股权的，另需提供加注的外商投资企业批准证书和加注的外商投资企业营业执照。
审核原则	1. 境内机构在以境内外合法资产或权益（包括但不限于货币、有价证券、知识产权或技术、股权、债权等）向境外出资前，应到注册地银行申请办理境外直接投资外汇登记。在外汇局资本项目信息系统中登记商务主管部门颁发的企业境外投资证书中的投资总额，同时允许企业根据实际需要按现行规定对外放款。金融类境外投资根据行业主管部门的批复或无异议函等进行相应登记。 2. 境内机构以境外资金或其他境外资产或权益出资的境外直接投资，应向注册地银行申请办理境外直接投资外汇登记。银行应审核其境外资金留存或境外收益获取的合规性，涉嫌以其非法留存境外的资产或权益转做境外投资的，不得为其办理境外直接投资外汇登记。外汇局资本项目管理部门应加强境内机构以境外资金或其他境外资产或权益出资的境外投资登记业务的事后核查，对涉嫌违规的移交外汇检查部门处理。 3. 多个境内机构共同实施一项境外直接投资的，由约定的一个境内机构向其注册地银行申请办理境外直接投资外汇登记；银行通过外汇局资本项目信息系统完成境外直接投资外汇登记后，其他境内机构可分别向注册地银行领取业务登记凭证。 4. 境内机构设立境外分公司，参照境内机构境外直接投资管理。境内机构应到注册地银行办理境外直接投资外汇登记。在外汇局资本项目信息系统中，开办费用应纳入投资总额登记。境内机构设立境外分公司每年应按规定办理境外直接投资存量权益登记。 5. 银行通过外汇局资本项目信息系统为境内机构办理境外直接投资外汇登记手续后，境内机构凭业务登记凭证直接到银行办理后续资金购付汇手续。

③境内机构境外直接投资外汇变更登记

所需材料	1.《境外直接投资外汇登记业务申请表》。 2. 非金融类境外投资提供商务主管部门对变更事项的批准或备案文件；金融类境外投资提供相关行业主管部门对变更事项的批准或备案文件。 3. 如新增境内投资者，应提供该境内投资者的营业执照和组织机构代码证。
审核原则	1. 境内机构因转股、减资等原因不再持有境外企业股权的，需按照转股、减资相关操作指引办理。 2. 多个境内机构共同实施一项境外直接投资的，由约定的一个投资主体向其注册地外汇局辖内银行申请办理变更登记，其他境内机构无须重复申请；银行通过外汇局资本项目信息系统完成境外直接投资外汇变更登记后，其他境内机构可分别向注册地银行领取业务登记凭证。 3. 境外企业因减资、转股等需要汇回资金的，在注册地银行办理变更登记后，直接到银行办理后续境外资产变现账户开立、汇回资金入账等手续。 4. 境外放款转为对境外公司股权的，应同时向注册地外汇局申请办理境外放款变更或注销登记。 5. 境内投资者收购其他境内投资者境外企业股权的，由股权出让方按照操作指引办理变更登记。 6. 外国投资者以境外股权并购境内公司导致境内公司或其股东持有境外公司股权的，自工商行政管理部门颁发加注的营业执照之日起 6 个月内完成股权变更，如果境内外公司没有完成其股权变更手续，则境外投资外汇登记自动失效，应在资本项目信息系统中注销其登记。 7. 境内机构设立境外分公司需追加开办费用的，开办费用的金额按照实需原则确定，并在外汇局资本项目信息系统中纳入投资总额登记。 8. 境内投资主体设立或控制的境外企业在境外再投资设立或控制新的境外企业无需办理外汇备案手续。

外汇管理部门的监管亦趋收紧，主要体现在打击虚假境外投资行为。

2016 年 11 月 28 日，发展改革委、商务部、中国人民银行、国家外汇管理局四部门负责人在就当前对外投资形势及对外投资方针政策答记者问时指出，中国坚持实行以备案制为主的对外投资管理方式，把推进对外投资便利化和防范对外投资风险结合起来。[①]

① 参见《我委、商务部、人民银行、外汇局四部门负责人答记者问》，载中华人民共和国发展和改革委员会官方网站，https：//www. ndrc. gov. cn/xxgk/jd/jd/201611/t20161128_ 1182764. html，最后访问于 2020 年 6 月 20 日。

2016 年 12 月国家外汇管理局有关负责人在接受新华社记者专访时表示，继续支持有能力和有条件的企业开展真实合规的对外投资业务，对于真实合理的对外投资资金汇出需求予以保障，但目前主要需要做好投资项目的真实和合规性审查，坚持对外直接投资购付汇的实需原则；同时，要保持打击虚假的对外投资行为的力度。① 境外投资行为异常情况分为四类：（1）成立时间短，且在无任何实体经营情况下开展境外投资活动的企业（即“快设快出”）；（2）部分企业境外投资规模远大于境内母公司注册资本，企业财务报表反应的经营状况难以支撑其境外投资的规模（即“母小子大”）；（3）个别企业境外投资项目与境内母公司主营业务相去甚远，不存在任何相关性；（4）个别企业投资人民币来源异常，涉嫌为个人向境外非法转移资产和地下钱庄非法经营。②

除外汇管理部门监管趋严外，中国人民银行于 2016 年 11 月 29 日也下发了《关于进一步明确境内企业人民币境外放款业务有关事项的通知》（银发〔2016〕306 号）（下称《放款通知》）。《放款通知》规定，境内放款人从事境外放款业务的需满足包括成立时间、股权关系、经营规模、资金来源、利率、项目真实性与合规性等方面的要求，旨在从境外放款途径加强外汇监管。

综上，尽管自 2016 年 11 月底以来国家外汇管理局暂未下发正式文件明确上述政策的变更，但是，根据我国监管境内企业境外投资的主管部门近期公布的一系列政策与法规来看，在国际国内经济形势发生变化、人民币贬值预期持续以及外汇储备有所下降的背景之下，有关机关对于境内企业境外投资的法规政策正在悄然发生变化，这将在一定程度上影响境内企业的境外投

---

① 参见《跨境资金流动总体稳定——专访国家外汇管理局有关负责人》，载《经济日报》，http://paper. ce. cn/jjrb/html/2016－12/09/content_ 319792. htm，最后访问于 2020 年 6 月 20 日。

② 参见《境内资金如何投向境外（下）》，载中国国际贸易促进委员会官方网站，http://www. ccpit. org/Contents/Channel_ 4128/2017/0406/784976/content_ 784976. htm，最后访问与 2020 年 6 月 20 日。

资行为和外汇出境监管，一方面会继续支持国内有能力、有条件的境内企业开展真实合规的境外投资活动，另一方面也会加强对非理性或存在风险隐患的境外投资行为的监管，以保持国际收支的基本平衡。

实践中的反馈亦反映了上述监管趋势，自《国家外汇管理局关于进一步推进外汇管理改革完善真实合规性审核的通知》公布生效以来，境内企业办理境外投资登记及资金汇出手续的时间及对审核材料完备性的要求都大大增加。尤其对购汇金额较大的境外投资项目而言，其资金出境和交易进程的不确定性增加。

4. 税务部门

（1）主要法律法规及规范性文件

序号	文件名称	颁布日期
1	《境外所得个人所得税征收管理暂行办法（2018 年修正）》	2018 年 6 月 15 日
2	《国家税务总局关于境外注册中资控股企业依据实际管理机构标准认定为居民企业有关问题的通知》（国税发〔2009〕82 号）	2009 年 4 月 22 日
3	《国家税务总局关于依据实际管理机构标准实施居民企业认定有关问题的公告》（国家税务总局公告 2014 年第 9 号）	2014 年 1 月 29 日
4	《税务登记管理办法》	2019 年 7 月 24 日
5	《中华人民共和国税收征收管理法》	2015 年 4 月 24 日
6	《中华人民共和国税收征收管理法实施细则》	2016 年 2 月 6 日
7	《非居民金融账户涉税信息尽职调查管理办法》	2017 年 5 月 9 日

（2）具体监管要求

序号	内容	适用主体
1	企业在境外设立分支机构的，应当在境内办理税务登记。	在境外设立分支机构的企业。

序号	内容	适用主体
2	经认定的非境内注册居民企业应当在境内办理税务登记；终止居民身份的，应办理注销登记。	非境内注册居民企业 a. 居民身份的认定，以实际管理机构是否设立在中国境内为判断标准，采用企业自行判定提请税务机关认定和税务机关调查发现予以认定两种形式。 b. 非境内注册居民企业发生企业实际管理机构所在地变更为中国境外的，或中方控股投资者转让企业股权，导致中资控股地位发生变化的，税务机关可按规定取消其居民身份。 c. 非境内注册居民企业应当自收到居民身份认定书之日起 30 日内向主管税务机关提供资料申报办理税务登记。 d. 经税务机关确认终止居民身份的，应当自收到税务机关书面通知之日起 15 日内向主管税务机关申报办理注销税务登记。
3	非境内注册居民企业应就其来源于中国境内、境外的所得缴纳企业所得税，并适用居民企业的税收管理规定（如税务登记管理、账簿凭证管理、申报征收管理等）。	非境内注册居民企业。
4	金融账户涉税信息自动交换。从 2017 年 7 月 1 日起，个人和机构在金融机构新开立账户，包括在商业银行开立存款账户、在保险公司购买商业保险，需按照金融机构要求在开户申请书或额外的声明文件里声明其税收居民身份。依法在中华人民共和国境内设立的金融机构应对在本机构开立的所有账户进行尽职调查，识别非居民金融账户，记录并报送非居民金融账户相关信息。	符合条件的居民企业及个人。
5	居民企业应当就其来源于中国境内、境外的所得缴纳企业所得税。因此，居民企业需要对其境外进行投资及取得所得情况向税务机关进行报告。	成立或参股外国企业以及处置已持有的外国企业股份或有表决权股份的居民企业。

续表

序号	内容	适用主体
6	境内派出机构应按规定向主管税务机关报送外派人员的相关信息。	有外派人员的中国境内的公司、企业和其他经济组织以及政府部门。
7	中国企业与境外投资方、境外被投资企业或者在境外设立的分支机构、从事生产经营的场所之间的关联交易，应当符合独立交易原则。对于上述关联交易，应当进行关联申报。	纳税年度内与其境外关联方发生业务往来的，实行企业所得税查账征收的居民企业。
8	国别报告义务。国别报告是 BEPS 第 13 项行动计划《转让定价文档和国别报告》中的一项重要内容。国别报告主要披露最终控股企业所属跨国企业集团所有成员实体的全球所得、税收和业务活动的国别分布情况。国别报告作为中华人民共和国企业年度关联业务往来报告表的附表，在年度企业所得税申报时一并报送。	符合国别报告报送条件的居民企业。
9	一般反避税。对企业实施的不具有合理商业目的而获取税收利益的避税安排，实施的特别纳税调整。	实施了不具有合理商业目的的安排而获取税收利益的企业。

（3）监管趋势

首先，为更好地服务于中国企业境外投资，税务部门在贯彻落实所得税境外税收抵免政策和境外税收权益保障措施的同时，也逐渐开辟多种纳税服务渠道，以提升企业国际竞争力，争取有利的税务环境。例如，对外签署的税收协定及相关解释性文件，减少涉税争议的发生；采用“抵免法”消除国际重复征税等。

但同时，为避免偷税漏税，提高税收透明度，除在纳税人信息报告义务等方面，加强企业境外投资的税务监管外，中国亦积极参与税收 CRS 国际合作。

金融账户涉税信息自动交换标准（Common Reporting Standard，CRS），

由经济合作与发展组织（OECD）于2014年7月发布，并获得当年G20布里斯班峰会的核准，为各国打击跨境逃避税提供了强有力的信息工具。

根据CRS开展金融账户涉税信息自动交换，首先由一国（地区）金融机构通过尽职调查程序识别另一国（地区）税收居民个人和企业在该金融机构开立的账户，按年向金融机构所在国（地区）主管部门报送账户持有人名称、纳税人识别号、地址、账号、账户余额或价值、利息、股息以及出售金融资产（不包括实物资产）的收入等信息，再由该国（地区）税务主管当局与账户持有人的居民国税务主管当局开展信息交换，最终为各国（地区）进行跨境税源监管提供信息支持。具体过程如下图所示：

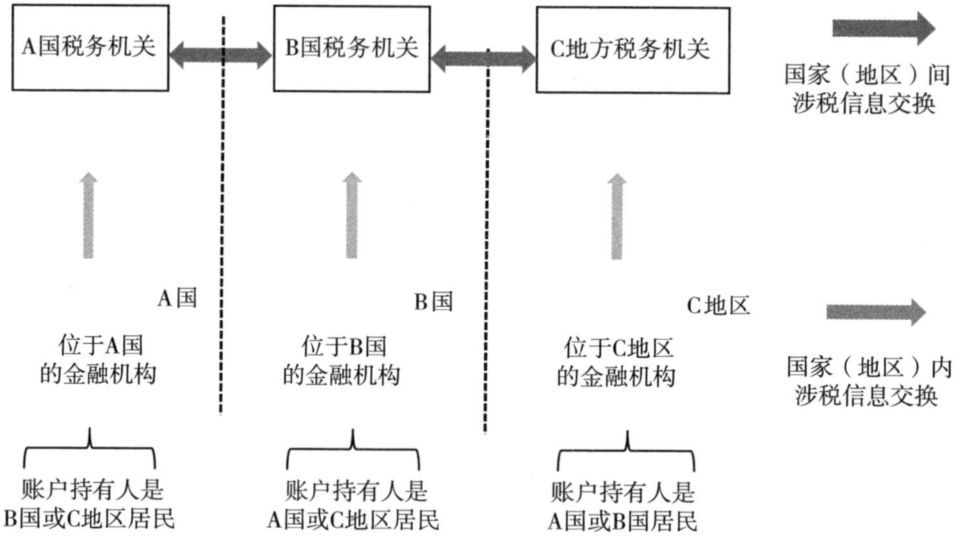

经国务院批准，中国向G20承诺实施CRS，承诺首次对外交换信息的时间为2018年9月。

2015年7月，《多边税收征管互助公约》由第十二届全国人大常委会第十五次会议批准，于2016年2月对中国生效，为中国实施CRS奠定了多边法律基础。2015年12月，国家税务总局签署了《金融账户涉税信息自动交换多边主管当局间协议》，为中国与其他国家（地区）间相互交换金融账户涉税信息提供了操作层面的依据。

2017 年 5 月 9 日，国家税务总局、财政部、人民银行、银监会、证监会、保监会制定了《非居民金融账户涉税信息尽职调查管理办法》（下称《管理办法》）。根据《管理办法》，从 2017 年 7 月 1 日起，个人和机构在金融机构新开立账户，包括在商业银行开立存款账户、在保险公司购买商业保险，需按照金融机构要求在开户申请书或额外的声明文件里声明其税收居民身份。同时，中华人民共和国境内设立的金融机构应对在本机构开立的所有账户进行尽职调查，以履行金融账户涉税信息自动交换国际义务。

综上，税务部门在积极为企业“走出去”创造良好税收环境的同时，亦通过自行监管加国际合作的方式，确保企业税务透明，防止企业偷税漏税等现象发生。

（三）其他境内监管

除了上述行政机关的监管外，还有一些特殊类型的中国企业在境外并购中可能面临额外的境内监管，主要是国有企业、上市公司及金融机构等。

1. 国有企业

国有企业相较于普通民营企业，始终面临额外的监管。1999 年 9 月，财政部、外交部、国家外汇管理局和海关总署联合发布《境外国有资产管理暂行办法》，明确指出境外中资企业的重大资本营运决策需要经由财政部或由财政部会同有关部门审核，必要时须上报国务院审批，其他重大投资或决策报财政部备案，地方政府管理的境外企业也参照管理。该规定明确规范了境外国有资产的使用管理及法律责任。

2011 年 6 月 14 日，国务院国资委发布《中央企业境外国有资产监督管理暂行办法》，明确中央企业及其重要子企业收购、兼并境外上市公司以及重大境外出资行为应当按照法定程序报国资委批准。

该办法还规定境外出资应当进行可行性研究和尽职调查，评估企业财务承受能力和经营管理能力，防范经营、管理、资金、法律等风险。境外出资原则上不得设立承担无限责任的经营实体。以非货币资产向境外出资的，应当依法进行资产评估并按照有关规定备案或者核准。

境外出资形成的产权应当由中央企业或其各级子企业持有，根据境外相关法律规定须由个人名义持有的，应当统一由中央企业根据相关规定决定或者批准，依法办理委托出资、代持等保全国有资产的法律手续，并以书面形式报告国资委。

2. 上市公司

上市公司跨境并购除了履行上述境外投资备案程序之外，还要符合证监会和交易所有关公司治理、审批程序、信息披露等方面的要求。根据交易所相关规则，上市公司购买资产如达到规定的应披露标准（如最近一年资产总额、营业收入或利润占上市公司同期指标的10%以上），应当按照公司章程的规定履行董事会审议或股东大会审议程序，并及时发布公告。对于构成重大资产重组的现金交易，须按照相关法律的要求进行披露①，由交易所对重组报告书等上市公司披露的文件进行事后审查。同时，构成重大资产重组的交易应遵守证监会和交易所关于停复牌、内部审议程序和信息披露等方面的要求。

3. 金融机构

金融机构的境外并购除了上述的监管外，还面临额外的监管措施，但不同类型的金融机构略有不同。

对于银行而言，境外并购须经银行业监督管理机构审批②，但是，目前没有规定具体的商业银行并购审查与批准事项，如并购申请文件内容要求、审查标准、审查程序、审查期限、审查结果公布等。此外，银监会要求银行

① 《公开发行证券的公司信息披露内容与格式准则第26号——上市公司重大资产重组申请文件》。

② 《商业银行法》第二十五条、第六十八条和第六十九条、《银行业监督管理法》第十六条、第十七条和第三十七条。

业金融机构开展跨境并购，应客观评估自身跨境管理能力和资源调配能力，全面、深入了解目标市场环境，确保跨境并购符合本机构战略规划、业务整合产生协同效应，审慎分析并购可行性和交易可操作性，合理确定并购价格及风险缓释条款①。

对于证券公司和证券投资基金管理公司而言，在境外设立、收购或者参股证券经营机构，必须经证监会批准②，证监会自受理之日起六个月内作出批准或者不予批准的书面决定。此外，证监会对证券公司境外并购的目标公司选择、并购后的合规、持续监管也作出了额外规定，要求机构诚实守信、合规经营，财务状况及资产流动性良好，法人治理结构健全，风险管理和内部控制有效③。

四、监管现状的总结及对策

目前中国对企业境外投资的监管，不管是由国家发改委及商务部负责核准或备案的项目端，还是由外管部门及银行主要负责审核的资金端，监管政策均趋向严格。各个监管部门均需加强对境外投资项目的真实性、合规性审查。然而，虽然境外投资政策收紧，但是中国对外投资的方针政策和管理原则是明确的，即鼓励企业参与国际经济竞争与合作、融入全球产业链和价值链，国家依然鼓励支持参与"一带一路"共同建设和国际产能合作，促进国内经济转型升级。只要中国企业的境外投资项目真实且合规，则依然是被鼓励的，但是中国企业的非理性境外投资以及存在风险隐患的境外投资则需受到限制或禁止。

① 《中国银监会关于规范银行业服务企业走出去加强风险防控的指导意见（银监发〔2017〕1号）》。

② 《证券法》第一百二十九条第二款和《证券公司监督管理条例》第十三条、第十六条。

③ 《证券公司和证券投资基金管理公司境外设立、收购、参股经营机构管理办法》。

为应对新的外汇管理政策，使得中国企业可以更好地参与到“一带一路”倡议中来，现提出以下对策：

1. 项目端：审慎挑选项目、搭建合适的法律架构

鉴于监管部门明确表示会密切关注或存在异常的几种特定类型的对外投资，因此，中国企业在对外投资过程中应当审慎决策，尽量避免牵涉到上述限制类敏感的投资项目中。具体建议如下：

（1）审慎挑选项目

①尽量不选择在与中国未建交、发生战乱或者中国缔结的双多边条约或协议规定需要限制的敏感国家和地区开展的境外投资项目；

②尽量不选择房地产、酒店、影城、娱乐业、体育俱乐部等“特定领域存在非理性对外投资可能”之项目；

③尽量不选择与母公司主营业务相去甚远业务领域作为境外投资的项目，以免落入“非主业大额投资”的范畴。

（2）搭建合适的法律架构

①建议采取设立有限责任公司的形式，替代境内合伙企业作为境外直接投资主体。尤其对于私募基金管理人而言，在计划境外并购项目时，应尽量避免选择有限合伙企业作为私募基金产品的法律载体。

②建议用有实体运营及资产规模的境内母公司作为境外直接投资主体，避免落入“母小子大”“快设快出”的定义范畴。

③境外股权投资基金或投资平台在设立时，建议运营部分实业项目。

④如情况允许，建议采用境外已有子公司作为境外直接投资主体。

2. 资金端：合理安排资金出境的路径、步骤及时间

鉴于监管部门会加大对项目真实性和合法性的审查，且审核方式及步骤尚未有文件明确约定，预计资金汇出时间可能会延迟。故中国企业对资金出境的路径、步骤及时间最好进行较为宽裕的合理安排。

“一带一路”倡议是中国经济进入“新常态”后的重要战略部署，中国

企业“走出去”既有各种挑战，也面临巨大的历史机遇，只有克服现行制度障碍，积极利用新政策，探索境外投资的有效路径与对策，才能真正实现“走出去”“走上去”，打造具有国际竞争力和影响力的跨国企业。

第三节　中国企业境外并购流程及各阶段重点关注问题

并购的过程总是与风险并存，随着中国企业的国际竞争力提高，中国企业境外并购成功的案例数量逐渐增多。但境外并购因其跨国性，相对于境内并购面临更多的风险。中国企业作为境外并购的后来者，所面临的风险自然更多。由于境外并购目的国的政治制度、法律体系、经济制度、文化传统甚至思维方式的不同，中国企业的境外并购必然遭遇各种各样的挫折与困难，例如平安高价并购富通股份巨亏，中铝并购力拓被违约，上汽注资韩国双龙造成40亿元损失，TCL集团整合汤姆逊电视和阿尔卡特手机造成TCL巨大损失等。此外，就外部环境而言，近年来国际政治、经济环境都呈现出不稳定性，英国脱欧、中美贸易战、新冠肺炎疫情等问题层出不穷，也给境外并购带来了不确定性。

《经合组织跨国企业准则2011年版》从一般性政策、信息公开、人权、就业和劳资关系、环境、打击行贿、索贿和敲诈勒索、消费者权益、科学技术、竞争、税收等方面分析跨国企业的投资活动。这从侧面反映了企业在境外并购中可能产生风险的方方面面。结合实践，公司治理、劳动用工、反垄断、知识产权、环境保护和公司清算等问题尤其值得中国企业关注[①]。

从整个并购交易的角度，需对并购各个阶段需重点关注的问题及其应对

① 梁咏：《中国投资者海外投资法律保障与风险防范》，法律出版社2010年版，第41页。

措施予以重视，这些需重点关注的问题均有可能化为法律风险，风险主要围绕商务、法律及财税三个侧面产生，具体可包括商业策略风险、并购对象信用风险、融资风险、利润率风险、市场风险、外汇风险、通货膨胀风险、税务风险、政府审批及劳工法风险，等等。从风险的来源来看，企业境外并购的风险主要分为外部风险与内部风险。从并购阶段来看，则分为并购准备阶段风险、并购阶段风险与并购后阶段风险。

一、外部风险与内部风险

企业境外并购的外部风险主要反映在资金、汇率、市场、竞争对手、社会治安、宗教信仰、文化习俗、政治变化或政策变化等各种外部影响因素①。

主要的外部风险中，首先是政治风险，主要是指各种政治力量使得境外并购东道国政策、法律、政局稳定情况和国家间外交关系发生变化，造成投资环境的恶化而给跨国投资者带来损失或损害的可能性②。其次是法律风险，主要是指跨国企业在境外并购过程中及并购成功后的经营活动中因不了解东道国相关法律，受到未预期的管制和制裁所产生的损失。再次是文化和社会风险，即由于东道国国内的民族矛盾、社会治安、宗教信仰、文化习俗等方面的不确定因素给企业带来的风险。最后是汇率和融资风险。境外并购由于涉及两种或两种以上货币的利率和汇率问题，所以利率风险和汇率风险成为最常见的风险。

企业境外并购的内部风险主要包括并购前的决策风险、融资风险、资金来源带来的财务风险以及并购完成后的整合风险等。

针对不同于国内并购的企业境外并购的主要风险，具体可见本书第四章的“并购风险识别”。

---

① 王仁荣：《跨国公司跨境并购法律问题研究》，复旦大学博士学位论文，第 305 页。
② 王仁荣：《跨国公司跨境并购法律问题研究》，复旦大学博士学位论文，第 305 页。

二、中国企业境外并购交易流程

从交易流程的角度，并购项目可分为两种类型，即一对一谈判的非竞购交易和公开竞标交易。非竞购交易指标的卖方仅与单个潜在买方进行接触、谈判以及确定交易价格完成并购，流程相对简单、迅速，交易成本低。公开竞标交易则是指卖方通过委托投资银行邀请多家潜在买家进行接触、谈判，通过多次投标筛选出提出最优并购条件的买方。公开竞标交易是一个需要多方博弈且复杂多变的过程，在境外及跨境交易中较为常见，尤其是卖方为私募投资基金、跨国投资集团等较熟悉市场规则的财务投资者时。而中国企业的境外并购项目采取一对一谈判方式的较多。

以A股上市公司公开披露的境外并购为例，2015—2017年构成公司重大资产重组的交易共91项，其中一对一谈判83项，占91.21%；公开竞标8项，占8.79%[①]。2019年构成重组的交易共7项，其中5项是通过一对一谈判的方式进行，2项是以公开竞标的方式进行[②]。

中国竞标交易占比较低的主要原因是：（1）在公开披露的中国A股公司重大资产重组案例中，部分案例涉及发行股份或以资产支付；（2）在竞标流程中参与公开竞标的潜在买方数量众多，中国企业最终竞标成功的概率较低，因此中国企业最终成功并披露的案例数量远远少于中国企业实际参与竞标的案例数量。由于竞标交易的各项挑战以及在付出可观的交易费用后是否能够最终赢得交易存在较大不确定性，许多中国企业对参与竞标存在顾虑。

中国企业境外并购时作为买方参与一对一谈判的非竞购交易通常包括如下阶段：

---

① 金杜律师事务所：《中国A股公司境外投资数据分析报告》，2018年3月。
② 金杜律师事务所：《2019年A股上市公司跨境境外投资数据分析报告》。

前期准备阶段	▶交易阶段	▶政府审批阶段	▶交割阶段	▶交易后阶段
· 确定目标企业 · 选聘中介机构 · 开展尽职调查 · 前期费用汇出（银行办理） · 设计交易结构	· 交易谈判 · 签署文件	· 中国政府备案/审批（商务部门、发改部门等） · 外国政府审批（如有）	· 签署及交付交割文件 · 支付交易价款	· 履行交易后义务

三、并购各阶段重点考虑问题

1. 并购准备阶段

（1）政府审批和外资准入问题。

中国企业进行境外并购，涉及的政府审批主要有两个方面：一是中国国内管理机构对于境外投资的审批；二是目标公司所在国对于外资进入的限制，即外资准入问题。

需要注意的是，中国企业境外并购项目中，在签署意向书阶段即可开始明确交易的监管审批路径，例如，提前与国家发改委、商务部沟通，加快相关审批或备案流程；要求律师团队尽早明确本次交易是否需要申报反垄断，以及具体需要申报的国家和地区，确保交易的顺利推进；如涉及境内资金出境，则和银行及外管局等提前沟通资金安排。同时，在整个过程中需要和卖方保持良好的沟通，使得对方能够了解中国的审批环境、政策，以及中国企业在监管报批方面取得的进展，避免其产生不必要的担心，也避免由于监管报批方面的信息不对称导致中国企业付出额外的代价。

而目标公司所在国对于外资进入的限制，通过轰动一时的“三一重工诉奥巴马案”即可见一斑。美国 CFIUS 要求三一重工停止相关项目的禁令，是非常典型的政府在某些特殊领域对于外资进行限制。CFIUS 也因多次在中国企业的境外并购中发挥“阻挠作用”，一时被称为“中国企业的冤家”。而这些“恩怨史”也提示中国企业，应当重视目标公司所在国家对于外资准入的规定，尤其是涉及矿产、能源、国防、金融等特殊领域，必须考虑：该国或地区法律是否设有外资准入的限制或需要通过专门的审查或审批；如有，那么是否可以在遵守该国或地区法律的框架下绕过或尽快完成所需的审查或审批，如搭建境外控股平台等。

（2）目标公司所在国法律对于并购上市公司的特殊规制。

很多国家和地区都对并购上市公司设定了特殊的法律规则，以新加坡法律为例。并购新加坡的上市公司，必须依照《新加坡收购与合并守则》规定的流程和规则：若 a. 任何人（及其一致行动人）欲收购上市公司 30% 表决权的股权；或 b. 任何人（及其一致行动人）持有 30% 至 50% 的有投票权的股权，并在 6 个月内增持超过 1% 有投票权的股权，其须对该目标公司股东发出强制收购要约，并且获得股东所持表决权的 50% 以上同意。而通过认购新股的方式进行股权收购，增发新股还需要目标公司的股东就此通过单独的决议。因此，对于希望并购境外上市公司的企业来说，了解目标公司所在国的证券交易规则就显得尤为重要。必要时，还需要根据这些特殊交易规则调整并购目标和方案。

2. 并购阶段

（1）目标公司经营方面的法律风险

所谓目标公司经营方面的法律风险，主要指目标公司经营方面的各类法律问题，如公司的合法设立、资产权属、执照许可、劳动社保、环境税务等。这些问题主要可以通过法律尽职调查来发现。根据波士顿咨询公司于 2015 年 9 月 24 日发布的一份报告，中国企业的境外并购完成率仅为 67%，并购战略不清以及尽职调查欠完善是导致交易落空的主要原因[①]。

而假如欲并购的目标公司业务领域比较特殊，在尽职调查中就需要对相

① BCG：Gearing Up for the New Era of China's Outbound M&A，2015. 9.

关的关键点进行特别关注，此外还需要就一些专门问题征询单项意见。以2016年10月完成的北京卓纬律师事务所作为专项法律顾问的中国森田企业集团并购澳大利亚上市公司WOF（下称“森田并购WOF案”）为例，由于目标公司为一家石油天然气矿业公司，因此在研究目标公司经营方面的法律风险时，就需要特别关注该公司是否已取得资产所在国的开采许可，是否有足够权威的证据证明其所拥有矿藏的储量，是否有较为便捷的产品运输渠道和较大潜力的市场等。在此项目中，虽然WOF是澳大利亚上市公司，但主要资产在蒙古，通过中国的律师事务所与澳大利亚、蒙古的律师事务所、会计师事务所等专业机构的合作，共同完成了对项目的尽职调查。

（2）与交易协议相关的法律风险

与交易协议相关的法律风险可能存在于协议的各主要部分，包括：并购协议的生效条件、协议设定的交割条件是否满足交易安全的要求、协议条款的设计是否违反管辖国或地区的法律规定以及履行可能性、协议各条款之间的关系以及周延性、适用的准据法及争议解决方式等一系列问题。交易双方在拟定交易协议时，如果不仔细考虑这些问题，很容易发生交易协议难以贯彻当事人初衷的后果。尤其对于中国企业而言，并购境外公司适用的准据法往往是目标企业注册地法律或主要资产所在地法律，如果不了解这些法律，极易在协议谈判中陷入被动，即使通过谈判在协议中订入对己方有利的条款，也很容易因为该条款难以在所适用的准据法下执行而导致目标落空和利益受损。而对一些可能产生重大影响的条款的忽视则很可能在日后引发法律纠纷。以中化国际并购韩国仁川炼油公司失败为例，在签署排他性谅解备忘录时，中化国际没有增加附加条款限制对方再提价。结果韩国仁川炼油公司突然变卦，要求将原来的并购价格抬高，最终价格超出了中化国际的承受能力，导致并购以失败告终。

3. 并购后阶段

根据波士顿咨询公司的报告，即使并购交易顺利完成，企业也常常无法达到预期目标，主要原因之一就是并购后整合规划不足、执行不力[①]。对于并购企业而言，签订并购协议并不是终点，而是另一个起点。还需要综合考虑目标公司当地的具体情况，结合当地法律，防控目标公司未来的经营风险。如首钢并购秘鲁铁矿后，被各种名目的罢工示威所困扰，并且需要应对强势的矿产工会，频繁的劳资纠纷曾一度令秘鲁铁矿处于僵局状态。据不完全统计，矿工罢工给秘鲁铁矿公司带来的日平均损失在100万—200万元[②]。此外，在并购上市公司的案件中，还会产生信息披露等义务，需要特别注意。

四、针对各阶段重点考虑问题的应对措施

1. 并购前阶段

（1）审慎挑选项目

在此阶段企业应审慎挑选合适的并购项目，在公司战略决策层面避免盲目进行并购的风险。

（2）充分理解目标公司所在国的相关法律规则

企业在进行境外并购之前，应重点考虑目标公司所在国或所在地区的法律规定，尤其是对外资准入方面的规定，即对外国投资者持有本国公司的股权或资产是否有所限制，以及是否可以采取某些方法规避。若对目标公司所在国法律规则的理解，不仅仅局限于上文提到的交易中的法律适用，还须注意对一些特定法律概念的理解。以通常作为并购目标的“控股权”为例，很多中国企业在谈及收购股权时，通常都以取得至少51%的股权为目标。这样的目标设定往往基于企业“超过半数才算控股”的认识。然而在不同国家和地区的证券法律规则中，对“控股权”的定义和理解也各有不同。例

① BCG：Gearing Up for the New Era of China's Outbound M&A，2015.9.

② 李文友：《跨境并购5个失败案例分析》，载商务部中国国际工程咨询协会，http：//caiec.mofcom.gov.cn/article/jingmaotongji/201704/20170402556781.shtml，最后访问于2020年7月23日。

如在新加坡上市公司守则中，持有公司5%的股权即有可能形成对公司的控制，持有公司15%以上股权即可被认定为“控股股东”。而上文也已经提到，超过30%的股权并购难度大且耗时长。因此，对于中国企业来说，避免僵化或望文生义地理解法律概念，设定合理的并购目标，通常可以极大地降低并购难度甚至决定交易的成败。

2. 并购阶段

（1）充分的尽职调查

目标公司的经营管理方面的各类法律问题，可以通过法律尽职调查发现，也可以就专门问题征询目标公司所在国律师的意见。在采取股权并购方式的并购中，针对公司的合法设立、资产权属、执照许可、劳动社保、环境税务等重点方面进行充分、全面的尽职调查有利于厘清并购目标公司可能存在的法律风险，从而有针对性地进行预防并消除风险。

（2）重视各类法律规制与并购时间表的配合

上文已经提到过，中国企业进行境外并购至少须经过国内发改委、商务部的审批或备案，同时根据企业不同的情况，还会涉及国资审批、反垄断审查、重大资产重组审查等。另外，目标公司所在国也往往会设定一些外资进入的批准或许可，如美国外资投资委员会的国家安全审查等。而各国法律对并购上市公司各个环节大多有明确而严格的时间要求，将各类监管部门的审批流程与并购时间表配合好便成为确保并购最终成功的关键要素之一。尤其在订立并购协议时，必须将取得审批的时间考虑在内，否则如因此耽误交易进程，还需要承担相应的违约责任。

（3）注意信息披露与保密

各国证券交易规则一般都要求并购方在持有目标公司股份达到一定比例后进行公告，以确保公众获取信息。如英国证券法要求：并购方收购目标公司的股份达到或超过了目标公司表决权的3%时，需要在2个交易日内向目标公司和英国金融管理局（FSA）申报，此后持股比例变动每达到1%时也应补充申报。而在交易完成之后，一般也都会要求及时披露高级管理人员变动情况。并购企业需要按照要求，亲自或督促目标公司及时向该国证券交易所等机构提交必要的信息和资料。

而与法律和交易规则规定的信息披露义务相对的，是除了履行此义务外，在交易完成前，并购企业及参与交易的中介机构需要确保交易的保密性。其原因主要是并购交易信息如果提前透露到市场上一般都会引起目标公司股价的波动，有时会带来目标公司股价的大幅度上升，这就会给交易的完成增加不必要的难度以及成本。

3. 并购后阶段

中国企业在完成境外并购交易后，容易在调整目标公司管理层上犯两个极端性的错误。一是，急于将目标公司原有管理层撤换；二是，由于无法在短时间内派出自己的管理团队对目标公司进行管理，不得不维持原管理层不作任何变动。从维护目标公司运营的稳定性角度，在交易完成后一段时间内保留一个稳定的管理层是十分重要的。但在管理层留用上，必须注意原有的管理人员是否有意愿继续留在目标公司并配合中国股东进行管理。而在更换管理人员时，一方面要注意保证公司的正常运营，另一方面也要注意目标公司所在国法律规则是否对公司管理层的人员组成有特殊要求，如要求具有该国国籍的管理人员的比例等。

第四章　尽职调查与并购的前期准备

第一节　并购的前期准备

一、尽职调查的跨境合作

跨境并购涉及境内、境外不同的法域、政治政策环境以及文化差异等。跨境并购尽职调查启动前，应首先组建跨境并购团队。合格的境外并购团队应该由内部团队和外部顾问团队组成，在理想的情况下，内部团队应该能够领导交易，而外部团队则负责完成交易[①]。

1. 跨境尽调参与方的角色分工

在跨境并购交易中，并购方尽调参与主体包括并购方内部管理层及外部顾问团队（包括境内及境外顾问）。

对于中国并购方，其内部管理层很大程度上依赖于外部顾问。然而，内部管理层系对并购方的企业战略需求、资产及技术等情况最为熟悉的主体。

---

① ［美］吕立山（Robert Lewis）：《国际并购游戏规则：如何提高中国走出去企业成功率》（*Why So Many Chinese Outbond Investment Fail*），机械工业出版社 2016 年版，第 132 页。

理想状态下，并购方内部管理层（如 In－house Council）如可在尽调阶段审核跨境并购交易中的信息备忘录（Information Memorandum）中关于资产与技术等公司基本信息，对于并购方而言，相关跨境并购交易因内外信息不对称导致风险的可能性将大大降低。

而外部顾问团队则充当目标公司与并购方之间的“桥梁”。通过外部顾问，并购双方相对安全平等地“互通有无”，经并购方对目标公司及其所在国别、行业等进行调查，目标公司对并购方资金、外汇管制等监管合规问题进行考虑，解决跨境并购交易中信息不对称问题，赢得对方的基本信任。

根据参与主体的分工和主导地位不同，跨境尽职调查可总结为：并购方所在国境内、跨境部分以及东道国境内三个部分与环节。

表 1　跨境尽职调查工作环节①

并购方境内尽调工作	跨境部分	东道国尽调工作
1. 并购方自身企业尽调（如并购资金、战略需求） 2. 并购方境外投资、外汇管制、经营者集中申报等监管合规问题	整合境内境外尽调内容 综合分析是否继续交易 依据尽调情况对估值、“陈述与保证”条款进行谈判	1. 对标的公司的尽调 2. 东道国法律环境调查、国别政治风险、行业特殊风险 3. 东道国文化可能导致的法律问题等
由并购方境内的顾问负责（也可能由目标公司对并购方进行反向尽调）	负责主体通常不明确	由并购方在东道国的顾问负责

如表 1 所述，为完成跨境并购交易，并购方境内顾问团队及东道国本地交易团队需要协同合作。针对尽职调查的分工，根据并购方与东道国不同的法域可界定境内外顾问团队的主要工作与责任。并购方及其聘用的顾问均应在正式启动跨境尽调之前，提前约定涉及跨境部分的工作范围以及责任主体，降低尽调过程中的沟通成本，避免不必要的纠纷。

① 本表参考艾坦·格罗斯巴德：《在并购整合前进行尽职调查》以及吕立山（Robert Lewis）：《国际并购游戏规则：如何提高中国走出去企业成功率》的第七章及第八章进行归纳。

2. 跨境交易参与方参与跨境尽调的协作流程及注意事项

跨境并购交易复杂多变，参与尽调的各方来自不同的国家、企业，有着不同的文化背景和工作模式。综观市场跨境并购交易，因并购双方之间、并购境内外顾问之间的沟通问题而失败的案例并不鲜见。因此，跨境尽职调查团队的组建、协作、磨合对于交易本身至关重要。

就跨境并购交易应整体考虑协同效益的问题，业内已达成基本共识。相应地，跨境并购尽职调查也应由参与各方在并购整合框架下进行协作，主要步骤如下：

（1）内外部顾问就并购交易的重点、可能涉及的特定风险领域以及对应的尽职调查范围与程度达成一致；

（2）内外部顾问与并购方内部管理层共同制订跨境尽调全流程的工作计划及时间推进表；

（3）明确跨境尽调各环节的主导机构及责任范围，设置不同的职能小组，任命总负责人和各环节主要对接人；

（4）内外部顾问提供实时更新，及时提供初步发现和报告，准确向并购方解读尽调发现，满足并购方的决策需求。

二、并购风险识别

不同于国内并购，经营风险与财务风险不再是境外并购风险的全部，其风险主要包含政治、政策、法律、文化四个方面，笔者认为主要的并购风险最终均有可能化为法律风险。

1. 政治风险

政治风险指目标公司所在国（下称东道国）政府对外资的并购限制、外汇管制政策等引起的风险。该等风险既会影响并购的进度，也会影响并购后利润的实现。

东道国政府对外资的并购限制风险亟须并购方重视，特别是对于具有国企背景的中国企业。国企背景更容易招致东道国政府对其并购目的的怀疑，使得单纯的商业活动带上政治的色彩。在国家利益冲突与贸易保护主义抬头的背景下，主要发达国家外资安全审查的范围不断扩大。特别是西方国家审查在近年来显现出政治化倾向，其反对中国企业并购西方企业股权或资产的基本理由是：中国在境外进行直接投资和跨境并购规模较大的企业中，有80%以上系国有企业。西方国家认为，中国国有企业使用国家资金进行商业并购，不符合市场经济自由平等原则，是国家行为而非商业行为，而东道国政府的阻碍成为中国企业境外并购失败的主要原因。例如针对德国欧司朗（Osram）和爱思强（Axitron）的收购计划均在最后关头因被德国政府反对而失败，吊诡的是，据德国商报 Handelsblatt 报道，德国政府撤销对该并购交易的批准系经美国奥巴马政府提醒："中国可能会将从爱思强处获得的技术用作军事用途。"

西方国家在近年来以"国家安全""公共秩序"等理由反对中国投资者的跨境并购案例频发，如：

2018 年 1 月，美国外国投资委员会以涉及美国公民身份数据安全为由，否决了蚂蚁金服对速汇金（Money Gram）价值 12 亿美元的收购。

2018 年 7 月，德国以危害公共秩序与安全为由，拒绝了中国投资者对德国机械工具公司莱费尔德的并购申请，这是德国历史上首次否决中国投资者交易。

2018 年 7 月，美国颁布《国防授权法案》（National Defense Authorization Act，NDAA），在第 889 条中明确指出中国华为生产提供的是"受控的通信设备或服务"，存在严重的国家安全问题。

政治上的影响不仅包括禁止收购令，在获得许可过程中所耗费的时间也足以对并购效率产生极大的影响：由于并购往往与标的企业的企业状况相关，将要被并购的利好消息及长时间内大环境的变动都会给标的企业以喘息时间，增大其拒绝收购的风险，同时也会吸引来更多的竞争者导致收购竞争加剧。如中铝收购力拓案中正是澳大利亚政府的拖延导致力拓有了足够的恢复时间，同时竞争者入局，使中铝错失收购良机，最终收购失败。

全球疫情及世界经济下行周期背景下，对于跨境并购交易而言，“跨境”门槛将越来越高，政治风险将更为突出。

2. 政策风险

跨境并购交易涉及的政策风险主要包括并购时的境内外审批政策和外汇管制政策。在国内政策风险中，审批政策对民营企业的影响更为显著。复杂的审批流程可能会拖慢企业并购进程，从而错过并购时机，导致并购失败或并购后业绩不达标。外汇管制政策则主要影响并购时企业的筹资策略选择及筹资时间，例如对并购方提出较高的外汇储备要求，或由于筹资方式的限制影响资金到位的速度和数额。

此外，外汇流出管制相关政策主要影响的是并购后利润向母公司的输送，严格的外汇流出管制会影响被并购方向母公司输送利润和分红，从而导致母公司的并购偏离其战略方向，影响并购后公司绩效的评价，导致并购后效率的低下。

3. 法律风险

跨境并购中法律风险是决定其成败的重要一环，具体分为违法风险和法律体系不完善带来的风险。

违法风险主要存在于法律体系较为完善的欧美地区，不仅会对并购造成影响，还会影响企业的声誉，对企业后续在该地区的发展造成不利后果。例如，被并购方有可能存在遗留税务等被隐瞒的法律问题，并购后补缴税款会对母公司财务和声誉带来较大的影响。例如，中海油在2008年对挪威企业COSL Drilling Europe AS的收购就未考虑到遗留税务的问题，导致后续补缴税款时给母公司盈利带来了一定的负面影响。此外，国外对员工待遇、环境保护和处理等广义利益相关者方面的重视也给中国企业境外并购带来一定的难度。

(1) 特殊法律法规要求

对于劳动相对密集的行业，特别在欧洲国家，劳工问题应重点关注。例如，在德国，当一家公司未达到工会规定的要求时，劳资委员会有可能通过取得禁令的方式阻碍并购的进程[①]。又如，英国政府对职工最低工作时长和工资标准进行了严格的规定，如从学徒至25岁以上成年劳工，最低时薪在4.15至8.72英镑[②]。再如，对于互联网/电信企业，网络安全与数据保护则是尽职调查的核心。一直以来，欧洲的电子通信服务供应商通常依法应确保其服务的安全性，必须在24小时内将任何个人数据泄露告知监管机构及相关被侵权用户，除非已采取特定的技术措施保护数据。2018年5月，欧盟正式颁布了《通用数据保护条例》(General Data Protection Regulation, GDPR)，以较高者为准，对违规企业的罚款最高可达2000万欧元或全年全球营业额的4%。

甚至在交易对价层面，不同国家的法律规定也有所不同。如少数股权的"公允价值"(Fair Price)的确定也可能因法域的不同而存在差异。例如，投资者与目标公司的控股股东已就公司估值达成一致，但加拿大的少数股东有权对收购对价提出异议，要求法院判决的"公允价值"[③]。

(2) 法律体系不完善

法律体系不完善所带来的风险主要存在于东南亚、拉丁美洲等地，不完善的法律体系可能造成并购过程中的不可控因素，如游说对当地政府的影响及腐败问题会增加企业在并购过程中的交易成本，影响并购的成功率。

在全球打击贪腐的高压态势下，跨境交易过程中自身的腐败行为问题将

① Deloitte Development LLC., Seize synergies I Managing country - specific integration complexities to help preserve and grow shareholder value, 2018.

② National Minimum Wage and National Living Wage rates, at https://www.gov.uk/national - minimum - wage - rates, visited 19 April, 2020.

③ Canada Business Corporations Act, Part XVII, Government of Canada Justice Laws, at http://laws - lois.justice.gc.ca/PDF/C - 44.pdf, visited 14July, 2020.

遭到目标公司所在国政府的狙击。2018 年 11 月 1 日，美国司法部宣布了"中国行动倡议"（China Initiative），首要目标系识别并优先处理"涉及与美国企业竞争的中国公司"的《反海外腐败法》案件，明确对中国投资者采取广泛的"长臂管辖"。自 China Initiative 宣布之日起至 2020 年 3 月的两年间，涉华处罚案例数量高达 39 起①。

而且，值得中国并购投资者关注的是，美国的《反海外腐败法》还针对并购方专门设置了承继主体的法律责任，并购方可能因为目标公司在并购前存在的腐败行为而面临刑事调查，目标公司有可能因政府部门证据及财产保全行为陷入经营停摆的困境。

除此以外，美国为了打击金融犯罪，持续加强反洗钱（Anti－Money Laundering，AML）、打击恐怖主义融资（Combating the Financing of Terrorism，CFT）和客户尽调（Know－Your－Customer，KYC）等领域的监管。在严苛的监管框架下，法律尽调也应包含对跨境并购交易的资金来源、汇付路径等进行核查。

传统的法律尽职调查关注目标公司在民商事或政策层面的风险，很容易忽略刑事风险。因此，并购方亟须将反腐败尽调等刑事风险尽调纳入跨境并购法律尽调的范围。

4. 文化风险

文化风险主要包括企业内文化和并购双方间文化两方面。并购方企业内的文化将会影响对价的设定、并购的激进程度等风险因素。例如，2009 年 4 月，澳大利亚对中铝并购力拓案进行民意调查结果显示，受调查者中反对中铝增持力拓股份至 18% 的竟高达 59%，理由是担心中国通过央企最终控制澳大利亚资源，反华情绪拖延和阻挠并购进展。此外，盲目自信的管理层可

---

① "INFORMATION ABOUT THE DEPARTMENT OF JUSTICE'S CHINA INITIATIVE AND A COMPILATION OF CHINA－RELATED PROSECUTIONS SINCE 2018", at file：///C：/Users/Administrator/Desktop/China%20Initiative.pdf，visited 16 April，2020.

能会过早放出收购消息，使得被并购公司股价回升放弃收购，如力拓在世界金融危机爆发时不得不委身中铝，但因为在力拓宣布破产倒闭前宣布了中铝大规模的注资计划，强力刺激了力拓股票价格上涨。短短几个月，力拓股价升幅 70%，致使目标公司有机会“过河拆桥”[①]。

并购双方间的文化风险主要影响并购后的整合阶段。在诸多整合中，文化整合往往被并购方所忽视，而企业文化的不合会对并购成败造成重要影响，这在跨境并购中更为明显，因为跨境并购双方文化差异往往更为显著，除了有企业文化的差异外，还有因跨国所导致的社会文化的不同，包括法律文化、风俗人情等因素，这将会带来并购后用工文化、管理文化的冲突，甚至会触发法律风险。

三、并购标的及方式选择

1. 选择并购标的

如果说并购前需要就目标公司所在国的政治、政策、法律、文化、行业相关风险进行识别，并在后期有针对性地进行尽职调查，解决外部信息不对称问题，那么，并购方式和并购标的的选择，一定程度上基于并购方在并购交易启动之前，对自身进行全面的“尽职调查”后作出决策，解决的是并购方对自身认识和实际情况的内部信息不对称的问题。

并购公司的战略将会影响并购标的企业的选择，同时并购本身也会对公司战略目标的实现产生影响。并购对价的确定也与企业战略相关，当企业处于激进的投资战略时，其有较大可能选择更高的购买对价；或者当标的公司处于并购方战略版图重要位置时，并购方也可能会接受更高的对价以确保并

① 《中国铝业并购力拓案例分析》，载 http://www.cbcie.com/34104/15917383.html，最后访问于2020年4月20日。

购的完成。

那么在业务层面如何选择并购标的？Joseph L. Bowbyer 列出了并购的五个理由[①]，如下表所示，每一个理由都将意味着不同的战略目标及尽职调查重点。

并购类型	战略目标	尽职调查重点
产能重组型并购 the overcapacity M&A	消除产能过剩，扩大市场份额，实现规模经济	市场份额及成本——尤其是人力资源和 IT 合理性的尽职调查
地域扩张型并购 the geographic roll - up M&A	公司跨区域发展；主要运营单位留驻本地	顾客优势及产品竞争优势方面的尽职调查
产品/市场份额扩张型并购 Product or market extension M&A	通过收购扩大公司的产品线或其国际市场覆盖范围	文化和内部制度一体化及产品竞争优势方面的尽职调查
研发型并购 the M&A as research and development（R&D）	以收购方式代替内部研发来迅速建立市场地位	技术和知识方面的尽职调查；留住关键人才
行业整合型重组 the industry convergence M&A	并购方预测一个新兴行业，并试图通过从边界正在被侵蚀的现有行业中剥离资源以确立自己的地位	商业尽职调查；技术尽职调查；保留主要员工

如上表所示，并购方根据不同的战略目的及方向选择潜在的目标公司。因此，企业在对自身战略目标进行彻底审查，并且在作出并购决定之前，应非常仔细地考虑是否存在其他风险及成本更低的替代方案。

2. 选择并购方式

并购方式及融资方式的选择也会从财务角度影响企业战略的实施，不同的选择所带来的财务压力不同，而财务压力近可直接影响企业短期财务行

---

① Joseph L. Bowyer（2001），“Not all M& As Are Alike and That Matters”，Harvard Business Review March 2001.

为，远可影响企业长期战略经营目标的实现。

并购方式按照并购双方所处的行业可分为横向并购及纵向并购，横向并购（Horizontal Merger）是指具有竞争关系、经营领域相同、生产或销售相同或相似的公司之间的并购，其目的在于扩大生产规模，实现规模经济，有利于形成生产的进一步集中。在此种并购中，容易形成垄断并阻碍市场竞争，因此此类并购为反垄断监管的重点。而纵向并购（Vertical Merger）是指处于供应链上下游或具有纵向协作关系的公司之间的并购，优势为可以使生产过程各个环节紧密配合，加速流程、降低成本。

贝恩管理咨询公司一项关于企业并购失败的调查研究表明，全球范围内企业并购的失败案例中，80%左右直接或间接地源于企业并购之后的整合，而只有20%左右的失败案例出现在并购的前期交易阶段。

如并购前期市值不足百亿的中小开发商中弘股份自2015年开始激进地进行海外并购，先后以4.57亿人民币收购新加坡亚洲旅游、4.48亿美元收购美国海洋娱乐、4.12亿美元收购美国A&K，其中最后一笔并购融资成本高达14%，遭到深交所问询。巨额负债下，中弘股份资金链问题引发了项目停工、欠薪、债务逾期，2018年11月，中弘股份成为A股首只因股价跌破面值退市的个股。

综上所述，并购作为实现战略目标、捕获业务协同效应的一种手段，而非核心业务业绩不佳的解毒剂。因收购方对自身定位、并购战略目的以及业务协同效益考虑不足可导致并购交易以失败收场，甚至债务缠身，引发自身经营危机。

3. 跨境交易中需考虑的其他问题

在跨境并购交易中，选择目标公司时，还需要同时考虑当地国货币的稳定性、汇率的变动及风险管理、升值或贬值预期、当地国税收以及与有无税收协定、会计准则的差异法治程度、并购方诚信度、尽职调查的难度及国际关系等。

综合上述考虑因素，并购方在选择目标公司时应基于并购目的对整个并购项目宏观把控，再确定价格及交易的底线。同时，境外并购之昂贵与耗时，决定了不能是一时兴起的“买买买”。并购方应未雨绸缪，对潜在收购目标建立数据库及列表，将符合并购方战略目标的不同公司种类及业务部门纳入考察范围，定期更新，持续追踪，实现协同效应的业务发展规划与估值、谈判同时进行，收购开始及完成时，对目标公司的业务整合、管理层整合、人力资源整合等做出完整方案①，如董事的改组与否及人选、组织架构、经营上的重要职务均有所安排。

四、并购前期交易文件的签署及要点

1. 保密协议

尽职调查在很大程度上依赖卖方提供的信息，以及对目标公司管理层、设施和顾问的接触。在潜在的买方和卖方就保密承诺达成一致之前，交易难以正式启动。谈判正在进行的事实可能导致买方有一种隐含的义务，即对卖方及其顾问披露的一切都要保密。然而，卖家通常需要在发布任何信息之前签署一份保密协议。作为最低限度，卖方希望保密协议要求买方及其顾问：

·采取一切合理的措施来保证披露信息的安全；

·确定接收信息的团队成员范围；

·确定披露信息的使用用途限于评估并购项目相关事宜；

·应卖方的要求结束或终止谈判时返还所有文件（包括副本）。

众所周知，根据保密协议主张侵权的难度极大，收购双方应在合理的时间限度内签署保密协议。但收购方应注意调整保密协议谈判的目的，争取在

---

① Mark Sirower, Due diligence for synergy capture Building deals on bedrock, M&A Making the Deal WorkPerspectives on Driving Merger and Acquisition Value (2017).

谈判过程中窥探标的公司不愿披露的领域。在保密问题上，在进行尽职调查之前，最关键的是明确目标公司自身是否有保密义务。例如，前轮融资协议可能会防止目标公司未经合作伙伴同意而向买方披露某些信息。

如果买方和卖方是直接竞争对手，可能会有进一步要求买方承诺在谈判期间以及在交易完成之后的一段时间内，不招揽任何目标公司客户或员工。尽管保密协议的履行困难，但卖方（或更有可能是并购方律师）依然十分重视并强调保密协议。这意味着双方必须就保密协议进行谈判，这将实际拖延已经相当紧张的进程。因此，并购方应注意保密协议的谈判与签署的时间。

RAA Mgmt.，LLC *v.* Savage Sports Holding，Inc 一案中，收购方 RAA（股权投资企业）完成了对目标公司 Savage 的前期尽职调查，与其签署了投资意向书和保密协议后，开展后续的尽职调查工作时才发现 Savage 存在的重大风险。RAA 终止了并购，后向特拉华法院起诉，要求目标公司赔偿其在前期尽职调查及并购谈判过程中已产生的“沉着成本”（sunken due diligence cost）120 万美元的损失，理由在于 Savage 在前期尽调过程中故意隐瞒目标公司的重大风险。特拉华高等法院及最高法院均驳回了 RAA 的起诉。因为保密协议中包含免责条款（non – reliance and waiver clauses），约定 Savage 不确保其提供信息的准确性及完整性。法院认为，免责条款约定清晰，表述与格式条款基本一致（virtually identical）。除非保密协议另有明确约定，在并购协议正式签署之前，收购方不得要求前期成本的损失赔偿。因为 RAA 作为经验丰富的股权投资机构，应当意识到在此类格式条款下可能存在的风险。

因此，收购方应综合考虑目标公司的潜在风险，并判断其对整个交易的影响，决定是否延迟或中止昂贵的尽职调查。同时，争取在保密协议中增加例外条款，为后续的尽调费用索赔保留空间。

2. 投资意向书

跨境并购交易中，多数情况会在项目前期签署投资意向书。形式上，投资意向书一般为谅解备忘录（Memorandum of Understanding，MOU）、意向书（Letter of Intent，LOI）、投资协议条款清单（Term Sheet，TS）等；内容上，投资意向书主要对交易主体、交易标的、交易架构、一般交易条款进行规定；效力上，投资意向书仅表达在交易前期的收购意向，通常无强制约束力（Non - binding）或明确约定“以最终投资协议的签署为准”（subject to final definitive agreement）。但是，在投资意向书明确约定独家谈判的权利（exclusivity period）的情况下，签署无法律约束力的投资意向书时需要谨慎。

如在特纳广播系统公司诉麦克戴维案（Turner Broadcasting System, Inc. *v.* McDavid）中，Turner 是 NBA 球队亚特兰大老鹰队（Atlanta Hawks）的股东。2003 年，Turner 与 McDavid 签署投资意向书，拟出售亚特兰大老鹰队并约定 45 天的独家谈判期。投资意向书到期后，双方启动正式投资协议的谈判，且正式投资协议所有争议点经谈判已基本解决。但与此同时，Turner 与另一个潜在买家进行谈判，并正式签署协议，向该潜在买方出售亚特兰大老鹰队股权。McDavid 将 Turner 诉至法院，要求确认双方已达成有效投资协议。最终佐治亚上诉法院支持 McDavid 的诉请，Turner 的谈判行为已在双方间设立了有效的投资协议。①。

如上案例，法院可能依据双方之间的谈判或口头确认已经形成对于交易双方“善意”（good faith）的原则判定，对于投资意向书的风险防控，仍需要买方相关人员予以高度关注，否则可能出现意想不到的风险。

综上，买卖双方应明确投资意向书是否具有法律约束力或明确协议生效所需满足的所有先决条件。

① TURNER BROADCASTING SYSTEM, INC. v. McDAVID et al., 693 S. E. 2d 873 (2010).

第二节 跨境并购尽职调查

一、尽职调查的含义

最早对尽职调查（Due Diligence）一词给出较明确定义的是1933年颁布的美国《证券法》。该法在第十一章中作出了一条规定：当证券经纪人对其所售股票的发行公司真实经营状况存有疑问时，作为一种自我保护手段，可以申请启动一个“适当的”调查程序来核实该公司向公众披露的信息是否真实且完善，同时也有义务将调查结果向市场上的广大投资人公布。

通过这个调查程序和披露结果，证券经纪人将其对投资大众所负的责任限定在了一个明确的范围内，对于不在这个调查工作范畴内的事情，或者无法通过这些调查程序发现的隐患，将来即使爆发问题，证券经纪人也无须承担责任；反之，如果没有履行必需的调查程序，或者没有向投资者如实公布调查结果，那么一旦这家公司将来被认定存在虚假行为，证券经纪人也要承担相应的连带责任。这一规定的核心目的是使公司在发行证券时向投资人提供充足的发行人信息，从而保障投资者的利益，使其在不受误导的情况下做出投资决定。

后来这一手段被广泛运用于并购方并购等交易活动中，只是“尽职”的对象成为收购方自己。而在并购交易中，如果当事人没有进行或没有做好尽职调查，则要自己承担未彻底了解并购方状况所产生的风险。在此情况下所做的尽职调查，是为了尽可能地揭示“现实交付”并购方的风险，以及出现遭受实际损害后无法补救之情形。而在此过程中的调查，目的在于明确信息的真实性以及解决信息的不对称。

中国最早出现尽职调查这一法律概念的规范性文件是2001年3月6日证监会发布的《公开发行证券公司信息披露的编报规则（第12号）——公开发行证券的法律意见书和律师工作报告》，其中第五条规定："律师在律师工作报告中应详尽、完整地阐述所履行尽职调查的情况，在法律意见书中所发表意见或结论的依据、进行有关核查验证的过程、所涉及的必要资料或文件。"

二、尽职调查的目的和作用

尽职调查的终极目的在于为收购方做出合理决策提供依据，具体体现在三个层面：第一，在正式收购前，发现、降低或避免影响交易的重大风险，即（1）是否存在影响交易进行的重大风险；（2）是否存在对交易的估值或其他交易条件有重大影响的重大风险。第二，根据尽职调查结果，权衡交易之风险与价值、成本与收益，确认标的公司的价值。第三，根据尽职调查发现的风险，进行交易文件中"先决条件""陈述与保证"等条款的设计，保存证据，同时防范风险。

1. 发现风险/瑕疵

根据英美买卖法中收购方自负其责的原则（Cavert Emptor or Buyer Beware）。如1979年英国货物买卖法（Sale of Goods Act 1979）第14条第1款规定："除非本条或者第15条以下或者其他规范有其他规定，对于根据买卖合同而交付的物品，没有关于其质量或者其对特定目的的适用性的默示条款。"即收购方应当在购买标的物时进行必要的尽职调查，对因其自身疏于检查而没有发现的瑕疵和风险，应当自负其责。

虽然尽职调查的作用在于证明收购方案的可行性，但是整个尽职调查过程实质试图证明"本次收购可能不是一桩好买卖（bad purchase）"。甚至，收购方尽职调查应基于如下假定："本次收购可能导致无法挽回的损失

(This business is a loser that cannot be salvaged)”，如尽职调查结果反驳了上述假定，收购方案方为可行[①]。

基于此，对并购交易来说，尽职调查这项工作对于收购方希望尽量减少和避免不确定的并购风险来说是不可或缺和至关重要的。

2. 确定标的价值

通过尽职调查，尤其是财务和法律尽职调查，综合确定对公司的收购价格，或者在价格谈判中使收购方处于相对有利的地位。公司并购交易价格的基础一般可以按照年度经常性利润的一定倍数、年度经常性现金流量的一定倍数、净资产值、公司现状与可能存在风险的多少及程度、公司发展前景或双方协议的其他指标来确定。整个交易的最终价款一般是在确定了议价基础后通过双方协商来确定的，但收购交易价款往往不是一个固定的金额，而且也往往无法在签订并购协议时就准确地确定最终金额，这就需要收购项目当事人随时协商解决。

根据项目的特殊性，最后的交易价款通常要考虑一些需要后期确定的调整，有关的调整项目，例如：审计基准日到资产移交日之间的净资产值变化；额外议定的资产减值准备或未入账的资产增值（包括存货中已经包含的未实现利润）；需要剥离的资产及负债项目；对或有事项的特殊准备金；整体的折价或溢价。无论是以上的议价基础还是调整项目，都要通过尽职调查加以确认。在中国目前公司并购发展尚不成熟的阶段，确定公司并购价值是尽职调查的最重要功能之一。

3. 保存证据

尽职调查主要是“书面审”，主要是对有关的文件、单据进行调查。这本身便是一个保存和整理证据的过程。尽职调查过程形成的底稿将可能成为

---

① Richard P., II Green, James J. Carroll, Investigating Entrepreneurial Opportunities: A Practical Guide for Due Diligence (Entrepreneurship & the Management of Growing Enterprises).

主张管理层失职、中介机构失职的请求基础或抗辩的主要依据。

买方律师出具尽职调查报告后，可与卖方出具的披露函比对，核查卖方的披露是否全面、准确，通过对卖方“保证与陈述”（Representations and Warranties）条款的设计，要求卖方对其隐瞒事实、虚假陈述的行为承担责任。详见本节第七部分所述。

三、尽职调查的分类

传统的跨境尽职调查强调目标公司的法律及财务方面的问题，关注的是标的公司过去是否存在影响并购交易的瑕疵，参与者主要是会计师和律师；而整合的尽职调查（业界也称之为全面尽职调查），关注业务协同效应，除了法律与财务领域，其调查范围还包括信息技术、运营管理、人力资源等[①]。

根据调查的目的及内容不同，尽职调查包括法律关系调查、财务调查、税务调查、商务调查、人力资源调查、并购方文化调查、环境调查等。另外如保险、技术、客户关系等，都可以根据具体公司并购项目的实际需要进行调查。不同的并购交易，除了基础性的尽职调查项目外，还各有不同的侧重点，调查的具体内容，也会随交易的形式、公司所在的行业领域等而有所不同。各类尽职调查的侧重点及尽职调查目标总结如下：

尽职调查领域	侧重点	尽职调查目标
财务尽职调查	财务历史信息、管理和体系核查	确认潜在的利润；提供估价依据
税务尽职调查	现有税务水平、负债和筹划	避免任何不可预见的税务责任，优化税收模式

① ［美］斯科特·惠特克（Scott C. Whitaker）编：《跨境并购与整合：实操指南与案例分析》，郑磊、徐慧琳译，机械工业出版社 2018 年版，第 166 页。

续表

尽职调查领域	侧重点	尽职调查目标
法律尽职调查	审查合同协议、重大诉讼等，发现法律问题	确定披露函，陈述与保证及其他法律文件的定稿
商业尽职调查	市场动态，竞争地位及商业前景	未来利润的可持续性，制定发展战略
人力资源尽职调查	劳动力的构成，雇佣的条款和条件，承诺与激励，组织文化	发现交易的资源成本和风险，评估文化契合度，人力资源成本测算并制订并购后计划
管理层尽职调查	管理质量，组织架构	识别管理整合问题，制订管理层调整计划
环境尽职调查	业务许可，环境污染源头，环境保护措施	潜在负债、限制负债的性质和行动成本
技术尽职调查	技术性能，所有权	产品所涉及技术的竞争力及可持续性
知识产权尽职调查	效力，有效期及保护措施	确定知识产权价值，成本及影响
反垄断尽职调查	政府规定及行政要求，与竞争对手共享市场及信息的程度	合并申报及审批，对目标活动构成的反垄断风险进行评估并对目标合同可执行性的评估

根据上表列示的尽调范围与目标，本部分从上述全面尽职调查领域中选取与跨境法律尽职调查相关的领域与环节，主要围绕并购方在跨境交易中各类尽职调查涉及的法律问题以及可能导致的法律风险进行讨论：

1. 财务尽调

财务尽调的重点在于为并购方提供财务信息，分析目标公司的账簿、会计凭证等，从公司营收、资产、负债、现金流等方面提示目标公司财务及税务的风险，预测企业未来的表现。2020 年 4 月，基于独立外部法律顾问凯易国际律师事务所（Kirkland&Ellis）和法务会计专项 FTI 咨询公司的建议[①]，

① 沈欣悦、屈运栩、原瑞阳：《2020 造假第一股全调查》，2020 年 4 月 19 日。

瑞幸咖啡（NASDAQ：LK）自曝“伪造交易22亿元”的财务造假丑闻引发中概股做空潮，也使市场反思资本市场交易，特别是跨境交易的财务尽调问题。

在瑞幸事件中，瑞幸咖啡公司的财务造假时点为2019年二季度至四季度，而瑞幸上市时间则为2019年5月，中介机构收取的财务底稿日期截至2019年第一季度，会计师可主张对财务造假不知情①。

同时，境外监管机构如拟处罚中概股公司的中介机构，则需要获得存放于中国境内的尽调底稿材料。根据中国证监会于2009年10月20日联合国家保密局、国家档案局发布的《关于加强在境外发行证券与上市相关保密和档案管理工作的规定》，对于境外监管机构对境内机构进行现场检查的，应当事先向证监会等主管部门报告并事先取得批准。最终，因中美跨境审计监管合作协调问题，境外监管机构难以索取中国境内的信息，境外投资者更是申诉无门。

从上述热点事件可见，不同范围或不同程度的财务尽调将直接影响并购决策。而财务尽调在跨境并购交易中是最脆弱的一环，也是难以追究法律责任的一环。

此外，值得并购方关注的是，并购财务尽调报告不等同于目标公司的审计报告。在卡帕罗工业公司诉迪克曼公司（Caparo Industries *v.* Dickman）②一案中，并购方基于目标公司的审计报告要求财务中介机构赔偿损失但败诉。1984年3月，一家名为富达（Fidelity）的英国上市公司发布了盈利预警，公司股价大幅下跌。同年5月，公司发布了（不合格的）审计报告，董事会宣布利润低于预期。6月8日，卡帕罗开始收购富达的股份。截至7月6日，该公司已购入富达已发行股本的29.9%，且两个月后，卡帕罗成功完成全面收购，但其随后声称，富达的账目不准确且存在误导性：股票被高估，应付账款被低估，公司账面上应体现40万英镑的损失，而实际上却虚

---

① 全月、岳跃：《跨境监管何其难》，载《财新周刊》2020年4月19日。

② Howson, Peter, Due Diligence The Critical Stage in Mergers and Acquisitions, Due Diligence (p. iii). Taylor and Francis.

增了130万英镑的利润。卡帕罗认为其并购决策基于不准确的财务数据，且审计机构应在3月份盈利预警发布时（并购开始前）即作出风险提示，进而要求审计机构承担损失赔偿责任。

然而，上诉法院和英国上议院裁定，公司的审计师对潜在投资者不承担注意义务。审计报告是中立的，并非为了"以盈利为目的的个人投机"而发布。因此，英美法体系始终强调"买者自负"原则，在无专门的财务尽调风险提示报告的情况下，并购方对于审计报告应作出独立判断，不能向审计机构转嫁损失。

综上，如并购方、目标公司主体、财务中介机构处于不同的国家或法域，并购方难以就财务尽调瑕疵提起司法行政救济，追究中介机构的法律责任；且并购方不应依赖于目标公司的审计报告，应单独就并购事项出具财务尽职调查报告，明确约定中介机构的财务风险提示义务。

2. IT尽调

数字时代下，跨境并购前出现网络安全风险事件比比皆是，有的网络安全问题可能导致刑事和行政风险。2015年1月，澳大利亚电信运营商澳洲电信（Telstra）完成收购泛亚洲网络供应商亚太环通（PacNet），在签署协议之后到交易完成前，发现PacNet的企业IT系统出现安全漏洞，澳大利亚联邦警察和其他政府部门以及数千家中小型企业的数据都可能被泄露[①]。

因此，在涉及互联网信息、数据等相关领域的跨境并购交易中，收购方应增设IT调查环节。收购方对于被收购方涉及的网络安全和数据保护领域的尽职调查应至少包括如下几个方面：目标公司是否持有所在国法律规定的、从事数据业务所必需的许可和互联网行业相关牌照；目标公司所控制的数据权属是否合法、有效；目标公司是否存在侵犯个人隐私及商业秘密，可

---

① 《澳大利亚电信旗下公司现安全漏洞 政府账户信息泄露》，载https：//world. huanqiu. com/article/9CaKrnJLhKb，最后访问于2020年4月15日。

能受到监管部门处罚的风险。需要特别提出的是，如并购方基于行业整合等企业战略需要跨境传输、使用目标公司业务的相关数据，在并购前，需要首先核查数据跨境传输的相关法律法规以及数据出境评估等。

3. 环境尽调

中国商务部、环保部于2013年2月18日印发《对外投资合作环境保护指南》，鼓励企业在收购境外企业前，对目标企业开展环境尽职调查，重点评估其在历史经营活动中形成的危险废物、土壤和地下水污染等情况，以及目标企业与此相关的环境债务。鼓励企业采取良好环境实践，降低潜在环境负债风险。

而对于普通法系国家而言，环境责任已并非新鲜概念。受限于本土严苛的环境保护法律，环境尽职调查往往是其首要考虑。而英国法庭早于1868年在瑞兰德诉弗莱彻（Rylands *v.* Fletcher）一案中确定“谁污染，谁负责”的原则[①]。涉及英美国家的跨境并购交易，并购方可能不仅需要审查目标公司是否存在因自身污染行为导致的环境相关处罚，还需要审查当地政府的相关规定，明确规定环境污染的责任主体（并购方还是目标公司原股东）和认定标准，更重要的是，是否存在强制清理的要求。如经尽调，当地确实存在此类要求，并购方则需要考虑污染治理的可能性及成本，以决定继续或终止相关的并购交易。

四、法律尽职调查的范围与深度

基于法律尽职调查的结果将构成收购交易文件的基础，因而法律尽职调查将可能是整个尽职调查的核心环节。

① Rylands *v.* Fletcher，Court of Exchequer，England.

1. 法律尽职调查的范围

尽职调查应涵盖哪些内容，取决于买方认为自己对标的公司及其业务了解多少，以及对其了解有限的领域可能存在多大的风险[①]。法律尽职调查范围确定的原则可总结如下：

第一，根据不同的行业所呈现的风险特征确定重点。如在制药行业，知识产权以及行政审批应为首要核查事项。又如化工行业则对环境风险会非常敏感。如果收购方与目标公司处于同一业务和领域，那么管理层对尽职调查的水平和范围的要求，就会比收购一家拥有新产品或在不同地域市场开展业务的公司更宽松。

第二，基于并购交易的惯例和实践。一般而言，并购交易在法律和财务尽职调查的基础上完成。法律与财务方面风险较低是并购成功的必要前提。

第三，着眼于交易前确定的目标以及整合阶段所计划的安排。交易后整合的程度和形式将在很大程度上取决于进行收购的首要目标。正如约瑟夫 L. 鲍耶（Joseph L. Bowyer）指出，交易背后的战略意图与交易结果对整合的影响之间存在联系[②]，尽职调查也应当与交易战略与目标联系起来。

关于并购项目的目的及尽职调查范围之间的联系，2014 年北京市高级人民法院审理的天威新能源控股有限公司（下称天威新能源）诉达维律师事务所（Davis Polk & Wardwell LLP）法律服务合同纠纷一案作出了很好的说明。该案中，天威新能源委托达维律师事务所为其收购 Hoku 科技公司（Hoku Scientific，Inc.），实现将天威新能源下辖天威硅片公司对 Hoku 科技公司下辖 Hoku 材料公司 7900 万美元债权转化为天威新能源或其认可的关联方对上市公司 Hoku 科技公司的股权。

① Howson，Peter，Due Diligence The Critical Stage in Mergers and Acquisitions，Due Diligence (p. iii). Taylor and Francis.

② Joseph L. Bowyer (2001)，"Not all M& As Are Alike and That Matters"，Harvard Business Review March 2001.

因此，对于 Hoku 科技公司的全资子公司 Hoku 材料公司对外签订的《工程设计、采购和施工管理协议》，即需要通过审查已签署合同判断这些已签署合同中是否存在阻碍影响公司收购交易完成的条款，或者交易的完成是否会对这些已签署合同造成不利影响（如合同终止、无效等）。

根据《聘任函》约定的法律服务范围，达维律师事务所确实有义务审查合同中是否存在法律瑕疵，且有义务识别合同条款中是否存在对拟议交易的重大不利约定。但在案涉合同中，不存在重大法律瑕疵或者对拟议交易的重大不利约定。达维律师事务所并不是为《工程设计、采购和施工管理协议》一方当事人提供法律服务，其法律服务指向的交易亦非《工程设计、采购和施工管理协议》。

因此，《工程设计、采购和施工管理协议》对外交易合同条款是否公平合理并非案涉并购交易的尽职调查范围。

根据上述案例可见，确定法律尽职调查范围的过程，一方面，系并购律师责任的界限；另一方面，也属于整个尽职调查工作制订工作计划的过程。律师和并购方项目团队需要一起讨论，考虑相关限制因素，以满足尽职调查的目的为前提，确定合理的工作范围。主要包括以下方面的工作。

（1）重大性标准的确定

重大性标准不仅包括金额标准，也包括无法确定金额但是对交易可能产生重大影响的事项。

金额标准，主要适用于合同、资产以及诉讼等可以用金额来衡量的事项。金额的高低一定程度上受到交易规模的影响，但并没有固定的比例或通行的标准，一般是由企业根据交易规模和自身的风险承受能力来确定，同时需要考虑尽职调查的其他限制因素。有时也会考虑交易文件下卖方承担责任的最低限额，但一般会比这个限额低。在卖方提供买方可以依赖的尽职调查报告的情况下，一般会采用卖方尽职调查中使用的金额。

（2）确定排除事项

其他专业顾问进行的工作会被排除在法律尽职调查工作之外。并购方需要要求律师提示排除的事项，并在必要的情况下，组织律师与相关的顾问讨论划定工作范围，避免重复，同时也避免遗漏。

如上文提及的天威新能源诉达维律师事务所一案中，达维律师事务所在聘任书及尽职调查报告中均明确“未对环保、税务、保险及反倾销等其他事项开展尽职调查”，明确提示天威新能源“不应期待达维律师事务所的尽职调查对会计、财务、商务、税务、保险或其他业务方面所可能产生的影响或其所审阅的信息及尽职调查报告所包含的信息在非美国法律方面所可能产生的影响进行审查或评估。限于尽职调查的范围和程序以及一般法律尽职调查的性质，达维律师事务所的报告并不必然揭示商务内在的所有风险，并且达维律师事务所不就上述尽职调查的范围和程序是否足够承担任何责任”。同时，判决指出，如在收购方与中介机构之间没有特别约定的情况下，律师对于并购交易的法律判断应当结合双方确定的尽职调查范围，根据其字面作文义解释，不宜扩大范围。

（3）确定时间表

尽职调查工作一般需要有详细的内部时间表，而且需要在调查开始前即确定，以便律师和企业团队都能够明确调查所需要的时间，合理确定工作范围和安排工作。这个时间表，首先，会受到卖方要求的限制；其次，它取决于买方企业内部批准程序的要求，需要根据企业内部批准所需要的时间进行倒推，确定提交几稿报告、何时组织顾问讨论总结尽职调查成果等。在时间非常紧张的情况下，需要考虑安排每周汇报重大问题和调查工作中的难点问题。

（4）确定报告的形式

在境外的尽职调查中，一般采用风险提示型报告（issue list），即只提示重大问题，并就重大问题提供说明性的信息，而对不存在问题的方面，一般不进行说明。报告采用这种形式的优势是：能够实现尽职调查的目的，非常具有针对性，并且节省时间和成本。

而中国交易主体更为熟悉的尽职调查报告中包括对于调查得知的目标公司或目标资产各方面情况的描述（full report）。完整报告可以为中国企业提供更全面的信息，但是针对性不够，因为其中提示的大部分信息都是对事实的描述，不涉及问题。并且，在时间非常紧张的情况下也无法采用这种报告形式完成工作。事实上，对于目标公司或目标资产不存在问题的方面，通常企业都可以通过商业方面的调查工作了解相关情况，没有必要由律师再进行正面的确认。因此，在境外交易中并不常采用这种报告形式。

2. 尽职调查的程度

并购方是否做了足够的尽职调查，这个问题也是没有绝对正确答案的。有一种理论认为，并购协议相关条款对买方保护的范围越广，尽职调查的必要性就越低。在规划项目时，买方应始终记住，尽职调查不是在检查表上勾选方框，也不仅仅是收集大量信息，而是为了做出正确的决定。这些可能是：是否收购、是否可达成一个较低的价格、如何优先保证和赔偿制定、如何制订收购后的整合计划。因此，并购方的尽职调查不仅仅按照尽调清单逐一确认，而是关注问题的出现，将此次调查视为针对关键问题的一系列独立小型调查。投资者不可能发现所有可能的风险，尽职调查意味着努力将卖方的耐心挑战到极限，也意味着时间、资源以及费用成本。因此，在实践中，应根据时间、金钱和卖方的披露程度等方面调整尽职调查的范围与程度。

尽职调查的程度是引发并购主体之间、并购主体与其中介机构之间冲突的雷区，极大可能牵涉中介机构以及公司董监高的是否履行审慎忠实义务的判断。

如麦克鄂莱斯诉卡拉尼克（McElrath *v.* Kalanick）[①] 一案，一名股东指控优步的董事批准收购自动驾驶汽车制造商奥托（Otto），违反了董事的忠实

① McElrath *v.* Kalanick, 758 (Del. Ch. Dec. 18, 2017).

义务。因为在该收购完成后，谷歌对优步提起诉讼，称一名员工从谷歌旗下一家研发自动驾驶汽车的公司（Waymo）窃取了商业机密，并将其交给了奥托。该案最终导致优步向谷歌支付了 2.45 亿美元和解金。该股东称，优步董事未能充分进行尽职调查，以评估收购奥托的风险，忽视了“危险信号”。

又如 2011 年 10 月，美国证券交易委员会因一家美国公司收购某中国公司前未进行反贿赂调查而处罚了该美国公司[①]。起因是 2002 年该美国公司收购一家中国公司时没有发现该中国公司制定并执行一项允许向国家官员给予回扣的政策。该美国公司接受了美国证券交易委员会责令其停止违法行为的行政命令，并上缴 360 万美元的非法所得和利息，以及 20 万美元的罚款。事实上，该美国公司曾聘请过一家国际律师事务所对收购对象进行过尽职调查，相应的代理律师在进行尽职调查时也发现了这个回扣政策，但因为没有意识到相关的贿赂风险，没有给予重视，故而没有警告该美国公司。该美国公司后来对这家律师事务所提起诉讼，其在起诉书中表明它当年为了收购这家中国公司花了 900 万美元，但是如果它知道这个回扣政策的存在，是肯定不会收购的。因此是这家律师事务所的失职导致了它的损失，故要求该所赔偿其向美国证券交易委员会所付出的 380 万美元罚款。

但需要关注的是，尽职调查工作过于深入，也有适得其反的可能。

对于一般由买方起草的收购协议，如尽职调查发现的问题未实际在披露函中披露，买方可能无法仅依据“陈述与保证条款”要求卖方赔偿。这意味着，只有在正式披露函中披露的事项才被视为合格的保证。商业目的是显而易见的，双方对收购协议中的保证以及符合这些保证的披露都很清楚。然而，法院并不总是完全接受这种方式，比如欧洲直升机公司诉提斯达乐

① ABDOL S. SOOFI，“China's Foreign Direct Investments：Challenges of Due Diligence and Organizational Integration”，Economic and Political Studies，2015（2）.

（Eurocopy PLC *v.* Teesdale）案。在该案中，法院认为，买方在披露函中披露的事项之外所知悉的信息可能与判断买方违反保证的索赔有关。在这个案例中，供应商保证所有重要的事实都已经披露。收购协议还包含上述标准条款，即除了披露函中列出的信息外，买方对目标的信息与本案无关。上诉法院的逻辑是，买方以高于风险成本的价格购买股份的决定，考虑因素包括披露事项。与此同时，如果有证据表明并购方对此有所了解，那么在提出保证索赔时就应该小心谨慎①。这意味着在并购中应明确尽职调查范围，当然也意味着买方不向卖方披露尽职调查结果。否则根据上述案例，并购方基于"保证与陈述条款"提出的索赔主张有可能不被法院支持。

五、法律尽职调查的方法和信息来源

1. 披露函

披露函本身就是尽职调查信息的来源。披露函实际上就是卖方将与保证及陈述不符合的事实告知买方，买方未来有权据此进行索赔。

对于卖方来说，披露函披露信息过少及不全面自然不好，买方未来可以以此为由要求索赔。但披露表事无巨细、全部披露，也并非适当的做法。并购交易的时间往往紧迫，披露函的制作又是在股权转让协议定稿后、交割前这段时间内，卖方可能并没有太多时间反复核对披露的内容。买方应始终坚持要求卖方提交一份早期草案，以便尽职调查能够以一种有意义的方式进行。

披露函中披露的事项必须是真实准确的，如果披露程序太烦琐，涵盖所有细枝末节，出错的可能性也会大大增加。同时，在尽职调查过程中，披露函经过一系列修改，每一份草案将披露更多的信息，特别是买方及其顾问应

① Eurocopy PLC *v.* Teesdale, [1992] B. C. L. C. 1067.

该对所披露的信息提出疑问，落实信息披露的细节。

就披露函更新而言，签署股权转让协议后到交割前，卖方仍会对披露函做更新。但是对于买方来说，如果卖方最后一刻披露的内容并不足以构成重大不利变化，买方选择交割是否就因此丧失了索赔的依据？

为了避免卖方更新披露函可能导致的风险，就股权转让协议进行谈判时，买方往往要求卖方的陈述与保证不仅在股权转让协议签署日是有效的，且在交割日也是有效的。同时，买方会要求将卖方在交割日出具的“关于陈述与保证条款”无变化的确认函作为交割先决条件之一，不允许卖方在交割日就披露函进行更新。

披露函中一般披露的是“重大事项”。卖方在“陈述与保证条款”中会承诺重大风险已在披露函中全部予以披露。当买方认为卖方违反其“陈述与保证条款”时，何谓“重大”，往往是双方争议的关键。卖方会希望是一个较高标准（high bar），未披露或未准确披露的风险因其不是“重大”的而不构成卖方违反其“陈述与保证条款”。买方则希望是个较低标准（low bar）。

对于买方来说，应仔细审阅披露函内容，可与自己前期尽职调查的工作底稿相比对，查缺补漏，进一步完善尽职调查报告。另外，也可据此了解卖方在前期提供尽职调查资料时是否真实、完善，从侧面了解卖方的诚信度。

2. 其他中介机构的尽职调查结果

其他顾问通常会在法律尽职调查结束前完成尽职调查。已经有人强调，法律尽职调查涉及许多其他领域。应鼓励其他顾问强调法律顾问可能需要特别注意的任何问题。同样，法律顾问也应该重视与其他顾问的沟通。更好的做法是，买方应该为他们做这件事，并确保所有关注的问题都传达给法律顾问，这有助于文档和法律尽职调查。

3. 卖方提供的在线数据库

在线数据库通常包含销售公司的重要文档：合同、知识产权信息、员工信息、财务报表、资本结构等。在线数据库使目标公司在数据保密及可控的前提下，向并购方提供有价值的信息。在线数据库一方面避免了保存文档的物理数据室的需要，加速并购过程；另一方面通过账户限制、监控等，目标公司可有效保障信息的保密性。

通过卖方提供的在线数据库，尽职调查律师可对目标公司的性质、过去三年到五年的业务和事务进行了解，对目标公司基本信息和行业背景全面了解后，形成后续集中调查的要点。

但在实践中有一种现象，就是卖方故意将各种与并购交易不甚相关的信息放到在线数据库中，特别是在竞标类的并购项目中，这要求买方中介机构在短时间内筛选甄别有用信息。因此，买方及其中介机构应始终坚持围绕收购项目开展在线尽职调查。

4. 公共信息查询

利用公共信息作为建立一般概况的手段，有很多可以用于更具体的查询。

（1）房产土地信息

如在英国，如果房产已经注册，只要在土地注册处进行搜索，就可获得房产的所有者、土地附带的利益以及任何产权负担（如抵押贷款和限制性契约）等信息。对于有限责任公司，公司的房屋信息还将提供详细的物业收费，物业是否注册等信息。在英国，搜索地方政府当局将显示该地区的市政规划变化。例如是否计划修建一条高速公路穿过该房产。当地的土地收费登记处会说明某幢建筑物是否列入或位于保育区内，或是否必须遵守当地的规划执行通知书。特别是现在，新的开发项目正被鼓励在宗地上进行，在填海的土地上建造现代建筑并不罕见。买家甚至可以通过搜索专家登记处来查找曾经的煤矿所在地，从而确认目标公司的工厂是否建在旧的矿井上。

（2）公司注册处

在一些国家有公司文件的归档系统。在英国及中国香港地区的公司注册处的中央登记处，存有目标公司最新的存档账目，公司章程的细节，股东、管理人员、董事和秘书的变动以及接收人、清算人的任命通知等。但文件更新通常存在延迟。如在香港，21 天内所做的公司变更信息无法查询。此外，公司注册处的“不合格董事名册”会显示一个人是否属于不合格董事。土地费用登记处会披露任何个别卖方或董事是否有任何尚未完成或悬而未决的破产程序。除了对目标公司及其子公司进行调查外，法律顾问可能还会对卖方进行调查，以确定卖方是否有权出售目标公司。

（3）法院

买方希望验证任何未决诉讼的状态，或确认司法机构、政府部门是否采取措施，或目标公司是否进入破产管理程序等，此类信息可以在当地法院搜索确认。

六、法律尽职调查的要点

并购的法律风险分为现有风险及潜在风险（未来风险及或然风险）。税收、人力资源、环境问题等都可能成为并购中的法律雷区。因此，法律尽职调查可能与其他领域的尽职调查交叉重叠。如在财务尽职调查方面，并购律师需要了解目标公司的财务和会计状况，同时还应关注财务领域的合同问题，如贷款协议、保证、担保和目标公司可能存在的赔偿责任以及融资安排。又如在环境尽职调查方面，买方需要明确目标公司是否负有清理污染土地的责任、环境许可证是否需要转移、目标公司是否遵守环境法律、法规以及是否有完善的保护环境的系统和机制等。因此，在法律尽职调查的过程中，律师应与其他中介机构保持密切沟通与联系。

1. 交易前后的股权及安排

对目标公司股权的核查主要通过查阅目标公司的组织文件，包括章程、股东协议等文件。关注要点包括：（1）股权结构、股东信息、子公司信息等；（2）完成交易所需的目标公司内部审批程序及表决权；（3）股权转让的限制、相关方的优先购买权、权利负担等；（4）股息、股利分红政策；（5）是否存在影响交易完成、对目标公司明显不利或可能在成交后严重影响公司未来的经营的特殊条款。

2. 财产所有权（包括动产、不动产及知识产权）

对于传统生产性并购方、房地产并购方以及资源性并购方，对其资产的考察是尽职调查的重点。对于轻资产目标公司如科技、咨询、金融、贸易并购方，其资产可能主要是知识产权、人力资源、客户资源，尽职调查的重点也有所不同。

3. 重大合同

（1）重要条款概述

审阅目标公司签约的商业合同是尽职调查重点之一，着重审查以下内容：

①所有权变更（Change of Control）条款，确定并购交易是否触发条款的适用，合同相对方的权利如何，是否会导致合同解除。

②转让条款（Assignment），确定合同是否可以转让，转让合同权益是否需要相对方同意，以及交易本身是否导致协议的转让。

③期限和终止，确定合同何时终止，特别是所有权变更是否给合同相对方提前终止合同的权利。

④基础商业条款，确定定价方式是固定价格、浮动价格还是其他。

⑤是否存在特殊条款，对目标公司明显不利或可能严重影响成交后目标公司的经营。

（2）转让条款

根据商业合同适用的不同法律，有的合同权益可以不经相对方同意转让给第三方，有的可以转让，但相关义务的转让须经过签约方同意。有的合同约定不经签约方同意，任何权利和义务不得转让。在实践中，很多合同都明确规定一方不经对方同意不得转让任何权益。如果是股权转让，由于目标公司不变，一般不触发转让条款。资产收购则通常伴随相关合同的转让，往往需要相对方同意或重签合同。合并模式下，不论目标公司是不是存续公司，根据适用法律规定都有触发转让条款的可能。

（3）控制权变更

控制权变更条款一般规定合同一方在另一方出现并购导致控制人变更的情况下，有审批权、解约权或要求合同项下款项提前支付应付款项的权利。控制权变更包括控股股权变更、重大资产出售、董事会成员变化等事项。有时是单独条款，有时在终止条款等条款中进行规定。

贷款、担保、保证等与目标公司融资有关的协议也是审阅重点，买方一般关注下列问题：

①基础商业条款，包括贷款额度、利率、还款期限、强制提前还款等。

②限制性条款，要求目标公司不得进行某些活动。

③财务承诺，如目标公司的财务状况必须满足哪些条件和比率。

④对外担保、关联交易等安排。

⑤所有权变更条款，即如果目标公司控制权变更或处置其大部分资产，是否需要获得贷款人同意或触发提前强制还款。

⑥担保和抵押状况、强制执行的条件。

（4）诉讼

目标公司的诉讼、争议等法律程序的情况也是尽职调查审阅的重点。一般会对进行中的诉讼所涉及的金额、基本事实、败诉的可能性等进行总结，并在此基础上评估风险并对交易价格、成交后潜在责任做出判断。

（5）政府审批、执照、特许经营权

对于特殊行业的目标公司，如电信、金融、公用事业等特许经营行业，收购的主要目的往往是获得进入个别行业的资质。此时，对于目标公司的政府审批、证照、特许经营权的合法有效性、期限是否受到交易的影响等方面的审查是尽职调查的重点。

（6）其他

如前所述，根据目标公司的行业、国别，可能存在不同的问题。环保、劳工、税务等方面的潜在责任都可能在成交后给买方带来巨大损失。

七、法律尽职调查的局限性

法律尽职调查工作受到诸多因素的限制，在调查的范围及程度上均存在局限性。如前文所述，法律尽职调查的目的是发现“重大”的法律风险，基于交易的目的、时间、成本等因素，法律尽职调查一般不需要对并购交易的决策不产生决定性影响的事项进行深入调查。导致法律尽职调查存在局限性的因素主要如下：

（1）时间

跨境并购交易环环相扣。对于各阶段的工作安排以及限制将影响法律尽职调查的范围和程度。因此，非常需要并购方合理划定工作范围，在有限的时间内高效完成调查工作，最大限度地实现尽职调查的目的。在实践中，就交易的初步接触与沟通、投资意向的磋商、正式投资协议的谈判以及交割前的确认等环节，设定具体工作目的与安排，明确待核查的重大事项，可与项目律师沟通，出具重大事项报告，而非完整报告（Full Report）。

（2）成本

法律尽职调查预算一般根据调查范围及工作量决定。在有限的成本预算范围内，在尽调目的可实现的前提下，买方可首先利用卖方开放的数据库以及卖方提供的尽职调查报告版本，结合交易目的进行补充核查。实践中，法律尽调与财务、技术、环境等尽调的工作范围往往存在交叉，如在交易启动前各方中介机构就各自的工作范围进行明确分工，避免不必要的工作量，可有效控制成本。

（3）专业性

项目律师无法就涉及法律以外的其他专业知识的事项提出意见，结合交易目的以及待确定的重大事项，买方应另行聘请财务、税务、技术、环境等专家对特定事项进行调查。法律尽职调查的范围受限于法律的专业性。

（4）可操作性

项目律师往往审阅尽调调查底稿文件的扫描版本，基于跨境并购存在时间、空间、成本以及文件数量等因素，难以一一核查原件。即使查阅底稿原件，律师也无法直接鉴定确认文件的真伪。当然，经公共系统查询、访谈、现场核查等方式可一定程度上提高核查的准确性，但法律尽职调查的手段有限，无疑将影响法律核查的准确度。

（5）保密性

律师的尽职调查工作很大程度上依赖于卖方披露信息，因此卖方如果不愿意披露信息，核查工作的广度及深度将受限。而且，在交易初期，买卖双方信任仍未建立，卖方披露重大商业信息的可能性极小。

基于此，项目律师需要为并购方提前就法律尽职调查的局限性进行沟通，明确时间安排及成本预算，为实现并购交易的目的确定法律尽职调查范围与程度。此外，并购交易中最公平的责任分配方式是让卖方对所有未完成的事项负责，让买方对所有已完成的事项负责。然而，鉴于上述尽职调查的局限性，仅仅通过尽职调查是无法达到这种令人满意的平衡的。无论尽职调查多么彻底，它都不能取代合同中的法律保护。尽职调查、保证和赔偿应被视为单独的武器。

2. 法律保护措施

如果卖方在回答问题时未向买方披露真实或全部的信息，买方可能会发现几乎无任何救济措施。如英国的《2000 年金融服务和市场法案》并未就此提供民事救济，因此也无法给予并购方要求金钱赔偿的权利①。尽管买方因虚假陈述而签订销售协议可能会撤销并购和/或要求损害赔偿，但口头虚假陈述一般难以证明，因此买方通常寻求明示的陈述。

为弥补尽职调查的缺陷，买方必须综合使用各项保护手段：尽职调查、保证、赔偿、降低购买价、保留购买价、补偿、担保、保险、特定资产排除和补救工作，费用由卖方承担。反过来，并购方试图与目标公司协商要求“先决条件”“陈述与保证”“保证和赔偿”等法律保护的前提，是对目标公司及潜在风险的了解。因此，尽职调查越好，“明示合同条款”就越具体。英美法系更为强调并购协议的书面陈述（或保证），主要原因还是在于其强调“购者自慎”的原则，换言之，买方通过尽职调查仍无法确认目标公司相关风险，必须通过明确的合同条款来保护自身利益。一定程度上，如果并购协议中法律保护条款与尽职调查能够一同起作用，对买方保护的范围会更广。下文就陈述、保证、赔偿条款等进行分析。

（1）陈述与保证条款（Representation and Warranties）

陈述与保证条款实际上是卖方对某种情况的“担保”。陈述与保证条款是卖方向买方确认为真实的事实陈述。相关的保证事项均集中体现在披露函中。除卖方披露的保证事项外，卖方对已披露的事项不承担任何责任。如买家试图对其中一项提出索赔，卖家可抗辩称：风险信息在尽职调查过程中已充分披露，买方基于此作出的交易决定具有不可撤销性。

由于买方在很大程度上依赖于卖方所披露的信息，因此以陈述与保证条款确保信息准确性是必要的。如在并购交割后，有充分证据证明卖方所披露的信息有误，买方可主张损害赔偿。如卖方所披露的事项未经陈述与保证条款保护，买方应关注不完全披露的风险。不完全披露可能使任何相关保证的

---

① Howson, Peter, Due Diligence The Critical Stage in Mergers and Acquisitions, Due Diligence (p. iii). Taylor and Francis.

合同保护无效。因此，买方在确定交易之前，应核查相关保证事项是否完全披露。一方面，披露函通常包含很多目标公司披露的保证事项。如潜在风险如实披露，买方即可在交易完成前与卖方进行谈判，并调整交易对价。另一方面，审查交易合同，加入相关陈述与保证条款。如卖方违反了与目标公司交易对价相关的保证，买方有权进行追溯性的价格调整。换言之，如卖方违反了保证事项，买方有权获得损害赔偿，弥补自身损失。

陈述与保证条款的问题在于，一旦发生违约的情况，依据保证提出索赔可能会存在举证困难的问题。因为买方需要就卖方的违约行为及由此造成的损失承担举证责任。另外，若有关违规行为已被披露，且买方未就此提出异议，或提出的异议未留有证据，该保证则不适用。

（2）赔偿条款（Indemnities）

赔偿条款是对特定责任的保证赔偿。买方有权获得相应赔偿，无论目标公司的对价是否受到影响，或有关的责任是否已在披露函中向买方披露。

赔偿条款使买方能够采取“观望”态度，特别是对于偶发风险，买方在尽职调查过程中并无法确定相关风险的严重程度。因此，双方可在并购协议中确定针对特定事项，买方将为所遭受的损失得到补偿。最常见的赔偿之一是对税务责任的赔偿。保证或赔偿是否充分取决于卖方的信用等级及财务状况。如买方无法确信卖方的财务及信用状况，卖方有可能存在资产转移的行为，也可以在赔偿条款基础上补充增信措施，如采取将资金存入托管账户，引入第三方担保，甚至在交易完成后的规定期限内保留变更购买对价的权利。但并非所有损失都是可以赔偿的，如难以定性与定量的损失；又如赔偿主张的时效限制或金额上限导致并购方失权。

反过来，尽职调查可一定程度上弥补陈述与赔偿条款的不足。首先，在尽职调查，买方应考虑如何将调查发现的信息最大限度地体现在《披露函》。其次，与前述相关，买方应关注是否应向卖方披露其尽职调查结果及披露的程度。最后，买方应提前就确定损失或违反保证时需要考虑的事项做好准备，一旦交易完成，如何确保索赔得到妥善处理。

买方律师通常要提供一套标准的保证和赔偿。在发送给卖方之前，应根据买方的具体要求进行调整。在跨境交易中，信息传递可能滞后，因此一旦信息进入，保证可能需要修改。如在交易最后阶段，若卖方执意更新披露函并且发送给买方，而买方又因前期已经投入大量时间金钱而不愿终止交易，那么对于卖方在交割日才披露的风险事项，买方是否丧失了索赔依据？有关此点的争议在普通法系国家一直存在，这就出现了沙袋条款（Sandbagging Clause）和反沙袋条款（Anti - sandbagging Clause）。

所谓沙袋条款，就是在交割日前，如果买方知悉卖方违反了其陈述与保证条款仍然选择交割，交割后买方依然有权利就卖方违反陈述与保证条款的部分要求索赔。反沙袋条款，顾名思义，就是买方选择交割则丧失相关索赔的权利。如果中国买方无法将沙袋条款放入投资协议中，建议在协议中不谈此种情况下买方的索赔权利，一旦发生争议，直接交由法院决定。

（3）和保证与赔偿条款相关的索赔

在保证与赔偿项下，索赔往往是更大的问题，对于担保索赔，必须违反特定的担保，必须有损失。围绕索赔需要关注的问题包括索赔的时间限制、程序、损失的证明以及损失的具体金额计算等。如在时间限制上，卖方通常会设法限制索赔的时间。在 Kilcullen *v.* Spectro Scientific, Inc. [①] 一案中，双方根据股权并购协议约定，以托管资金作为卖方赔偿义务的保证。交易结束后，Spectro 发现，卖家将含有未授权软件的产品出售并运送给第三方，这与卖家在购买协议中所做的陈述相反。Spectro 与软件的许可方微软公司（Microsoft）达成了和解，然后向卖方寻求赔偿。法院驳回了 Spectro 的索赔要求，称其超出了三年的违约索赔时效。法院认为买方因卖方违反声明和保证而寻求赔偿损失的索赔有时限要求，时效从交易结束之日算起。因此，法院

① Kilcullen *v.* Spectro Scientific, Inc., C. A. No. 2018 - 0429 - KSJM (Del. Ch. July 15, 2019).

拒绝驳回买方关于与微软和解所造成损失的索赔①。

由于基于保证条款进行索赔的困难，在某些情况下，买方寻求损害赔偿可能更有利。另外，值得注意的是，交易完成后，无论由并购方原交易团队或后续管理人员负责整合和/或运营目标业务，都必须充分了解已经达成的保证与赔偿，以及根据保证与赔偿提出索赔的程序。当一个收购项目完成后，收购团队往往会把工作移交给管理团队。管理团队如不了解相关保证与赔偿的机制，当问题出现时，很可能出现失权情况。

（4）其他法律保护措施

如上所述，除了保证与赔偿形式的法律保护外，其他形式的保护在不利的尽职调查结果之后总是可以协商的。这些包括：价格调整、保留购买价格、退出权、第三方担保、股权收购转为资产出售、排除特定资产及负债、采取弥补措施但费用由卖方承担等。

小结

并购项目尽职调查的秘诀是明确本次交易需要什么（what）、从何处取得（where）以及何时需要（when）。换言之，需要对尽职调查进行管理。良好的规划和积极的管理是至关重要的，从交易启动，买方应明确为何要做这笔交易，希望该笔交易能实现什么目标，进而确定尽职调查需要实现何种目标，以及所需覆盖的领域、范围及程度。

然而，不可回避的事实是，尽管尽职调查对于交易判断起着很大的作用，但正确的答案是不存在的。在任何交易中，尽职调查范围与程度，仅能按实际情况具体问题具体分析。项目管理意味着不仅要选择、管理买方自身

---

① Sameer Advani, Shaimaa Hussein, Tariq Mundiya, Willkie Farr & Gallagher LLP, “Delaware Year-End Review: M&A and Shareholder Litigation”, posted on Saturday, February 8, 2020

的中介机构，还要管理卖方及其中介机构。尽职调查的障碍及局限无法完全消除，但可以管理。具备可操作性的尽职调查计划，有利于买方在尽职调查后的交易谈判中，通过保证、赔偿或其他形式的保护措施，对交易的不确定性加以隔离。因此，买方不应将尽职调查或法律保护机制视为彼此的替代品。尽职调查及法律保护措施二者应相互独立、相辅相成，买方应予以协同适用。

第五章　交易阶段的政府审批

跨境并购交易的审批和合规通常包括交易各方内部的审批和合规，以及政府或监管机构外部的审批和合规。交易各方内部的审批和合规属于交易的内部关系，由交易各方自行解决，通常在跨境并购交易开展前及过程中完成内部的审批程序和合规要求。而政府的审批和合规为交易的外部关系，即需要交易各方在并购交易谈判和开展之外另行开展的一个单独事项。国际法上通常认为政府的审批和合规是政府干预的一种主要形式。

政府干预包括积极干预和消极干预，其中影响跨境并购交易成功与否的关键在于是否能够成功应对政府的消极干预。2017 年以来，由于政府干预，全球跨境投资流入出现了连续下降。2017 年出现了国际金融危机爆发以来最大幅度下降，减少了 21%，降至 1.47 万亿美元；2018 年，全球跨境投资流入继续下降了 19%，降至 1.2 万亿美元，成为 2009 年以来的最低点[①]。根据联合国贸发会议统计，2018 年许多跨境并购交易（超过 5000 万美元）由于政府干预而失败[②]。可以看到跨境并购交易越来越多地受到政府干预的

① 宗芳宇：《全球跨境投资政策变化、影响及中国的对策》，载《国际贸易》2019 年第 3 期，第 52 页。

② 联合国贸发会议：《世界投资报告 2019》。

影响。

政府的审批和合规作为政府消极干预的主要形式，对跨境并购交易产生着极大的影响。事实上，政府的审批和合规贯穿整个跨境并购过程。本章着眼于跨境并购交易完成前这一阶段的政府审批（以下统称“交易阶段的政府审批”），交易完成后面临的合规审查将由本书第六章予以详细的介绍。

就政府审批而言，行政法上的政府审批通常是指政府审核和批准，表现为政府对于主体以及相关行为的合法性、真实性的审查和批准。本章所要讨论的政府审批不仅包括行政法上的政府审批，还包括对交易发生后可能产生的影响而设置的规制手段，如反垄断审查制度，即是对交易完成后可能产生反竞争效果予以审查并就此作出规制的制度。

通常，在跨境并购交易阶段，政府或监管机构对跨境并购交易的审批来自东道国，即被并购方所在国，但某些国家或地区也会对本国企业对外投资并购行为进行审批。

第一节　政府审批概述

如第一章所述，跨境交易行为涉及多个国家主体，资金具有多重流向，因此跨境交易中的政府审批，必然涉及两个或两个以上的法域。

政府审批实际上是政府规制措施的一种典型表现形式，不同国家或地区对跨境并购交易设置有不同的政府规制措施，包括激励性措施以及限制性措施。激励性措施是指政府通过影响投资的相对成本或盈利潜能或通过变化投资风险来影响投资规模、区位或行业的措施①。不同国家或地区为吸引外国投资，通常是发展中国家或地区，会制定特别适用于外商投资的优惠政策，

① 联合国贸发会议：《世界投资报告 1994》，转引自陈清《中国外资并购政府规制研究》。

如税收优惠、贷款补贴、财政补贴、政府合同优惠等。2018 年，约 55 个国家和经济体出台了至少 112 项影响外国投资的政策措施。其中三分之二的措施寻求投资自由化、促进和便利新投资①。限制性措施是指东道国出于维护本国的市场，促进民族产业的发展，限制跨境并购交易的考虑开展的审批和合规等措施。2018 年，国家和经济体出台的影响外国投资的政策措施中，34% 的措施引入了对外国直接投资的新限制或条例，这是自 2003 年以来的最高比例②。

2015 年以来，中国企业跨境并购的增加，使得近年来世界各国和地区尤其是美国、欧盟等发达国家对于跨境并购的限制和条例逐渐增多。中国企业在走出去的过程中，如何应对不断加强的政府限制性措施，提升跨境并购交易的成功率，减少并购成本，是本书关注的重要问题之一。

一、政府审批的成因

对于政府审批成因的认识可以放到政府规制这一更宏观的行为下去认识。无论是发达国家还是发展中国家都很早就开始了对于跨境并购的政府规制。跨境并购在给东道国带来先进技术、管理经验，促进东道国产业发展、市场繁荣等有利影响的同时，也可能由于基于垄断市场、投机乃至意图破坏国家经济安全给东道国的经济乃至国家安全带来较大风险。

基于跨境并购本质的逐利性，与东道国的经济利益在某种程度上始终存在不一致，对于每个国家或地区而言跨境并购所带来的不良风险是不可否认的。但由于东道国所处的发展阶段、市场环境、政策完善度、政府实力等因素不尽相同，因此跨境并购对东道国产生的影响也不尽相同。对于发达国家

① 联合国贸发会议：《世界投资报告 2019》。

② 联合国贸发会议：《世界投资报告 2019》。

而言，跨境并购带来的不利影响主要体现在市场竞争、技术流失、优秀品牌流失、国家安全出现风险等方面；对于发展中国家而言，除了市场竞争、优秀品牌流失、国家安全风险等问题，还将面临金融安全风险、自主产业发展转型缓慢等不利影响，甚至可能对国家经济安全乃至经济主权造成影响。

1. 对市场竞争的影响

无论是发达国家还是发展中国家，跨境并购对市场竞争的影响都是东道国政府首要考虑的问题。

由于参与到跨境并购活动中的企业尤其是具有较大规模的企业，多是以在东道国市场乃至全球市场中逐利为目标，其追求最大利润的目的与东道国的市场经济利益往往存在差距。

东道国致力于保持本国市场的有效持续竞争，发挥竞争的良性作用，促进产品、服务质量的提升，保证价格的合理，以维护消费者的权益不受侵害。然而由于开展跨境并购的企业的逐利本质，促使其以取得更大的市场份额为目标，跨境并购企业利用大规模的资本并购东道国国内大型企业实施并购，快速取得市场份额。如果对外资并购不加以控制，则有可能在相关市场形成外资垄断，而东道国其他国内企业的规模难以与并购后的企业抗衡，从而造成东道国相关市场的有效竞争减少，恶性竞争和外资垄断下，产品的价格、质量均得不到保证，对消费者利益造成严重影响，跨国企业亦可通过对该市场的控制进而对东道国的经济安全造成不利影响。

因此，为了防止跨境并购形成的垄断等不利竞争对消费者、相关市场、东道国经济安全带来不利影响，东道国通常会设置事先或事后的竞争审查，这也是跨境并购交易中最重要且最普遍的一项审查措施。

2. 对先进技术和优秀品牌的影响

技术是提升企业生产力和企业市场竞争力的重要手段，相比自主培育技术品牌，通过收购拥有先进技术和品牌的企业的方式更为快捷和有效，在迅速获取优秀品牌的同时更能掌握先进技术，以此推进企业的进一步成长，因此部分企业尤其是发展中国家的企业常以获取先进技术为目的开展跨境并购。例如，联想成功收购 IBM 的 Thinkpad 品牌及相关技术，使联想在并购完成后一跃成为世界第三大 PC 厂商。截至今日，Thinkpad 依然是主流商务的首选品牌。但对东道国尤其是掌握先进技术和优秀品牌的发达国家而言，掌握先进技术的企业或相关品牌被并购后，东道国将逐渐失去技术竞争的优势；并且，这些优秀品牌被收购后，将会被冠以他国制造及他国品牌的名号，这无疑是对东道国技术及品牌竞争优势的进一步打击。

而与此同时，发达国家的跨国企业也可能采取收购优秀民族品牌的方式，排除竞争，占据市场地位。如过去在中国护肤品市场占据大量份额的“大宝”品牌，20 世纪 20 年代初“大宝，天天见”仍是渗透中国人生活的句广告词，但 2008 年 7 月 30 日，强生宣布完成对大宝的收购，大宝在护肤品市场的占有量逐年下滑，直至现在，“大宝”品牌已消失在护肤品市场龙头品牌榜。典型的还有“美加净”品牌，过去该品牌占有国内市场近 20% 的份额。但 1990 年品牌上海家化与外资企业庄臣合资后，“美加净”商标被搁置，导致品牌市场占有率急速下降，尽管上海家化于 1994 年出 5 亿元收回了美加净商标，但已无力回天。

因此为了防止跨国企业通过并购的方式获取先进技术，尤其是涉及国家安全的关键领域的先进技术，或收购优秀品牌以攻占市场，东道国往往会设置行业准入限制、国家安全审查、反垄断审查等审批政策，以避免他国企业并购本国掌握先进技术尤其是关键领域先进技术的企业或收购优秀民族品牌。

3. 对金融安全的影响

对金融安全的影响主要体现在两个方面：一方面是利润汇回造成的资本外流带来国际收支的不平衡，另一方面是过度的“外资依赖”可能引起金融风险，严重的将导致金融危机。

跨境并购的资本流入属于国际收支的资本项目，一定时期内跨境并购的资本流入将带来国际收支顺差，增加东道国的外汇储备。但跨境企业以获利为目的，投入一段时间后会将产生的利润汇出，大量的利润汇出将可能导致经常项目逆差，引起国际收支的不平衡。即对于东道国（尤其是发展中国家）而言，跨境并购的资本流入带来的国际收支顺差是一时的，如果不对跨境并购行为加以规制，大量的利润汇出或回流将导致国际收支逆差，从而影响国家的外汇储备，降低国家在国际市场的竞争力。

然而，外资是一把“双刃剑”，在弥补国内资金缺口的同时，也存在巨大的金融风险。如果东道国放任外资通过跨境并购行为无限制地流入，为了平衡国际收支，东道国需要更多的资本流出。但对于经常项目长期处于赤字的国家而言，巨大的资本流出负担又要求更多的资本流入，这就使得东道国国际收支的平衡过度依赖于资本流入，一旦没有了大规模资本流入，则将导致国际收支危机；若不仅资本不流入反而大量撤资，则将导致更大的金融危机。

因此，东道国需要对外资通过跨境并购行为流入这一问题实施监管，防止形成外资依赖，进而导致不受控的国际收支，引发金融危机。

4. 对产业发展的影响

企业开展跨境并购是为了实现市场份额的占有以及资本利益的获取，跨国企业会选择与其发展战略相适应的产业或地区进行投资，例如发达国家选择并购发展中国家的制造业企业，从而将制造主体转移到成本更低的地区。但跨国企业在产业和地区投向上的选择往往与东道国产业结构和区域经济结构调整的方向存在一定的背离，这就会导致跨国企业与东道国政府之间的矛盾，同时增加东道国政府优化产业结构和区域经济结构的成本；同时某些跨境并购企业还可能通过对股权、技术、成本、品牌等要素的控制形成对某些产业的控制，造成产业发展过度依赖外资企业的情形。

对于发展中国家而言，如果产业过度依赖外商投资企业，甚至受到外商投资企业的控制，本国企业在产业内部没有发言权容易造成产业内部发展的失衡，一旦跨境并购企业撤离，则相关产业将失去支柱企业，可能导致产业发展一段时间内的停滞甚至倒退。

同时，跨境并购在带来资金的同时也会给东道国带来先进技术，但如果放任外国企业在产业内部扩张，不加以监管，则行业技术可能由外国企业垄断，本国企业不掌握关键技术，同时自主研发也会受到影响，致使国家产业升级缓慢。

5. 对国家安全的影响

对国家安全的影响，主要体现在以下两个方面：

其一，前述所提及的产业发展、金融安全、市场竞争等方面均属于国家经济的重要影响因素，跨境并购行为产生的不利影响严重的将会导致东道国的经济安全和经济主权问题。国家经济安全和国家经济主权是国家安全和国家主权的重要组成部分，是东道国政府重点关注并保护的因素，因此，需要对跨境并购行为加强监管，以免造成对国家经济安全和主权的侵害。

其二，对于东道国关系到国家国防力量、国民利益等国家安全的产业如航天军工、石油石化、民航、航运、电信、煤炭、电网电力以及一些支柱产业或领域，如半导体生产、计算机生产、光学仪器和镜片生产、广播和无线通信设备生产、电池生产、生物技术和纳米技术研发等，如果放任外国参与其中，会对国家安全的保护造成极大的阻碍和影响。

因此，国家安全保护作为政府规制中的重要一环，受到各个国家和地区的高度重视。

基于上述跨境并购交易可能产生的影响，出于维护本国的经济利益和国家安全等原因，各国或地区通常会制定相应的监管政策或法律法规加以规制，尽可能发挥跨境并购交易带来的有利影响，而避免跨境并购交易的负面效应。

除此以外，某些国家或地区出于政治导向，可能会针对某些国家或地区的发展方向采取相应的政府规制手段。典型的如美国于2018年出台的《外国投资风险评估现代化法案》，一方面出于对美国关键领域国家安全保护的进一步加强，另一方面也被认为是为了应对《中国制造2025》，减少中国通过对美投资智能化、大数据、信息技术等企业的方式实现中国企业的技术转型，抑制中国经济的转型。

二、政府审批的类型

1. 政府审批措施

基于保护国家经济主权、维护市场竞争等目的，发挥跨境并购的有利影响，抑制跨境并购的消极影响，各个国家和地区在不同程度上设置了跨境并购的政府审批措施。

一些措施适用于所有的私人投资，并反映了国家经济结构和在公共部门及私人部门的资源分配，这种措施在过去比较常见，尤其是在实施计划经济体制时期。有些国家，会对关系到敏感、重要行业的主体设置特殊措施，如自然资源、能源、公共事业设备、银行等。这些措施通常会反映国家的经济或社会目标，包括对市场的有效调控和对消费者的保护。

还有另一些对于跨境并购交易的特殊限制，旨在保证政府对于国家经济发展的调控自由以及国家安全的保护。东道国可能会希望对于自然资源或关键行业保有控制权，或者在某些限制条件下允许外国投资者进入。

政府对跨境并购交易阶段设置的审批措施主要体现在以下三个方面：

· 市场准入限制措施：对外资企业进入东道国市场加以限制的规制措施。

· 所有权和控制权限制措施：对跨境并购交易中外国投资者所有权和控制权加以限制的规制措施。

· 竞争限制措施：对跨境并购交易开展竞争加以限制的规制措施。

（1）市场准入限制

市场准入限制措施，是指东道国政府对外资企业进入东道国市场加以限制的规制措施。

作为联合国系统内唯一综合处理发展和贸易、资金、技术、投资和可持续发展领域相关问题的政府间机构，联合国贸发会议每年会收集各个国家和政府的情况，编制《贸易和发展报告》《世界投资报告》和《最不发达国家报告》，从而对全球趋势进行分析，为政府和企业制定有用的实用政策提供建议。

根据联合国贸发会议的总结，东道国在市场准入和设立方面对跨境并购中的外国投资企业通常采取的做法包括：①禁止外国企业直接投资于某些部门、工业或活动；②对特定行业、产业或活动所允许的外国公司设置数量限制；③最低资本要求；④后续追加投资或再投资要求；⑤投资的审查、授权和登记；⑥符合某些发展或其他准则（例如环境责任）的投资才可有条件地开展；⑦投资必须采取一定的法律形式（例如，根据当地公司法要求注册成立）；⑧对进入形式的限制；⑨对非股权形式的投资的特殊要求［例如，建造—经营—转让（BOT）协议，外国技术许可］；⑩禁止在国家的某些地区或空间进行投资；⑪对设立投资所需的资本货物（如机器、软件）的进口限制；⑫投资者需要进行某些担保（如金融机构）；⑬对外国投资者进行有限制或有条件的私有化；⑭准入税费及公司注册费；⑮投资者须以符合国家安全、政策、风俗习惯、公共道德等相关规范要求为进入条件[①]。

一些国家采取统一规定的形式对准入的行业及不同行业准入要求进行了规范，如中国采取的负面清单模式，规定了禁止进入行业、限制进入行业及其相关限制；一些国家则未对跨境并购准入进行统一规定，而是在具体的行业或部门出台相关的限制性法律法规及政策，对跨境并购的市场准入进行规制。

同时，在市场准入阶段，东道国政府（尤其是发达国家）往往会设置

---

① 联合国贸发会议：《世界投资报告 1996》。

国家安全审查制度，对于有可能危害国家安全的跨境并购进行限制或予以否决，从而保护东道国的国家安全不受侵害。

（2）所有权和控制权限制

所有权与控制权限制是指政府对跨境并购中外国企业所持的所有权与控制权进行的限制。

根据联合国贸发会议的总结，东道国在所有权与控制权方面对跨境并购中的外国投资企业通常采取的做法包括：①对外资所有权的限制（例如，外资持股比例不得超过50%）；②强制性合资企业，要么由政府参与，要么由当地私人投资者参与；③逐渐淡出要求：强制一段时间后将所有权转让给当地公司；④公司所有权或股份的国籍限制；⑤使用长期外国贷款的限制；⑥限制外国投资者持有的股票或债券的类型；⑦限制外国投资者对公司股权或其他所有权的自由转让；⑧对外国股东权利的限制；⑨允许由东道国政府持有的“黄金股”在外国投资者获得更多股份时进行干预；⑩政府保留任命一名或多名董事会成员的权利；⑪限制董事的国籍，或限制高层管理职位的外籍人士数量；⑫政府保留否决某些决定的权利，或要求重要的董事会决定获得一致通过；⑬在采取某些决定之前，必须征求政府的意见；⑭对外资控制的垄断企业或上市公司私有化的管理限制；⑮对土地或不动产所有权及其转让的限制；⑯对工业或知识产权所有权的限制或不充分的所有权保护；⑰对外国技术许可的限制。

东道国政府通过对跨境并购交易中和交易后主体所有权和控制权的限制，从而规范跨境并购主体的行为，抑制跨境并购带来的先进技术转移、市场垄断等不利影响。

（3）竞争限制

竞争问题作为政府始终关注并重点控制的问题，在国内并购或跨境并购中，各个国家和地区均对并购可能产生的不利竞争影响乃至垄断进行严格的限制。

竞争本身并不一定为市场带来不良影响，一定范围内的合理竞争将对市场带来良性影响，促进市场主体的自我提升，技术和质量的进步。然而超过一定范围的不正当竞争、垄断等恶性竞争行为，将破坏市场的自我调节功能，价值不合理，商品和服务的质量得不到保障，损害消费者的权益。

大部分国家对国内并购和跨境并购不区分审查，适用同样的程序和标准，但实际上在审查过程中，仍会根据并购的实际情况，判断跨境并购对市场竞争的特有影响，从而判断跨境并购是否可行，或对并购交易加设相关限制。

一般东道国政府对并购交易的审查分为事前申报制度和事后监管。事先申报分为自愿申报和强制申报，东道国政府将对跨境并购交易完成后可能对相关市场产生的竞争影响进行预测分析，如果政府认为这一跨境并购交易完成将对相关市场的竞争产生不利影响或构成垄断的，则会否认交易或有条件批准交易，相应地，对于强制申报的交易，东道国政府也会对未经申报自行开展完成跨境并购交易的主体予以追责。事后监管则是对跨境并购交易完成后形成的主体在市场中的经营行为进行监管，如出现不合规的竞争行为，则会对其进行处罚。

2. 政府审批机构及阶段

（1）政府审批机构

不同国家政府开展审批的机构设置主要采用两种方式：

一种是成立专门对跨境并购进行审批的机构。例如美国的外国投资委员会，是对可能影响美国国家安全的外商投资交易进行审查的专门机构；又如澳大利亚的外国投资审查委员会（FIRB），对外商投资是否对澳大利亚的“国家利益”造成影响进行审查，并向澳大利亚财政部长提供结论作为参考。

另一种是不专门成立审批机构，由已有的国内审批机构同时开展对跨境并购的审批。典型如中国，跨境并购的政府审批主要由国家发改委和商务部进行。

（2）政府审批阶段

政府审批主要分为三个阶段：

其一为事前申报，并购主体应当在跨境并购交易完成前向相关机构申报交易，并接受审批。

其二为事后申报，并购主体应当在跨境并购交易完成后向相关机关申报交易，并接受审批。

其三为事后备案，即并购主体在跨境并购交易完成后，无须提交审批，但应当向相关机构备案，以便政府对并购信息的收集和监管。

3. 政府审批的管辖范围

根据政府审批所管辖的跨境并购交易所涉及的范围，可将政府审批的管辖范围分成以下三种情况：

其一，对外国企业并购本国企业的交易进行审查。一般来说，任何国家对跨境并购的政府审批都必然包括这一管辖范围。

其二，对本国企业并购外国企业的交易进行审查。这类审查主要与对外直接投资有关，通过对行业、投资计划等内容的审查以加强投资的合理性，避免投资失败造成国家资本的外流，这类审查主要为发展中国家所制定。

其三，对外国企业并购外国企业的交易进行审查。这类审查一般是由于并购双方在本国境内有经营主体，或者是认为这类并购交易将对本国的消费者带来潜在的反竞争影响。

在一个跨境并购活动中，交易双方将面临市场准入、所有权和控制权限制、国家安全审查、反垄断等多方面、多维度、不同阶段的监管，这种监管由于所处的国家和地区（即法域）的不同，而存在不同。

根据联合国贸发会议的调查，2018 年至少有 22 笔交易因监管或政治原因受到阻碍或被取消——是 2017 年的 2 倍。9 笔交易出于国家安全考虑被暂停，3 笔交易因竞争主管机构的关切而被撤销，还有 3 笔交易因其他监管原因被终止。另外7笔交易因东道国主管的批准拖延而遭放弃[①]。可以看到，造成跨境并购交易失败的政府审批措施主要为国家安全审查、反垄断审查以及东道国准入批准。有关外国企业并购中国企业和中国企业并购外国企业中政府准入审批措施，本书在前文已有深入解析，故在此不予赘述。本章将结合案例对世界主要国家和地区的国家安全审查制度和反垄断审查制度进行分析，以期给拟开展跨境并购的读者以帮助。

第二节　反垄断审查

适度竞争有利于市场的繁荣和进步，但过度和不平等的竞争则将导致市场自我调节失灵，陷入恶性竞争的循环。因此，各个国家和地区都致力于在市场运行中对过度和不正当竞争予以控制。

“反垄断审查”属于不正当竞争监管的一部分。在跨境并购中，对不正当竞争的审查贯穿跨境并购的始终。跨境并购交易完成前，通过自愿或强制的预先申报审查制度，对跨境并购交易是否存在垄断和不正当竞争问题进行提前审查，确认并购交易完成后是否会对本国市场造成重大不利的反竞争影响；跨境并购投资完成后，该被投资主体的日常运营同样受到主管机关的关注，在反垄断等竞争法方面应该注意合规运行。交易后的合规问题将在本书第六章详述，本节关注跨境并购交易完成前投资方和被投资方将面临的“反垄断审查”。

在中国“反垄断审查”采用的是“经营者集中审查”这一表述。“经营者集中”是指经营者通过合并及购买股权或者资产等方式进行的企业经营行为，其直接的后果可能导致同一竞争领域的经营者数量减少，集中后的企业

---

① 联合国贸发会议：《世界投资报告2019》。

更加庞大[①]。在其他法域“反垄断审查”也被称为“并购审查”（如美国Merger Review）或“合并控制”（如欧盟 Merger Control）。但无论其叫法如何，反垄断执法机构对并购行为进行反垄断审查的目的在于“防止限制或排除市场竞争的影响”，进而维持充分竞争的市场结构和良好的市场秩序。

跨境并购交易通常规模较大，业务所涉国家较多，在交易开展过程中，交易将面临来自不同国家的反垄断审查。例如中国化工集团收购瑞士农业化学巨头先正达（Syngenta）这一交易，同时触发美国、欧盟的反垄断审查，历时两年并向美国及欧盟分别提交了不同程度的剥离方案，方得以通过，从而顺利完成收购。因此对于开展跨境并购企业而言，对于并购交易可能触发的各个国家和地区的反垄断审查也应当有充分的了解和准备。

通过本章节要全面介绍世界各国和地区的反垄断审查制度显然是难以实现的，因此笔者选择中国、美国、欧盟这三个中国企业跨境并购经常发生和涉及的国家和地区的制度进行分析，以协助中国企业应对跨境并购中大概率可能触发的反垄断审查。

一、中国经营者集中审查制度

相比美国、欧盟这些发达国家和地区，中国的反垄断审查历史相对较短。2008 年 8 月 1 日，中国第一部《反垄断法》才正式生效，在这部法律中对于中国经营者集中审查制度进行了确认及原则性的规定。但是中国经营者集中审查制度的具体审查方式、程序、标准等并无一部专门的法律规范进行规定，而是散见于各法律法规及规章制度当中。

2020 年 1 月 1 日生效的《外商投资法》第三十三条规定外国投资者并

---

① 全同人大常委会法制工作委员会经济法室：《中华人民共和国反垄断法条文说明、立法理由及相关规定》，北京大学出版社 2007 年版，第 116 页，转引自王仁荣：《跨国公司跨境并购法律问题研究》，法律出版社 2012 年版，第 247 页。

购中国企业或者以其他方式参与经营者集中的，应当依照《反垄断法》的规定接受经营者集中审查。这一规定正式确认了中国对跨境并购的反垄断审查与国内反垄断审查制度并轨，采用统一的反垄断审查体系进行监管。

1. 经营者集中审查监管体系

中国有关反垄断审查的最高位阶的规范为《反垄断法》。《反垄断法》第四章明确规定了经营者集中达到国务院规定的申报标准①的，经营者应当事先向国务院反垄断执法机构申报，未申报的不得实施集中。即对于跨境并购交易而言，如果属于达到规定申报标准的经营者集中行为，应当进行申报方可实施。

在中国，经营者集中行为主要包括经营者合并、经营者通过取得股权或者资产的方式取得对其他经营者的控制权、通过合同等方式取得对其他经营者的控制权或者能对其他经营者施加决定性影响。交易双方进行合并或拟通过股权转让、资产转让抑或协议控制等方式取得控制权的，均属于经营者集中行为，在实施前应当注意确认是否达到申报触发的标准。

对外国客户而言，其与中国企业进行跨境并购当然地受到中国经营集中申报制度的监管，但其在中国境外与非中国企业发生的跨境并购行为是否也受到中国经营者集中申报制度的监管呢？这就与中国经营者集中制度是否采用域外管辖原则有着密切联系。所谓经营者集中的域外管辖是指并购交易双方国籍均非中国，但如果符合中国经营者集中申报标准则应当依据中国法律进行申报。中国关于经营者集中审查制度是否进行域外管辖并没有明确的规定，然而根据审查实践，可以看到中国监管机关在进行经营者集中审查时，对于双方均为非中国企业开展的符合审查标准的经营者集中行为亦进行了审

---

① 《国务院关于经营者集中申报标准的规定》第三条明确了经营者集中的申报标准为：（1）参与集中的所有经营者上一会计年度在全球范围内的营业额合计超过100亿元人民币，并且其中至少两个经营者上一会计年度在中国境内的营业额均超过4亿元人民币；（2）参与集中的所有经营者上一会计年度在中国境内的营业额合计超过20亿元人民币，并且其中至少两个经营者上一会计年度在中国境内的营业额均超过4亿元人民币。

查。如在韩国奥瑟亚株式会社（下称韩国奥瑟亚）收购德山马来西亚公司（下称德山马来西亚）全部股权时，韩国奥瑟亚通过分步骤实施的一揽子交易收购德山马来西亚的全部股权，两家公司 2015 年度在中国境内营业额均超过 4 亿元，且合计超过 20 亿元，达到了《国务院关于经营者集中申报标准的规定》第三条规定的申报标准，属于应当申报的情形，然而在双方于 2016 年 10 月 7 日开始交易前，并未向当时的监管机构商务部进行申报，故商务部在发现韩国奥瑟亚及德山马来西亚的交易应当按照经营者集中申报标准进行申报但却未予以申报的情形时，于 2017 年 5 月 3 日作出行政处罚，但考虑到其不具有排除、限制竞争的效果，且双方积极配合，对申报人韩国奥瑟亚处以了 15 万元的罚款。

因此，对于跨境并购企业，尤其是双方均非中国企业的外国客户而言，也应当按照中国经营者集中申报制度的要求，对符合申报标准的交易进行申报，否则将面临监管机构责令停止实施集中、限期处分股份或者资产、限期转让营业、罚款等处罚措施。

2. 监管机构

国家市场监督管理局成立前，负责反垄断审查方面工作的主要为商务部的反垄断局以及国务院反垄断委员会办公室，国家发改委承担了少量的反垄断执法职责。由于中国反垄断监管机关的职能分布和调整，2018 年 4 月 10 日，国家市场监督管理局正式挂牌成立，反垄断监管职责统一调整至国家市场监督管理总局，经营者集中反垄断申报执法权也从商务部反垄断局移交至国家市场监督管理总局下设的反垄断局。

对于跨境并购的企业而言，达到申报标准的交易如果未进行主动自主申报的，监管机构有权依职权启动调查，即使跨境并购并未达到上述申报标准，但监管机构根据收集的事实和证据认为该经营者集中具有或者可能具有排除、限制竞争效果的，监管机构有权主动实施反垄断审查，跨境并购各方应当等待审查结果的发布，而不可继续进行交易。

监管机构变更为国家市场监督管理总局后，基本沿用了商务部反垄断局时期适用的法律文件，国家市场监督管理总局对部分文件进行了修改。

中国现行有效的反垄断审查法律法规主要包括：

序号	法律法规	出台机关	生效日期
1	《关于经营者集中申报标准的规定》	国务院	2008 年 8 月 3 日（2018 年 9 月 18 日修改）
2	《关于相关市场界定的指南》	国务院反垄断委员会	2009 年 7 月 6 日
3	《经营者集中申报办法》	商务部	2010 年 1 月 1 日
4	《经营者集中审查办法》		2010 年 1 月 1 日
5	《金融业经营者集中申报营业额计算办法》		2009 年 8 月 15 日
6	《关于评估经营者集中竞争影响的暂行规定》		2011 年 9 月 5 日
7	《关于经营者集中简易案件适用标准的暂行规定》		2014 年 2 月 12 日
8	《关于经营者集中申报的指导意见》	国家市场监督管理总局	2009 年 1 月 5 日（2018 年 9 月 29 日修改）
9	《关于经营者集中申报文件资料的指导意见》		2009 年 1 月 5 日（2018 年 9 月 29 日修改）
10	《关于经营者集中简易案件申报的指导意见》		2014 年（2018 年 9 月 29 日修改）
11	《关于规范经营者集中案件申报名称的指导意见》		2015 年（2018 年 9 月 29 日修改）

3. 申报及审查程序

经营者集中的审查程序是指反垄断执法机构对经营者集中进行实质性审查和最终作出批准或禁止决定的程序。具体而言，在中国经营者集中审查体系中，审查程序分为简易程序和普通程序。简易程序和普通程序的流程一致，审查时限上也无不同，但是简易程序相较于普通程序要求申报人提供的资料大大减少，客观上减少了案件的实际审查时限，提高了交易的效率。

无论简易程序还是普通程序，申报及审查的程序是一致的。跨境并购交易双方可以通过以下程序进行申报：

（1）商谈

在正式申报前，跨境并购交易双方可以通过书面方式就拟申报的交易是否符合简易案件标准等问题向反垄断局申请商谈。但商谈并非经营者集中简易案件申报的必经程序。交易双方可以根据自己的需求自行决定是否要申请商谈，如无需商谈，亦可根据监管规范确认申报的程序类型。

（2）立案

反垄断局收到申报材料后进行形式判断，对于不符合申报材料的会要求申报人进行补足，确认材料符合标准的则进行立案。对于申请简易程序的案件，立案后反垄断局将对案件予以十日的公示，公示期内无异议的则反垄断局将对案件采用简易程序审查。

（3）审查

审查分为初步审查及进一步审查两个步骤。

初步审查为必需程序，反垄断监管部门自立案之日起三十日内进行初步审查，如果反垄断审查部门认为案件情况复杂需要进行进一步审查的，将做出进一步审查决定；而如果初步审查阶段反垄断监管机构作出不实施进一步审查的决定或者逾期未作出决定的，则经营者可以实施集中。

程序进入进一步审查时，反垄断局应当在九十日内审查完毕，但特殊情况下可延长不超过六十日的审查期限。审查期限截止，反垄断监管部门可以做出：禁止经营者集中的决定、对经营者集中附加限制性条件的决定或无附加条件通过的决定。

总的来看，一般情况下审查最长时限为一百八十日，然而实践中从申报到审查决定出具之间所耗费的时间远超这一数字。典型如商务部对可口可乐公司收购中国汇源公司的审查，严格按照法律规定在四个月内完成了审查，然而在立案前，申报人于 9 月 18 日提交申报，历经三次申报材料补充，于 11 月 20 日商务部才进行立案审查，即整个案件从申报到禁止集中的决定作出花费了五个月时间。根据商务部和国家市场监督管理总局公布的案件，对于复杂案件涉及附条件批准的，则将耗费一年以上的审查时间，进一步审查中可能会通过申报人撤回申请后重新进行申报的方式延长审查期限。

（4）附限制条件通过

中国经营集中审查制度制定以来，监管部门仅作出过两次禁止经营者集中的决定，大多数的经营者集中案件以附加限制性条件审查通过。中国经营者集中的限制条件主要包括结构性限制条件、行为性限制条件及综合性限制条件。

结构性限制条件是指通过对市场结构的直接干预来处理合并交易可能导致的竞争损害，典型的形式是资产剥离。行为性限制条件则是通过改变交易当事人或者其他主体的行为来处理合并交易可能导致的竞争损害[①]。行为性条件通常包括开放承诺（access commitments）、非歧视条款（non - discrimination provisions）等预先行为义务的设立，或对于已存在限制竞争的相关行为的终止。而综合性限制条件则是综合运用前述两类条件进行规范。

对于面临经营者集中审查的交易各方而言，在开展交易时应当根据交易的市场范围、业务情况等，预设可能存在的反竞争影响，并就此预先制定相应的剥离方案、行为性限制条件等，以便在监管机构认定存在反竞争影响时能及时快速、有针对性地进行沟通，一方面避免在有限时间内制定方案的仓促和不完善，另一方面能够增加沟通的有效性，防止交易的全面否决。

4. 审查标准

从可口可乐并购中国汇源的商务部禁止公告[②]中，可以看到商务部认为可口可乐与中国汇源的合并将对果汁饮料市场产生反竞争的不良影响，即会

---

① 邱铌：《经营者集中附加行为性限制条件与适用困境》，载《中国市场监督研究》2019 年第 6 期。

② 中华人民共和国商务部：《就可口可乐公司收购中国汇源公司案反垄断审查做出裁决》。

对果汁饮料市场的现有企业产生排除、限制竞争的效果。

事实上，在审查过程中，可口可乐就竞争相关市场的界定与商务部进行了多次磋商谈判，商务部认为相关市场应当界定为“果汁饮料市场”，截至2008年6月30日，汇源果汁的百分百果汁和中浓度果蔬汁销售量分别占国内市场总额的43.8%和42.4%[①]。而可口可乐认为应当是“非酒精饮料市场”，在这一市场可口可乐还有百事可乐、娃哈哈等诸多有利竞争对手，交易完成也难以构成垄断地位。

可以看到，在中国经营者集中审查中，对“相关市场”的界定十分重要。“相关市场”的界定是判断经营者集中程度的必需要素，是判断经营者集中是否构成《反垄断法》第二十七条所规定的限制竞争情形的前提，只有确认“相关市场”，才能获得判断依据。一般而言，“相关市场”界定越宽泛，经营者集中的程度就越低。

相关市场是指经营者在一定时期内就特定商品或者服务进行竞争的商品范围和地域范围。在反垄断执法实践中，反垄断审查机构界定“相关市场”主要包括相关商品市场和相关地域市场。

界定相关市场的基本依据为替代性分析，即相关市场范围的大小主要取决于商品（地域）的可替代程度，具体标准则包括需求替代和供求替代。界定相关市场的方法不是唯一的，实践中可能会采取不同的方法进行，例如“酌定垄断者测试”等，但无论采用何种方法，判断过程中“商品满足消费者需求”的基本属性都是对相关市场界定出现偏差时的校正依据，即进行替代性分析时，选择的可替代商品或可替代经营者应当能够满足相关产品或相关地域的消费者对并购完成后可提供的商品的同等需求。

在确认了相关市场后，反垄断机构会对在并购交易完成后在相关市场的

---

① 姜雷、王毕强：《禁购令背后可口可乐内部分歧早已显现》，载《经济观察报》2009年3月23日第30版。

竞争影响进行实体性判断。中国的实体性判断不同于“实质性减少竞争”标准或“支配地位”标准，而是一种综合标准，包括：（1）参与集中的经营者在相关市场的市场份额及其对市场的控制力；（2）相关市场的市场集中度；（3）经营者集中对市场进入、技术进步的影响；（4）经营者集中对消费者和其他相关经营者的影响；（5）经营者集中对国民经济发展的影响；（6）应当考虑的影响市场竞争的其他因素。审查过程中，会通过调查并购交易主体在相关市场的市场份额、市场集中度的情况，从而判断交易完成对潜在竞争者的抵消效果、对相关市场竞争的排除或限制的能力、动机及可能性等。

二、美国强制申报程序

作为最先进行反垄断规制的国家，美国的反垄断法律体系建立于 19 世纪末。当时，工业化的兴起和铁路的贯通，促进经济大力发展的同时，也加剧了竞争，企业为了生存开始联合，从而导致了市场竞争秩序的破坏。尽管美国存在根深蒂固的“自由放任”思想，但市场秩序的恶化使人们不得不考虑由政府加强对经济的规范和约束。因此，1890 年 7 月，美国国会通过《谢尔曼法》正式建立了反垄断法律规制。随后，美国通过了《克莱顿法》、《哈特－司各特－罗蒂诺法》（HSR 法案）、《联邦贸易委员会法》、《并购指南》等法律法规进一步完善了反垄断法的执法标准，经过长时间的实践，美国形成一套完整的规制并购行为的反垄断法律体系，而美国的反垄断法律体系亦成为世界各国学习和研究的标准。

1. 美国反垄断法的二元监管模式

美国的反垄断监管由专门审查机构美国联邦贸易委员会（下称 FTC）和美国司法部反垄断局（下称反垄断局）进行，包括交易前的强制申报和交易完成后的持续监管。

FTC 成立于 1914 年 9 月 26 日，由伍德罗 · 威尔逊总统签署《联邦贸易委员会法》而正式成立。FTC 成立的任务是保护消费者和促进竞争，FTC 依法对全美范围内的反垄断及消费者保护事务具有管辖权。

反垄断局隶属于司法部，其主要任务是通过执行和提供反垄断法律及原则的指导，以此促进经济竞争①。

两个机构均有权实施《克莱顿法》，同时其各自依据的《谢尔曼法》以及《联邦贸易委员会法》等法律法规所规范的反竞争行为存在包含关系，这就使得 FTC 和反垄断局在管辖权上出现重叠。因此，在反垄断审查中，为了避免对同一案件的重复审查和起诉，两个机构建立了确权程序（Clearance Process），在案件受理阶段就主动确认该案件的主审机关②。

对于并购交易而言，上述两个机关可在自己的职权范围内，对并购交易方申报的并购项目予以审查，判断其是否存在反竞争效果，亦可基于职权主动发起审查。

2. 监管程序③

对于跨境并购项目，FTC 和反垄断局作为反垄断监察机关，为了应对事后审查的高难度和高成本，确定了反垄断审查强制申报程序（Premerger Notification and the Merger Review Process，下称强制申报程序）。

强制申报程序是根据 HSR 法案确定的对于某些大型合并或收购项目必须要在项目签订前向有权机构申报并接受审查。在 HSR 法案确定的时间经过或者有权机关确认该项目不存在垄断前，项目双方不得进行交易，即实践

---

① About The Division，载司法部官网，https：//www. justice. gov/atr/about - division，最后访问于 2020 年 7 月 14 日。

② Premerger Notification and the Merger Review Process，载 FTC 官网，https：//www. ftc. gov/tips - advice/competition - guidance/guide - antitrust - laws/mergers/premerger - notification - merger - review，最后访问于 2020 年 7 月 14 日。

③ 根据 FTC 官网所载的《克莱顿法》第 7A 条（Clayton Act 7A，15 USC 18a）、美国联邦法规 801、802、803（16CFR 801/802/803）、指引文件（Introductory Guides）等信息分析整理而成，最后访问于 2020 年 7 月 13 日。

中存在的“抢跑”行为。

根据《克莱顿法》、HSR法案以及主管机关的解释性文件，美国反垄断审查的强制申报程序的启动设置了强制申报门槛，强制申报也应按照监管规范和主管机关的要求根据法定程序办理。

（1）强制申报门槛

强制申报程序原则上由并购交易的双方自行向FTC和反垄断局进行申报，因此作为并购交易的当事人首先需要判断本次并购交易是否属于强制申报的范畴。

并购交易强制申报门槛在《克莱顿法》第7A条，HSR法案第801条至第804条对概念及细节进行了详细规定。根据《克莱顿法》和HSR法案的规定，达到一定交易规模的并购在并购完成前必须提交FTC和反垄断局申报审批，即收购方在该并购交易交割时所持有的被收购方投票权证券、非公司权益和/或资产总额价值达到或超过法律规定的“交易规模”。但仅考虑“交易规模”是较为片面的，判断本次并购交易是否需要申报除考虑本次并购交易的“交易规模”以外，还需要结合并购交易当事人的“企业规模”进行判断。值得关注的是，“交易规模”和“企业规模”的数值每年都会进行一次调整，根据2020年2月27日起开始施行的2020年度现行强制申报门槛①，并购交易达到以下标准时，并购交易当事人应当进行强制申报：

①本次并购交易完成时，无论收购方或并购方的销售额或总资产为多少，收购方将累计持有的被收购方投票权证券、非公司权益和/或资产总额价值大于或等于3.76亿美元的；

②本次并购交易完成时，收购方将累计持有的被收购方投票权证券、非公司权益和/或资产总额价值大于或等于9400万美元但少于3.76亿美元时，

① Revised Jurisdictional Thresholds for Section 7A of the Clayton Act, FEDERAL TRADE COMMISSION, Federal Register, Vol. 85, No. 18, Tuesday, January 28, 2020, Notices, Page 4984.

以下情形同时存在的：

a. 一方的销售额或资产价值大于或等于1.8亿美元；

b. 另一方的销售额或资产价值大于或等于1800万美元的。

交易双方在判断并购交易是否需要进行强制申报时，首先应当判断交易规模是否达到3.76亿美元，如果达到3.76亿美元，那么无论交易双方各自的规模大小，都应当进行强制申报；如果交易规模小于3.76亿美元，但大于或等于9400万美元的，则需要判断交易双方各自的规模大小，即一方的销售额或资产价值是否达到1.8亿美元，另一方达到1800万美元，如果前述规模同时满足，则应当进行强制申报；如果交易规模小于9400万美元的，美国监管机构认为较小可能会引起反竞争担忧，因此无须进行强制申报。

在这里需要关注的是，强制申报的自我认定中，收购方和被收购方的销售额或资产价值应当以哪一主体为依据计算。根据监管法规，强制申报程序审查的交易主体，并不是简单指参与该交易的主体，而是指“最终母公司”（ultimate parent entity），即最终控制收购方或被收购方的企业、个人或其他实体，且其自身不受其他任何人的控制[①]。因此，并购交易双方在进行自我认定时应当注意确认其是否为最终母公司。

（2）强制申报流程

如前所述，强制申报程序并非针对所有涉及美国的跨境并购交易。当并购交易双方判断本次交易符合强制申报门槛要求应当进行强制申报时，则应主动进行申报，进入强制申报程序。

强制申报程序存在两个阶段：第一个阶段是所有应申报并购交易都需要经历的审查，第二个阶段则针对监管机构认为需要进一步审查的并购交易。

第一阶段为初始审查。并购交易各方根据法规的要求，将申报表格及与

① Guide II – To File or Not to File – When you must file a premerger notification report form FTC Premerger Notification Office, Page 11，载 FTC 官网，https：//www.ftc.gov/enforcement/premerger – notification – program/statute – rules – formal – interpretations/premerger，最后访问于2020年7月14日。

行业和其自身业务有关的数据提交至 FTC 和反垄断局，待提交完成后，则进入初始审查阶段。这里需要注意的是，并购交易双方应当将资料同时提供给 FTC 和反垄断局进行审查，而不能仅提供给某一个机构。

初始审查阶段最长为 30 日（对于现金收购要约或者企业破产为 15 日），FTC 和反垄断局应在该时长根据提交的资料和公开信息对交易进行反垄断审查。FTC 和反垄断局将对该并购交易是否需要进行进一步审查作出决定，如果没有任一机构决定进行进一步审查，则 30 日届满后，本次并购交易双方可以继续交易并完成交割；如果任一机构或者两个机构同时决定进行进一步审查，则 FTC 和反垄断局将进行确权程序，决定由哪一机构进行进一步审查。

第二阶段为二次审查。二次审查即 FTC 和/或反垄断局在初始审查阶段后，认为还需要进一步审查才能判断本次并购交易是否构成垄断的，则将要求交易双方提供有关具体产品或服务的信息，一般采用问答的方式进行。

二次审查阶段最长为 30 日（对于现金收购要约或者企业破产为 10 日），FTC 或反垄断局在收到符合二次审查要求的材料后，应当在 30 日内进行审查，审查方此时可以采取问询或其他强制程序来获取信息。二次审查完成后，如果超过 30 日 FTC 或反垄断局没有采取任何措施，则意味着本次交易审查已经通过，交易双方可以继续进行交易并完成交割；如果 FTC 或反垄断局认为本次交易存在垄断问题，则可能采取进一步的手段应对。

（3）强制申报结果

如前所述，并购交易经过一系列的程序予以审查后，FTC 或反垄断局将对本次并购交易是否构成垄断予以审查判断，并给出强制申报的结果。

强制申报的结果主要包括以下几种情形：

①不采取进一步行动

如果 FTC 或反垄断局认为没有任何理由判定本次并购交易构成垄断的，则不会采取进一步行动，交易双方可以继续进行交易并完成交割。但需要注意的是，该不采取进一步行动并不排除 FTC 或反垄断局对于该并购交易的事后审查。

②寻求强制救济

如果 FTC 或反垄断局认为该交易可能存在垄断，则将向美国州法院提起诉讼要求终止本次交易。如果该决定是由 FTC 作出，同时 FTC 采取了临时限制令或预先禁令的，则 FTC 应当在临时限制令或预先禁令发出的 20 日内向有管辖权的法院提起行政诉讼。

③和解

该方式通常是 FTC 或反垄断局最经常采用的方式，如果 FTC 或反垄断局认为该交易可能存在垄断的，FTC 或反垄断局可以在合适情形下与交易双方签署和解协议。和解协议达成后，并不直接生效，还需要向公众公示，接受公众的审查无异议后，该和解协议方能生效。并购交易双方应当按照和解协议的约定，开展并购。

通常跨境并购交易采用的和解手段主要为业务或资产剥离，对于监管机构认定可能造成重大竞争损害的业务或资产进行一定程度的剥离，使得相关市场的竞争得以维持。如 2016 年，万达集团旗下美国 AMC 院线与美国卡麦克院线（Carmike Cinemas）一案中，美国司法部提出的民事诉讼认为这一并购将减少电影广告市场的竞争，并且在相关地方市场存在价格竞争降低和观影者体验降低的风险，因此要求 AMC 必须剥离相关财产。最终 AMC 与美国司法部达成和解，转让了包含 384 块电影屏幕的 24 个影院给美国电影媒体公司（Screenvision Media），同时转让国际影像传媒公司（National Cinemedia）的控股权并放弃其在 National Cinemedia 公司的治理权；同时还建立防火墙以确保 AMC 不能获得 Screenvision 公司和 National Cinemedia 公司的敏感竞争信息①。在这一和解方案下，AMC 方才完成了对 Carmike Cinemas 的收购。

① 张伟华：《迎击跨境并购反垄断审查》，载《中国外汇》2017 年第 11 期。

3. 审查标准

美国政府对并购交易的反垄断审查的实质性标准是在《克莱顿法》第7条中确立的，该条规定明确如果股票、资产的取得或通过投票或代理权的准许或其他方式取得的股票使用权，实质上减少竞争或者将造成垄断的，应予禁止。伴随着美国经济环境、价值观念、政治等多种因素的变化和发展，反垄断审查的实质性标准的内涵也不断变化。1980年《反垄断法民事程序》、1968年、1982年和1984年发布的《横向并购指南》、FTC和反垄断局于1992年联合发布的《横向并购指南》、2010年新的《横向并购指南》等，不断更新实质性标准的内涵。现阶段，我们对反垄断审查的实质性标准可以从两个关键因素理解，其一是竞争效果，其二是市场。

（1）竞争效果

就竞争效果而言，主要审查并购是否造成实质上减少限制、阻碍或排除竞争或将产生垄断的效果。可能产生前述竞争效果的行为可以被划分为三类：横向合并、纵向合并和潜在竞争合并。

所谓横向合并①，是指两个竞争者之间进行的合并，通过两种方式削弱竞争、损害消费者权益：一是建立或加强合并后市场剩余企业可以在某些竞争领域内以相互协调方式行动的能力（即相互协调性行为）；二是允许被合并企业抬升对自己有利的价格（即单边效应）。无论哪一方式，消费者都将面对更高的价格，降低的质量，减少的服务，或者更少的选择。

相互协调性行为是指两个竞争者之间的合并，将消除竞争方，可能改变竞争环境使得并购完成后的市场剩余企业能够或者更容易统一价格、输出、容量或者其他竞争领域。监管机构通过对并购交易双方的市场占有份额、并购交易后剩余企业的市场占有份额进行判断，市场占有份额采用赫希曼指数

① Competitive Effects，载FTC官网，https：//www.ftc.gov/tips－advice/competition－guidance/guide－antitrust－laws/mergers/competitive－effects，最后访问于2020年7月14日。

(Herfindahl - Hirschman Index，HHI) 衡量，并购方的市场占有份额越高，并购后的市场集中可能性则越高。除此以外，监管机构还对并购后是否会产生相互协调性行为或者使本已存在相互协调性行为更加成功、完整和持续。并购交易方需要关注的是，一般来说典型的相互协调性行为是指竞争者达成了互利的协议，同时该协议定义了违约行为并建立发现违约行为的措施、对违约方的惩罚措施和协议重建措施。因此，并购交易方在进行跨境并购交易时应当尽可能避免达成前述协议。

单边行为是指并购交易给予了并购企业建立单边反竞争效果的机会。单边行为多存在于垄断行为之中，即当收购方是相关市场中被收购方唯一的竞争者时，单边行为下，并购行为将导致消费者即使面对价格的提升，也无法选择其他公司的同类产品或者替代性产品，只能承受价格提升导致的损失，而其他公司也无法恢复其产品的市场地位。

所谓纵向合并①，是指发生在存在买卖关系的企业之间的并购，例如生产商并购其成品经销商。纵向合并可以大量减少成本并且提高生产或经销的相互协调性，但某些纵向合并可能会导致竞争问题，将导致相关市场竞争者获取产品重要元件或重要经销渠道的困难，限制合并企业相关竞争法的产品的输入或输出。值得关注的是，如果监管机构认为并购构成纵向合并，并不直接导致禁止合并，有可能采用在合并后企业的业务之间构筑防御措施的方式来降低反竞争性。

所谓潜在竞争并购②是指相关市场的竞争者对计划加入该市场并参与竞争的企业的并购。潜在竞争并购之所以会对竞争造成损害，是由于该类型的并购一方面阻止了新加入企业带来的真实竞争，另一方面将消除通过一种外

① Competitive Effects，载 FTC 官网，https://www.ftc.gov/tips - advice/competition - guidance/guide - antitrust - laws/mergers/competitive - effects，最后访问于 2020 年 7 月 14 日。

② Competitive Effects，载 FTC 官网，https://www.ftc.gov/tips - advice/competition - guidance/guide - antitrust - laws/mergers/competitive - effects，最后访问于 2020 年 7 月 14 日。

来企业加入可能对市场带来的促进竞争效果。新企业的加入，将会给相关市场现有企业带来危机感，一定程度上可以防止价格不断上涨，潜在竞争并购的存在则将减少这种危机感从而导致价格的不断上升。

（2）相关市场

在反垄断实质性审查中，产生竞争效果的行为类型论述中，“相关市场”一词出现在各类型的定义和论述中。相关市场作为反竞争领域的最基础的概念之一，概念界定对并购案件反竞争性质的判断具有决定性的影响。在并购案件中，对“相关市场”的界定，能够确定市场占有份额、企业市场地位、市场竞争企业数量、企业进入市场的难易程度等，从而分析并购后企业所带来的竞争效果，是否减少竞争或构成垄断。

美国监管机构对跨境并购进行反垄断审查时，同样明确了“相关市场”的概念。反垄断审查禁止并购对国家的某部分地区的某一商业领域产生潜在危害，即监管机构将从并购交易双方业务销售内容（“产品层面”）和业务销售地域（“地域层面”）方面进行审查。

从产品层面而言，某一产品的“相关市场”包括被购买者视为某一产品的近似替代品的所有产品或服务[①]。如果某一产品的价格上升将导致相关消费者选择购买其他产品即价格上升并非有利可图的，那么这两个商品可被视为在同一产品市场。监管机构在某些审查中，可能通过实际价格和销售数据得出的消费者消费偏好来界定“相关市场”，例如对于办公用品而言，消费者更偏向于在大型用品超市购买而非零售商户聚集市场，因此这一案例中的“相关市场”被界定为在办公用品超市进行的办公用品零售。不过大部分的审查中，监管机构也会依赖于从消费者或业务材料中获取的其他类型证据来进行界定，例如消费者对于特定产品属性的高度依赖。

① Markets，载 FTC 官网，https：//www. ftc. gov/tips - advice/competition - guidance/guide - anti-trust - laws/mergers/markets，最后访问于 2020 年 7 月 14 日。

从地域层面而言，某一产品的“相关市场”是指消费者在某一相关产品市场中可能转向购买产品或服务的地理区域[①]。竞争可能会因为时间或成本被限制在某一小型区域当中，例如在肾透析服务企业并购案中，FTC 发现大部分病人希望在 30 英尺或 30 分钟距离内的地方接受肾透析检查，因此 FTC 根据这一范围确定了 35 个地区市场来审查并购的竞争效果。在零售市场，例如超市、药房、医疗保健等服务市场等，FTC 经常会对并购开展相关地域市场的审查。

对于计划开展美国相关并购的企业而言，并购交易前需要根据本次并购交易的规模和交易双方的规模判断是否需要进行反垄断审查的强制申报。在跨境并购方案设计时，应当注意界定并购所在的相关市场，以及是否构成实质性审查中的几种反竞争的类型，以应对美国监管机构对于跨境交易的事前审查。

值得注意的是，跨境交易通过事先审查后，并不意味着未来不会遭遇反竞争审查，美国监管机构对于反竞争的审查是持续的，在交易完成后企业运行过程中，仍应当注意反竞争方面的审查，本书将在第六章交易后合规部分对此进行详细的论述。

三、欧盟预先申报制度

在欧盟，以欧盟委员会作为主管部门处于执法结构顶端的欧盟竞争法制度在几十年来已经稳步发展成为世界上最成熟的竞争法体系之一[②]。

1. 反垄断审查体系

与美国二元制的审查机构设置不同，欧盟范围内的反垄断审查为两级并

---

① Markets，载 FTC 官网，https：//www. ftc. gov/tips – advice/competition – guidance/guide – antitrust – laws/mergers/markets，最后访问于 2020 年 7 月 14 日。

② 夏约：《欧盟竞争法的域外适用研究》，华东政法大学硕士学位论文，2018 年。

购控制制度。欧盟层面由欧盟委员会竞争总司根据《欧盟合并条例》及相关规定，对欧盟范围内达到欧盟委员会管辖起点的并购案例予以管辖；另一层面为欧盟成员国层面，对于未达到欧盟委员会管辖起点的并购案例则按照欧盟各成员国自己的反垄断法规予以控制。

值得关注的是，《欧盟合并条例》是一种“一站式”法律运行体系，即一旦某项并购交易属于欧盟委员会竞争总司管辖范围，那么欧盟各成员国的并购控制机构则不再有管辖权，欧盟层面对该项并购交易作出的决定将在欧盟范围内所有成员国适用；而欧盟委员会与各成员国之间对于建立了并购案例移转程序，如欧盟委员会接收的并购交易未达到欧盟委员会管辖起点，则由欧盟委员会直接将该并购案例转交给相应成员国并购控制机构①。

欧盟委员会竞争总司作为欧盟层面并购控制唯一机构，对某些并购交易在交易前进行预先审核，即预先申报制度（Merger Control Procedures）。凡是需要获得并购前批准的须申报交易，均不能在获得批准之前成交（“暂缓义务”）。在没有事先获得并购批准的情况下，投资人不得增加其股权（如成交任何股份），亦不得在获得并购批准前完成交易（如获取对目标公司的实际影响力，共同营销，替换管理层等）②。

欧盟对境外投资的反垄断审查，核心法律依据是《欧盟合并条例》，这一法律依据第一次创造性地确认了欧盟反垄断审查采用的实质审查标准——严重阻碍有效竞争（Significant Impediment of Effective Competition，SIEC）。2004 年《欧盟合并条例》出台后，欧盟委员会竞争总司围绕该标准对并购案例进行审查，并根据实践陆续出台了《欧盟合并条例解释和适用》、《白皮书：走向更有效的欧盟合并控制》、有关非横向兼并审查和横向审查的指导文

---

① 根据欧盟委员会官网所载信息分析整理，载 https://ec.europa.eu/competition/mergers/procedures_en.html，最后访问于 2020 年 7 月 13 日。

② 《境内并购审批程序与境外并购审批程序的区别》，载网易，https://dy.163.com/article/EQV9OVHV0519D6G8.html，最后访问于 2020 年 7 月 7 日。

件、有关相关市场定义、救济方案等并购审查关键要素的委员会通知等。

2. 预先申报制度

（1）预先申报标准

与中国和美国的监管原则一样，对于并购交易的审核并非逐案审核，只有达到一定标准的并购交易才需要向欧盟申报，《欧盟合并条例》和相关法律规范制定了明确的申报门槛。

委员会原则上审查欧盟范围内的大型并购，即该并购交易各方应当达到一定的营业额数值。欧盟预先申报门槛主要围绕营业额作为判断依据，但该营业额涉及世界范围和欧盟范围两个层面，并购交易达到以下两种情形中的任意一种，都应当进行预先申报①：

①并购交易中的各交易方在全世界营业总额超过 50 亿欧元，且至少有并购交易中的两家企业欧盟境内营业额分别都超过 2.5 亿欧元；

②该并购交易同时符合：

a. 各交易方在全世界营业总额超过 25 亿欧元，且

b. 在至少三个成员国范围内各交易方营业总额分别都超过 1 亿欧元，且

c. 至少并购交易中的两家企业的营业总额在符合前述 b 条件的三个成员国内分别都超过 2500 万欧元，且

d. 至少并购交易中的两家企业欧盟境内营业总额超过 1 亿欧元。

不过，如果并购交易中的任一方在欧盟某一成员国的营业总额超过了该企业在欧盟的营业总额的三分之二的，无论其是否构成上述任一标准，该并购交易都无需向欧盟委员会竞争总司进行预先申报。

在此需要注意的是，欧盟委员会竞争总司审核的跨境并购交易并不仅限于交易某一方为欧盟内企业的情形，当交易任意一方国籍都与欧盟无关但其在欧盟范围内营业且营业额达到上述标准的，欧盟委员会竞争总司对该并购

① 《欧盟合并条例》第一条。

交易具有管辖权，该并购交易应当提交欧盟委员会竞争总司预先进行反垄断审核[①]。

而对于中国国有企业而言，欧盟反垄断审查中需要注意的另一个问题在于，对于涉及中国国有企业开展的跨境并购案件，欧盟委员会可能会将中国政府相关经营主体（通常为中央国资委）下属的中国国有企业的营业额合并计算，这就有可能导致，某一国有企业开展的跨境并购案件以其营业额而言并未达到预先申报标准，但合并其他国有企业营业额后则需受到欧盟委员会的反垄断审查管辖。如在中国广核集团投资并取得法国电力集团的多家子公司（合称 NNB）的共同控制权一案[②]中，中国广核集团自身在欧盟营业额并未达到申报标准，然而欧盟委员会在对中国广核集团相对中央国资委的自主决策权进行判断时，认为中央国资委对其持股比例高，并且参与决策和高管层的任命，因此至少应在能源领域合并计算中央国资委下属的全部中国国有企业营业额。这一合并认定的标准并非该案首创，早在 2011 年中国化工公司旗下中国蓝星集团子公司拟收购挪威多晶硅制造商和硅产品供应商 Elkem 一案[③]中，欧盟委员会就首次提出了关于中国蓝星及中国化工是否与中国国资委控制下的其他企业属于同一单一经济体的问题。尽管目前尚无案例明确将中央国资委下属的跨领域的全部中国国有企业视为同一经济体，但从前述案例中可以看出，如果这一判断将对欧盟委员会的管辖权行使存在影响，那么将其视为同一经济体进行审查不无可能。因此，中国国有企业开展跨境并购时，应当注意考察是否会触及欧盟的反垄断审查，尽可能提前避免或做好应对准备。

---

① Why are mergers examined at the European level? 载欧盟委员会官网，https：//ec. europa. eu/competition/mergers/overview_ en. html，最后访问于 2020 年 7 月 14 日。

② 欧盟公告 C（2016）1596 final，Case M7850 EDF / CGN / NNB Group of companies。

③ 欧盟公告 C（2011）2429 final，Case M6082 CHINA NATIONAL BLUESTAR / ELKEM。

（2）预先申报程序

欧盟对于达到标准的并购交易采取预先申报审查制度，并购交易企业应在交易实施前联系欧盟委员会确认应当如何更好地申报。

与美国的强制申报制度略有不同的是，欧盟的预先申报分为简易程序和完整程序。对于并购交易企业经营所在市场并非同一或者相关市场，或并购交易企业在相关市场的市场占有份额非常小达不到市场份额门槛的，欧盟认为此类并购交易并不会引起严重的竞争问题，因此预先申报适用简易程序，前述的市场份额门槛①是指：交易各方位于同一竞争市场的，市场份额为15%，交易各方位于纵向相关市场的市场份额为25%。除此以外的其他并购交易都将接受完整程序审查。简易程序相对完整程序而言，采用简式申报表，通常在第一阶段完成审查。鉴于简易程序和完整程序流程基本相同，本节仅讨论完整程序。

并购交易企业在自我认定和联系欧盟委员会确认是否需要申报且应如何申报后，应按照要求准备材料、填报申报表，并提交至欧盟委员会竞争总司。欧盟委员会竞争总司收到并购交易企业的申报后，将展开预先申报审查。

预先申报审查分为两个审查阶段②：第一阶段和第二阶段。超过90%的并购交易在第一阶段即可完成审查，并且一般都无需采取救济措施。

第一阶段审查持续25个工作日，欧盟委员会在接收申报后的25个工作日内对并购交易进行审查。欧盟委员会在审查过程中会与交易各方持续保持联系。在第一阶段审查后期，欧盟委员会会召开“进展情况汇报会”，在该会议中向交易各方通报第一阶段审查结果。如果存在竞争问题，交易各方可以就此提交救济措施。交易各方提交救济措施的，第一阶段审查将延期10

① Merger control procedures，载欧盟委员会官网，https：//ec. europa. eu/competition/mergers/procedures_ en. html，最后访问于2020年7月13日。

② 根据《欧盟合并条例》、欧盟委员会官网提供信息分析整理而成，官网地址为：https：//ec. europa. eu/competition/mergers/procedures_ en. html，最后访问于2020年7月13日。

个工作日，以便欧盟委员会对救济措施的可行性、合理性和可适性进行审查。待第一阶段审查全部完成后，如果欧盟委员会认为并购交易不存在严重阻碍市场竞争的，或者救济措施足以消除严重阻碍的，欧盟委员会可以宣布该并购交易无条件通过或有条件通过；如果欧盟委员会认为该并购交易将引起竞争问题的，那么将展开第二阶段审查。

第二阶段审查持续90个工作日，欧盟委员会在这期间将对并购交易的竞争影响予以深入分析，将通过交易各方内部资料、大量经济数据、对市场参与者更细节的问卷调查乃至现场调查等多种方式开展审查。同时，第二阶段审查中欧盟委员会还将对并购交易完成后可能产生的效率影响进行分析，如果交易对消费者产生的效率优化优于并购的负面影响，那么该并购交易也将被允许，但这一效率优化应当是可证实的、仅可通过并购达成的、消费者能实际享受到的。欧盟委员会完成市场调查后，如果认为该并购交易将损害竞争，欧盟委员会将向交易各方发送《异议声明》（Statement of Objections），告知欧盟委员会的初步结论。交易各方收到《异议声明》后有权在一定时间内书面回复，并要求竞争听证机构举行口头听证会。尽管第二阶段审查原则上为90个工作日，但如果并购交易方不按委员会的要求提供其所需要的重要信息，那么该审查期限将停止计算直到并购交易方提供需要信息后才恢复计时。因此，若并购交易方希望审查能够尽快结束，建议配合委员会的审查提供所要求的信息，以避免审查无限期延长。

（3）预先申报结果

经过审查，委员会可根据其对并购交易的实质性审查情况作出以下决定：

①无条件同意并购交易的开展；

②同意使用救济措施的并购交易的开展；

③禁止交易方未能提供足够救济措施的并购交易的开展。

所有的最终审查结果都将公布在欧盟委员会官网，但会隐藏并购交易企业的保密商业信息。如果并购交易企业或利益相关方对于审查结果不满的，皆可在决定作出后2个月内向欧盟普通法院起诉。

（4）救济措施

与中国和美国的预先审查程序不同的是，在欧盟反垄断审查过程中，审查机关与并购交易方会进行反复的沟通，以期能够在不造成竞争阻碍的前提下保证并购交易的进行，因此欧盟委员会给予并购交易当事人在审查结果出具前提供救济措施（Remedies）的机会。

无论是第一阶段审查还是第二阶段审查，审查机构预先告知并购交易构成竞争阻碍的，并购交易方都可以针对该竞争阻碍提出救济措施即承诺（Commitments），对并购交易作出相应修改以保证交易完成后市场竞争的持续性。委员会将对并购交易方提出的救济措施的可行性和充分性予以判断，以保证救济措施能够消除竞争问题。

3. 审查标准

欧盟并购的实质审查标准先后经历了滥用市场支配性地位标准、市场支配性地位标准以及严重阻碍有效竞争标准。2004年《欧盟合并条例》确认的严重阻碍有效竞争标准，是现在欧盟并购审查制度的核心原则。

欧盟委员会是否批准并购交易，决定性因素是这个合并是否与共同体市场相协调。一个并购交易如果可能产生或者加强市场支配地位，从而使共同体或者一个重大部分的有效竞争严重受到阻碍，该合并将被视为与共同体市场不协调，即"严重阻碍有效竞争"。要认定一个并购交易是否与共同体市场协调，首先要界定与并购交易相关的市场，然后进一步评估并购交易可能产生的相关市场上企业的相互串谋等反竞争效果，最后分析是否有抵消反竞争效应的因素。

对于相关市场的界定，包括相关产品市场和相关地域市场，《关于为欧共体竞争法界定相关市场的委员会通知》对二者分别进行了定义[①]。相关产品市场界定的核心在于产品的互换性和替代性，相关产品包括因产品的价格、属性、用途、消费者需求、供应等多种因素而被消费者认为是与涉案产品具有可替代性或可交换性的产品。相关地域市场的界定强调地区市场间竞争条件的实质相同，相关地域市场应当是被审查的并购交易所涉及的供给、产品或服务的需求所处的竞争条件实质相同的地区，通常需要考虑行业的性质、销售渠道、运输条件、购买距离和时间等。对于并购交易完成后的反竞争影响，欧盟同样重点考察市场份额和市场集中度，从而分析企业的市场力量。但与其他国家不同的是，欧盟还进一步考察并购交易完成后的市场整体效果，即是否会对有效竞争产生实质阻碍，对其他竞争者带来损害。欧盟把可能产生的反竞争效果分为单边效应和协调影响。其中单边效应是指并购完成后的企业将拥有市场支配力量，从而可以利用支配地位采取价格提升、产量压缩等行为排除其他竞争者；协调影响是指尽管并购完成后的企业不会构成垄断，但由于并购直接减少了竞争者的数量，市场上的剩余企业则可能通过相互协调共谋共同支配市场，从而保持市场内产品价格居高不下、供给不协调，并且排除新企业的进入。

例如在中国化工集团收购先正达一案[②]中，由于欧盟审查认为中国化工集团旗下子公司安道麦与先正达为相关作物保护市场的竞争对手，双方合并将对相关市场产生明显弱化竞争的影响。因此中国化工集团提交了两轮救济方案，最终以剥离安道麦和先正达部分产品和无形资产的救济方案获得了欧盟委员会的附条件通过。

可以看到，应对欧盟委员会的反垄断审查，应当充分了解交易是否达到

---

① “产品市场包括消费者依产品特征、价格和用途认为可以互换和替代的所有产品和（或）服务”；“地理市场指的是相关事业发生产品（服务）的供给和需求的区域，该区域内的竞争条件充分同质，据此可以将该区域与其他临近区域区分开来”。Commission Notice on the definition of the relevant market for the purposes of Community competition law, Official Journal C 372, 9 December 1997, p. 5.

② 欧盟公告 C（2017）2167 final，CASE M7962 CHEMCHINA / SYNGENTA。

预先申报标准并进行相应的申报，否则将面临巨额的罚款；还应当关注并购交易在相关市场的反竞争效应，如果可能存在竞争影响，则建议在并购交易方案中协商确认双方共同认可并可行的救济方案，否则欧盟委员会将否决跨境并购交易的进行；另外，对于未达到欧盟审查标准的交易尚不能完全放心，还需要进一步确认是否可能构成欧盟成员国的审查标准。由于篇幅有限，笔者在此处不再对欧盟成员国审查标准予以展开，仅做原则性提示。

第三节　国家安全审查

政府对跨境并购实施的监管中，国家安全审查一直是十分重要的一部分。国家安全审查制度最初是用于控制外国参与国防工业，以防止外国政府通过企业实施的并购活动控制本国国防工业从而危害国家安全。伴随着经济的发展和资本的全球流动，国家安全审查被逐渐扩展用于保护其他关系国家经济安全的战略产业和关键基础设施产业等，现在还被用来保护对于国家竞争力来说至关重要的核心技术和专门知识。近年来，在传统安全观的基础上，世界各个国家和地区还将经济、文化、能源、生态（以保护生态和谐与生物多样性为目标）和网络等对社会和国民的生存、发展有重要影响的因素包括在内，使得国家安全的范围呈现出更加丰富、多元的特点。

尽管国家安全审查也逐渐成为各个国家和地区进行经济、政治博弈的一种方式，使得国家安全审查的可预期性降低，但中国企业进行境外投资前，充分了解东道国关于国家安全审查的监管措施及监管趋势，并积极应对从而顺利通过国家安全审查，对于完成并购交易仍具有重要意义。

根据商务部、国家统计局和国家外汇管理局联合发布的《2018 年度中国对外直接投资统计公报》，从实际并购金额来看，我国企业 2018 年对外投资前十位国家（地区）为德国、法国、巴西、智利、百慕大群岛、中国香港、瑞典、新加坡、美国和澳大利亚。而从项目数量来看，美国位列第一，约为 80 个，远超其他国家（地区）。

可以看到美国以德国、法国、瑞典为代表性投资国家的欧盟地区作为中国企业对外投资的重要国家和地区，对其国家安全审查制度的分析和了解具有明显的实践价值。近年来随着中国对外投资总量的增加，美国及欧盟明显感受到威胁，分别于 2018 年和 2019 年对其国家安全审查制度进行了革新，美国出台了《2018 年外国投资风险评估现代化法案》，欧盟则出台了第一部欧盟范围的安全审查监管规范《欧盟外商直接投资审查条例》。在实际审查中对中国企业实施的并购项目也趋于严格，中国企业在这两个地区的投资将面临更多的约束。有鉴于此，本节将主要介绍美国及欧盟的国家安全审查制度，以期帮助中国企业更好地应对国家安全审查。

一、美国 CFIUS 审查

美国外资并购国家安全审查制度的构建历经多部法律、若干修正案以及诸多著名的外资并购案的推动，这体现了美国的外资政策随世界经济、国际局势和美国战略侧重点的改变而调整，也反映出美国国家安全审查制度已成为其国内投资管理中的一项重要制度，它是国家从其根本利益出发，平衡资本流入所带来的影响，更在一定程度上呈现出一国对待外国投资的政策和价值取向。从国家角度出发，国家安全审查是国家出于维护本国安全的目的而行使的主权行为。但是，由于这项制度具有相关概念模糊、程序保密度高和透明度低等特性，所以经常被视为一种披着合法外衣的政治手段。对于投资人来说，这项制度也成为整个投资活动中最主要的不可控因素[①]。

① 吕蕴：《美国国家安全审查制度研究——以罗尔斯申请司法审查为例》，内蒙古大学硕士学位论文，2018 年。

近年来，美国通过国家安全审查制度否决或阻止了诸多中国企业赴美投资计划，尤其是在人工智能、高科技、信息通信等新兴产业，美国对类似阿里巴巴、中兴、华为、腾讯等高科技企业赴美投资格外关注，受到美国国家安全监管机构的严格审查。例如，阿里巴巴投资 Magic Leap、腾讯收购特斯拉股份无人驾驶汽车等项目都受到了美国监管机构的严格审查，华为试图与贝恩资本并购 3COM 被否决，而后华为在美的数次收购资产计划和与 AT&T、Sprint 等运行商的设备合约计划也均被监管机构以危害国家安全干预或否决。

关于美国国家安全审查制度的具体运用和近年来的发展，尤其是中国企业在美投资案件受管辖的情况，可以从下列案例中窥见一些痕迹：

2018 年，阿里巴巴旗下的蚂蚁金服收购美国汇款公司速汇金（Money-Gram）计划因美国监管机构的否决而失败。2018 年 1 月 2 日，蚂蚁金服和速汇金共同因 CFIUS 不予放行而宣布终止并购。

2017 年 1 月，蚂蚁金服计划以 8.8 亿美元收购美国第二大汇款及支付服务公司速汇金。经过与另一家美国电子支付服务公司 Eurone 的竞争，最终蚂蚁金服以 12 亿美元与速汇金达成并购合意。然而经过近 1 年的努力，多次反复，CFIUS 依然没有同意这项并购计划，导致蚂蚁金服不得不放弃对速汇金的收购，同时还需向速汇金支付 3000 万美元的分手费。

在这次交易的审批过程中，蚂蚁金服三次提交申报，前两次申报均在 75 日内未得到批准，蚂蚁金服第三次提交申报最终也因 CFIUS 的不予放行而宣告终止。CFIUS 认为此次交易会让蚂蚁金服得以接触到美国 240 万银行和移动账户，而数据涉及国家安全，如此庞大的数据如被中国实体所掌握，美国政府担心其会被“武器化”，用以破坏信用评级或访问银行账户、破坏个人财务等。尽管蚂蚁金服表示会将速汇金的数据基础设施留在美国，所有个人信息都将被严格保密并保存在美国本土。但这样的承诺并没有打消美国政府的担忧。

可以看到近年来美国国家安全审查在高科技敏感行业之外，还进一步加强了对个人消费数据、GPS 位置数据等的保护，美国于 2018 年正式对外发布《外国投资风险评估现代化法案》（FIRRMA），更将“数据”领域并购纳入 CFIUS 的管辖范围，通过深化并拓宽对本国关键产业、数据等多领域并购案件国家安全的审查加强对本国经济的保护。

1. 历史沿革

美国对于并购交易的国家安全审查制度的形成并非一蹴而就。1950 年美国制定《国防生产法》首次确认了总统有权阻止即将发生的或者暂停已经发生的对国家安全造成威胁的并购，但这一原则在确立后并未得到广泛的适用。直到 20 世纪 70 年代，阿拉伯国家将利用石油贸易获取的大量美元在美国进行了大规模的投资，引发了美国对国家安全的担忧。于是 1975 年，美国总统福特通过行政命令设立了 CFIUS。CFIUS 设立初期是为了监管外国在美直接投资或者股票投资，并调控美国对外国投资政策的执行。但 CFIUS 并未能很好地完全其设立目标，其对外国投资开展的几次审查，主要是应美国国防部的请求，自身并不具备也并未行使对于外国投资的审查权，美国国会的不少成员认为 CFIUS 并未能真正地回答外国投资是否有利于美国经济发展这一问题，亦并未起到对于监管重要产业投资情况和保护国家安全的作用。

20 世纪 80 年代，美国的进一步开放，使得涌入美国的 FDI 大幅增加，在促进经济发展的同时也让美国政治家们就外国投资对国家安全的损害产生了大量的担忧，但直至 1988 年美国并未就该问题出台正式的监管规范。1987 年，日本富士通公司意图收购仙童半导体公司，遭到了美国国会的极力反对。仙童半导体公司作为当时美国半导体行业的活化石，为美国半导体行业作出了技术、人才等多方面的贡献。富士通的收购行为给美国敲响了警钟，如果允许该并购，将会使得日本控制军用电脑芯片，导致美国国防工业中高科技产品将被迫在关键电子部件上依赖于外国产品，国家安全受到严重的威胁。美国国会意识到现有的国家安全审查制度不足以在不启动国家紧急状态的情况下以终止一项可能危害国家安全的并购交易。因此1988年，美国出台《埃克森－佛罗里奥修正案》，对《国防生产法》第721条进行修改。该修正案明确了美国总统有权中止或禁止依据可靠证据证明取得控制权的外国利益实体将有可能损害国家安全的并购交易。该修正案明确了美国国家安全审查制度的审查对象、审查范围、审查程序、审查时限、审查结构等细节内容，基本完成了美国国家安全审查制度的具体架构。随后，美国里根总统通过行政法令将总统的审查权赋予了CFIUS，自此，由CFIUS对外商投资进行强制性国家安全审查的制度搭建完成。富士康收购案直接推动了《埃克森－佛罗里奥修正案》这部现行美国外商投资国家安全审查制度的基础法案的出台，标志着美国正式建立了外商投资强制性国家安全审查制度。CFIUS由过去的不具有实际执行力的机构转变为一个拥有巨大权力并能实际开展审查、提出具有决策性建议的机构。随后CFIUS正式开始对外商投资美国的交易进行审查，并于1992年通过《伯德修正案》再次扩大审查范围，“并购方为外国政府控制或代表外国政府行事”以及“并购导致美国境内的跨州美国公司被外国人所控制的而对国家安全产生重大影响的”也属于CFIUS的审查范围。

然而进入21世纪后，“9·11”事件的发生使得美国对于国家安全担忧急速上升。迪拜环球港务（Dubai Ports World）案[①]彻底激化了美国国会对于CFIUS目前审查范围以及审查力度的担忧，最终美国于2007年正式颁布《外商投资与国家安全法》，从法律层面正式确认CFIUS的合法性，并进一步完善了国家安全审查制度。《外商投资与国家安全法》明确将国土安全和

① 迪拜港口世界公司收购半岛东方蒸汽船航海公司的6个美国港口的运营权，于2005年12月向CFIUS正式提交申请，CFIUS调查后认为该交易不存在危害国家安全的情形后总统批准了该项交易。但美国公众对此发出强烈抗议，认为迪拜港口世界公司作为一家阿拉伯公司，负责美国港口是非常危险的，对美国的国家安全造成了极大威胁。

关键基础设施纳入了国家安全的范围，审查范围扩大到了核心基础设施、关键技术、军事产品、设备和技术、美国能源及其他重要资源等领域；对 CFIUS 的审查程序进行了进一步的细化，并增加了能源部长作为机构负责人以体现能源在国家安全中的重要意义。同时，对于可能导致外国控制的“受管辖交易”，强制 CFIUS 展开45 日的调查。此外，对于 CFIUS 的审查流程还增加了交易是否履行审查结果的继续跟踪环节，以及向国会提交审议年度报告的义务。至此，美国通过一系列的重要案例以及法律法规的更新建立了一套相对完善的国家安全审查制度，并在实践中不断加深适用和修缮。

而最近一次美国国家安全审查制度的重大修改，则是对中国企业赴美投资造成极大影响的一次变革，即 2018 年颁布的 FIRRMA 法案。这一法案是世界迈入新的经济格局和产业革命后的美国国家安全审查制度又一次革新，笔者将在下文对此进行更为详细的论述。

2. 审查体系

就美国国家安全审查制度的审查体系而言，《埃克森 - 佛罗里奥修正案》奠定了基础，并通过随后的法律法规革新和案例经验予以不断完善。

美国的外资并购国家安全审查机构主要为 CFIUS，其由美国财政部牵头，其他成员来自国务院、国防部、商务部、司法部、国土安全部、能源部、美国外贸代表以及总统办公室。CFIUS 是整个美国国家安全审查体系的核心，每一项国家安全审查均应当向 CFIUS 提出申请，由 CFIUS 予以审查后，作出通过或提交总统决断的结果，由 CFIUS 与交易方进一步确认调整方案，而总统的决断则主要依据 CFIUS 的审查情况和结论，而审查结果出具后的监管也将由 CFIUS 负责。可以说，CFIUS 掌握了整个外商投资国家安全审查体系的开始与结束。

应当受到 CFIUS 审查的交易被称为“受管辖交易”（Covered Transaction）。2008 年美国出台《关于外国人合并、收购和接管规定》对受管辖交易的类型从正面和反面两个角度进行了列举。究其本质，受管辖交易指可能导致外国法人对美国企业掌握控制权的交易，而其中最核心的定义除外国法人以外，当为“控制”一词。该规定明确“控制”是指外国主体通过多种方式“拥有直接或间接决定有关美国公司的重要事项的权力”，例如持有美国公司的多数股份，或持有具有支配权的少数股，或对董事会具有控制权，通过合同取得对公司重要事项的决定权等。值得注意的是，除了前述我们熟悉的对公司取得控制权的通常方式以外，以下交易也有可能属于“受管辖交易”：

第一种情形是某外国法人将其对一家美国公司的控制权转让给另一外国法人的。这种情形下，即使交易双方并不涉及美国公司，但由于其本质是对美国公司控制权的转移，因此也应当受到 CFIUS 的管辖。

第二种情形是某外国法人通过交易控制的资产属于美国企业的。这种情形多出现在购买外国企业在美国的分支机构或者进行资产收购中，就该分支机构而言，可以被理解为一个美国企业的控制权出现变更；而资产收购情况下，如果收购的资产实际为公司的全部资产，或是主要资产及人力、客户资源等资产的，那么也被视为美国企业控制权的变更。

第三种情形比较特殊，是交易双方通过合资方式合作，但其中一方投入合资企业的资产为一家美国企业，而这家美国企业被用于出资后将被另一个外国合资方通过合资企业予以控制，也属于受管辖交易。

综上，可以看到 CFIUS 将参考各类相关因素（例如各投资者之间一致行动协议、关联关系等）去判断交易是否构成实质控制，并不局限于某一类别标准。因此，当中国企业开展在美并购交易时，不可因交易按照通常观念来看不构成控制而忽略 CFIUS 的审查，而应透过现象看交易的本质，是否会构成对美国企业的实质控制，如果答案为“是”，则很大可能将受到 CFIUS 的管辖。

另外，对于中国企业而言，由于中美之间的博弈，美国国家安全审查常被作为阻止中国企业在美并购的重要手段之一。例如 2010 年 5 月，华为收购美国三叶系统公司（3 Leaf）云计算领域的知识产权资产[①]，该资产仅为三叶系统公司的一部分技术，并不涉及所有资产，因此在获得美国商务部工业与安全局的“出口 3Leaf 这一技术无须许可”的回复后，未向 CFIUS 申报即完成交易。然而后来 CFIUS 仍对该交易强制要求华为提交审查，确定该收购交易属于其管辖范围，并认为收购会导致美国先进计算技术转移至中国，对国家安全带来风险，最终华为被迫放弃了收购计划。可以看到，中国企业在美并购即使本质不构成实质控制的情况下，仍有可能被 CFIUS 纳入审查范围，尤其是当收购涉及美国先进技术、重大数据等领域时，CFIUS 可能扩宽其管辖范围进行管辖。

CFIUS 在确认交易属于受管辖交易后，会通过一系列的审查程序确认该交易是否会对美国国家安全造成或可能造成危害。如果不会造成危害，则会作出否认决定，那么该交易则获得了“安全港”资格，之后投资的增加就不再需要经过 CFIUS 审查；但如果会，则 CFIUS 有权与交易方进一步协商调整的方案，如果仍认为该调整不足以保护国家安全的，则将提交总统，由总统作出最终的决定。通常来说，总统主要以 CFIUS 提交的报告及决策建议为准。

3. 审查程序

《埃克森－佛罗里奥修正案》确定了 CFIUS 审查的主要程序，包括提交书面通知（Voluntary Notice）、审查（Routine Review）、调查（Investigation）及总统裁决（Action by the President）四个阶段，而后随着实践经验的增加，CFIUS 的审查程序不断升级，最终形成了一套完整的审查程序。

就提交书面通知而言，交易双方可以根据交易情况自行判断是否需要向 CFIUS 提交审查，如果确认交易属于“实际控制美国企业”、“受外国政府控

---

① 华为就 3Leaf 事件发公开信：邀美国当局对其调查，载 https：//tech. sina. com. cn/t/2011－02－25/06221666212. shtml；商务部网址：http：//www. mofcom. gov. cn/aarticle/ae/ai/201102/20110207410760. html，最后访问于 2020 年 7 月 14 日。

制”或“关键行业”等受管辖交易的，应当主动提起审查；如果 CFIUS 发现，存在受管辖交易未主动申报的，则 CFIUS 可依其职权要求交易双方进行申报。事实上，交易双方限于经验的有限性，在提交书面材料的过程中，常常会面临材料准备上的疑虑和不充分的问题，那么一方面应当选聘有经验的中介机构予以指导，另一方面也可以通过“非正式磋商”程序与 CFIUS 进行提前沟通。所谓“非正式磋商”，其实并非 CFIUS 审查中的一个强制程序，而是 CFIUS 鼓励外国投资主体在正式提交申报前可以将其准备的材料草稿或者其他合适文件提交给 CFIUS，据此 CFIUS 可以提前了解交易的情况，更重要的是 CFIUS 有机会向交易主体传达其所需要的补充材料或信息。通过这一程序的提前沟通，交易主体可能可以减少审查时间以及交易成本，同时，一定程度上可以帮助交易主体全面应对 CFIUS 审查，减少因 CFIUS 否定交易而带来的负面影响。如果交易主体拟采取该“非正式磋商”，应当在正式提交申报前 5 日内完成。

就审查而言，其期限为 30 日。在这 30 日中，CFIUS 会确认该交易是否属于受管辖交易，如果属于则会进一步判断是否影响国家安全；如果不属于则会直接终止审查。2007 年《外国投资与国家安全法》颁布前，CFIUS 在 30 日的审查中具有较大的权限，其有权自行确认是否存在国家安全影响，并作出通过或进一步调查的决定。但《外国投资与国家安全法》的颁布，明确了 CFIUS 经 30 日审查后，如果存在以下情形，交易必须进入“调查”程序：（1）交易是由外国政府控制；（2）交易会导致外国法人控制美国或美国境内的关键基础设施，并且此控制将会对美国国家安全造成威胁。即交易一旦涉及外国政府或美国关键基础设施，则必然会进行 45 日的调查。

就调查期而言，一般为 45 日，CFIUS 会对交易进行进一步的调查，可能会要求交易双方与委员会成员进行会面，并对相关问题予以说明。交易双方可以就交易与 CFIUS 达成整改/缓解协议，通过对交易的部分修改，以此规避对美国国家安全的威胁。如果协议达成，或者经过调查 CFIUS 认为不构成国家安全风险的，则 CFIUS 将通过该交易。但如果 CFIUS 认为该交易应当被暂停或终止，或 CFIUS 就暂停或终止不能达成一致意见的，则 CFIUS 会将该调查报告提交给总统作出裁决。

就总统裁决而言，为期 15 日，总统在收到调查报告后应当作出公开的声明。需要注意的是，总统作出决定时，应当确认有确信的证据表明交易可能威胁国家安全，以及不存在其他的法律途径来保护国家安全不受该交易的侵害。如果对总统作出的决定存在疑虑，交易主体可以向法院起诉，但事实上法院并没有权利对该行政审查作出实质判断，如三一重工关联公司拉尔斯（Ralls）公司收购俄勒冈州发电厂项目一案，Ralls 公司认为总统奥巴马作出的禁止令属于未经正当程序剥夺私有财产的行为，但最终美国法院并未能改变这一行政命令的实体判断，而仅仅认定该禁令未经正当程序非法剥夺了 Ralls 公司的私有财产①。

4. FIRRMA 法案

谈及美国外商投资国家安全审查，《2018 年外国投资风险评估现代化法案》（FIRRMA）显然是不得不提的。这一法案，是美国进入第四次产业革命以来对于国家安全审查制度的第一次革新，同时也是在中美交锋和贸易摩擦不断升级的背景下出台的一部重要法案。2020 年 1 月 13 日美国财政部海外投资者委员会针对 FIRRMA 发布了最终法规（与 FIRRMA 合称 FIRRMA 法案），对美国外商投资国家安全审查制度的最近一次革新予以了进一步的完善。

FIRRMA 法案在原有的国家安全审查制度下，在两方面进行了调整：其一，扩大了 CFIUS 的管辖范围；其二，新增了两种情形下的强制申报制度。

---

① see *RALLS CORPORATION v. COMMITTEE ON FOREIGN INVESTMENT IN UNITED STATES*, 758 F. 3d 296（D. C. Cir. 2014）.

事实上，强制申报制度的新增是针对管辖范围扩大的进一步完善，要求交易涉及“关键技术”或者外国政府享有“重大利益”的，必须进行申报。

需要开展美国投资的企业主体（尤其是中国企业）着重关注的，是CFIUS通过FIRRMA法案进一步扩大的管辖范围。

（1）增加对非控股投资交易的管辖

过去，受CFIUS管辖的交易，从本质来看应是外国投资者通过交易形成对美国企业控制的交易。但美国政府发现，仅对控股投资交易进行管辖，不足以涵盖所有可能产生国家安全威胁的行为，尤其对于一些关键基础设施、关键技术的单独收购，尽管没有形成控股，仍然有可能间接对国家安全造成威胁，例如CFIUS就曾多次试图禁止或禁止华为对于美国一些技术或知识产权资产的收购，典型如华为收购三叶系统公司的知识产权资产交易，就因美国担心先进计算技术转移到中国而被阻止[①]。同样，在经济进入大数据时代的背景下，数据安全也成为美国政府关注的重点，美国政府就曾在2018年2月驳回了中国蓝色光标公司全资子公司香港蓝标合并美国纳斯达克上市公司Cogint, Inc.旗下部分资产并持有其63%股权的交易，原因在于，Cogint, Inc.为一家数字营销服务公司，持有美国大量消费者数据[②]。尽管标的额不大，但是该交易一旦完成，则极有可能使得中国企业取得美国大量的消费者数据从而影响到美国公民数据安全。另外，也是由于中国企业自2015年以来不断增长的对外投资，对新兴技术以及数据产业的投入以及技术的不断进步，给美国政府带来了压力，因此，FIRRMA法案将管辖范围扩大到了非控股投资之中。

FIRRMA法案明确授权CFIUS对于掌握“关键技术”（Critical Technolo-

① “华为就3Leaf事件发公开信：邀美国当局对其调查”，载https://tech.sina.com.cn/t/2011-02-25/06221666212.shtml；商务部：http://www.mofcom.gov.cn/aarticle/ae/ai/201102/20110207410760.html，最后访问于2020年7月14日。

② 安然：《特朗普政府经济政策对中国对美直接投资的影响研究》，外交学院硕士学位论文，2019年。

gy）、“关键设施”（Critical Infrastructure）或收集及掌握美国公民之“敏感个人数据”（Sensitive Personal Data）的非控股投资企业进行审查[①]。关键技术包括：被列入《美国防务目录》（United States Munitions List）的国防用品或国防服务、《贸易控制清单》（Commerce Control List）包含的出口管制技术、某些核设施与核材料以及某些制剂与毒素，及《2018年出口管制改革法》所涉及的新兴和基础技术。关键基础设施是指对美国至关重要的物理或虚拟的系统或资产，此类系统或资产的失效或破坏将对国家安全造成不利影响。就关键基础设施行业的认定，法规列出了28类具体的可能涉及CFIUS审查的关键基础设施行业，包括：电信、能源、金融服务、交通、水电、国防等。敏感个人数据包括两类：基因测试和可识别数据。基因测试（Genetic Tests）是指自然人的基因测试结果，包括所有相关的基因测序数据，只要该结果属于可识别数据。

事实上，一直以来，CFIUS都对关键技术和关键基础设施极为关注，本次修改是对这两部分的进一步明确和授权。而“敏感个人数据”则是近年来CFIUS新的关注点所在，尤其是针对中国企业的行为，FIRRMA法案出台后，CFIUS据此已经展开了多起对中国企业在美并购交易的审查。甚至对FIRRMA法案颁布前的案件予以了追溯，即使中国企业已明确表示不会接触“敏感个人数据”，同时提出了隔离“敏感个人数据”的方案及相关措施，例如进一步限制对客户数据的访问，任命独立监督员来确认措施实施等，但美国政府仍然拒绝了这些措施，并对交易予以了禁止[②]。

可以看到，美国政府当前对于涉及“敏感个人数据”的交易极为关注和慎重，中国企业在考虑在美投资类似领域的企业时，一方面要注意关注是

---

① FIRRMA法案第1702条（c）项。

② 2020年3月6日，美国禁止北京中长石基信息技术股份有限公司及其全资子公司石基（香港）公司收购StayNTouch，要求石基公司在120天内剥离其所收购的StayNTouch相关的所有权益。该交易于2018年9月完成100%收购，但CFIUS仍以石基公司有可能接触到StayNTouch酒店的顾客信息为由，判断该交易会威胁美国国家安全。

否触及 CFIUS 的管辖范围，同时仍需要多方考察美国的审查趋势，在趋严的背景下应当更为慎重地判断拟开展交易的情形，以应对 CFIUS 管辖随时有可能进一步扩大的审查趋势。

（2）增加对房地产交易的管辖

FIRRMA 法案首次将房地产交易明确纳入 CFIUS 的管辖范围[①]，授权 CFIUS 审查外国企业购买或租赁美国不动产或获得特许经营权的行为，同时给出了美国军事设施与美国政府的敏感设施、财产、相关地理区域的名称和地理位置。

在 FIRRMA 法案出台前，CFIUS 就已经对一些涉及房地产的交易进行审查，例如前述提及的迪拜港口世界公司收购半岛东方蒸汽船航海公司的 6 个美国港口案和三一重工关联公司 Ralls 收购俄勒冈州发电厂项目等，均因被收购资产为美国敏感设施或靠近军事设施可能对国家安全造成影响而被否决。FIRRMA 法案的这一明确，将在机场或海港、位于机场或海港范围内或即将用作机场或海港的不动产，或位于军事设施一定距离内的房地产交易，均纳入审查范围。借此保护外国企业不会通过取得关键地区周边的房地产或其特许经营权而对关键地区形成控制。

FIRRMA 法案给予 CFIUS 更大的权限以审查和控制外国企业在美投资，而在中美贸易摩擦不断升级的当下，CFIUS 也成为美国政府阻碍中国企业战略升级的一个重要途径。因此对于拟在美开展投资的中国企业而言，充分了解和掌握 CFIUS 的管辖非常重要，应当通过聘请专业的有经验的顾问团队，更有针对性地应对 CFIUS 的审查。

① FIRRMA 法案第 1703 条。

二、欧盟外商投资安全审查

过去，欧盟没有专门的外商投资安全审查程序，仅欧盟部分国家自行建立了对于外商投资的安全审查程序。在欧盟正式决定建立欧盟层面的外商投资安全审查前，28个成员国中仅12个国家建立外商投资的审查制度，分别为奥地利、丹麦、德国、芬兰、法国、拉脱维亚、立陶宛、意大利、波兰、葡萄牙、西班牙以及英国（现已脱欧）。但各国的审查制度在审查范围、标准、程序、领域等各方面均有不同，欧盟层面缺乏统一的立法。直至2017年，大量的外来投资尤其是美国、中国对欧投资的不断增长，让欧盟意识到其战略利益受到了威胁，必须予以保护。由于欧盟的高度融合性，外商投资对于一个成员国国家安全及公共秩序的损害，有可能会影响到另一个成员国。欧盟主席让-克洛德·容克（Jean-Claude Juncker）在2017年9月13日的一次发言中提到："如果一个外国的国有企业想要收购我们的海港、我们的能源基础设施或者国防科技企业，必须要在透明、仔细审查和辩论的前提下开展。了解我们的后院中到底发生了什么是一个政治责任，由此我们才能保护我们的集体安全。"可以看到，欧盟已经将对于外商投资的审查提升到了政治责任的高度，尤其关注具有政府背景的外国国有企业的收购，在这样的背景下，中国企业在欧盟开展的投资也必将受到影响。

2019年3月19日，欧盟理事会和欧盟议会出台第2019/452号条例《关于建立外商直接投资监管架构的条例》（下称《审查条例》），并将于2020年10月10日正式实施。《审查条例》正式确立了欧盟层面对于外商直接投资的统一审查，进一步加强了欧盟对于欧盟公共安全的控制。除鉴于及附件外，《审查条例》正文一共17条，规定了适用范围、定义、成员国审查机制、审查要素、合作机制、影响欧盟利益的外商直接投资项目、信息要求、传递信息保密、沟通机制、专家组、国际合作、个人信息处理、评估、年度报告等内容。

1. 基本原则

《审查条例》从欧盟层面确立了对外商投资予以审查的原则，着重外商投资对于欧盟安全或公共秩序的影响。《审查条例》在欧盟成员国以及欧盟委员会之间建立了一个交换信息的合作机制，允许欧盟委员会对于可能威胁安全或公共秩序的外商投资提出意见，同时鼓励对于外商投资审查开展国际合作，建议并要求成员国在国家层面建立外商投资审查机制。

但需要注意的是，尽管《审查条例》从欧盟层面确立了外商投资审查原则，但它与中国、美国等国家的国家安全审查机制不同。《审查条例》的本质是在成员国之间以及成员国与欧盟委员会之间建立一个合作机制，让各方能够拥有一个信息共享渠道，以掌握欧盟境内可能威胁欧盟境内安全或公共秩序的外商投资情况。因此，《审查条例》明确欧盟委员会及第三国对成员国的外资安全审查可以提出建议，但仍由投资所在国开展审查并且掌握最终的决定权。

2. 审查范围

《审查条例》将外商直接投资定义为与其投资的企业或事业建立或维持持续且直接的联系而采取的任何形式的投资，该投资能够使其在成员国开展经济活动，该投资包括取得对经营管理的有效参与或者取得公司开展经营活动的控制权。可以看到，这一定义不仅是针对一般意义上取得控制权的外商投资，而且将范围进一步扩大到了有效参与经营管理的层面，主要涉及的形式包括绿地投资（Greenfield）和并购（M&A）。

确定一个外商投资是否会对成员国或欧盟安全或公共秩序造成影响，主要考虑以下关键因素①。

---

① 《审查条例》第4条。

（1）是否涉及关键基础设施，包括物理上的和实质上的，如能源、交通、水资源、卫生、通信、媒体、信息处理或存储、航空、国防、选举或金融设施、敏感设备、与前述基础设施相关的重要土地和房地产；

（2）是否涉及关键技术和军民两用产品，包括人工智能、机器人、半导体、网络安全、航空、国防、能源存储、量子与核能以及纳米与生物技术；

（3）是否涉及关键供应，包括能源或原材料供应以及食品安全；

（4）是否接触敏感信息，包括个人信息或者控制相关信息的能力；

（5）媒体自由及多元化。

除了对涉及关键领域的外商投资予以关注外，《审查条例》还明确将外商投资者是否受到外国政府直接或间接控制作为考察因素，无论该外国政府是政府部门还是军队力量，也无论其控制是通过对外国投资者享有所有权的形式还是通过提供大量资金。因此对于中国国企而言，欧盟外商投资审查制度对其将会予以重点关注，在开展相关领域的投资之前应该预先考量欧盟外商投资审查制度对该投资可能产生的影响。

同时，外国投资者是否已经涉及影响成员国安全或公共秩序的情形，或者是否存在从事非法或犯罪活动的严重风险也均是《审查条例》明确的考察因素。

需要注意的是，对于外国投资者资助/投资于可能影响到安全和公共秩序的欧盟资助项目的，欧盟委员会会给予特别的关注。《审查条例》中列明项目包括欧洲卫星导航系统［伽利略和欧洲地球静止导航重叠服务（EGNOS）］、哥白尼计划、地平线2020、泛欧交通、能源和通信网络、欧洲防务工业发展计划以及永久结构性合作项目。同时，欧盟委员会将视情况对项目清单进行更新。

3. 审查程序

欧盟的外商投资审查涉及成员国和欧盟两个层面，以投资所在成员国为审查核心，欧盟委员会及其他成员国有权提出意见和建议。

投资所在成员国应当及时向欧盟委员会及其他成员国提供受到审查的外商投资项目信息，欧盟委员会和其他成员国可要求投资所在成员国提供进一步的信息并反馈其对该项目的意见和建议，其中欧盟委员会可以根据其他成员国的意见发表其建议。投资所在成员国收到前述意见后，应当予以综合考虑，但最终决定由投资所在成员国作出。通常这一程序耗时在35日左右。

4. 支持措施

除了在欧盟层面确立了对外商直接投资开展审查外，欧委会和《审查条例》还确立了一系列的支持措施以协助欧盟开展外商直接投资审查。

（1）建立协调小组。欧盟委员会在2017年成立了委员会专家小组，司职外商直接投资审查。该专家小组将在成员国之间开展论坛会，对欧盟外商投资形式、政策发展进行研究，同时亦致力于讨论《审查条例》的进一步完善。

（2）年度报告编制。根据《审查条例》第5条的要求，每年3月31日之前，成员国应当向欧盟委员会提交一份年度报告，反映在其领土范围内发生的外商直接投资的相关信息，以及从其他成员国获取的相关信息；对于拥有审查机制的成员国还需要提供其审查机制开展的相关信息。相应地，欧盟委员会也需要就条例的执行情况向欧盟一会及欧盟理事会提交年度报告，并向公众公布。

（3）开展国际合作。《审查条例》除明确欧盟各成员之间的合作机制外，还鼓励与其他国家开展国际合作，就与投资审查相关的政策和实践进行沟通，取长补短，共同进步。

（4）过渡期。欧盟为《审查条例》的实施安排了18个月的过渡期，以确保成员国和欧盟委员会有充分的时间建立足够的资源和工具来确保条例的执行，部分成员国可以在这段时间里建立起本国的外商投资审查机制。

作为欧盟层面首次出台的关于安全和公共制度的外商直接投资审查的相关立法，并未建立如CFIUS一般的强权机构。基于欧盟本身的特性，《审查条例》尚不具有强制力，欧盟委员会亦无权对成员国的最终决定予以改变，总体来看，《审查条例》是相对温和且具有弹性的。但欧盟反复公开强调，《审查条例》的建立并不影响欧盟作为外商投资最为发达的地区之一对外商投资的欢迎，但实际上，《审查条例》的通过已经反映出了欧盟对于外商投资监管的加强，其正式实施必将为外商投资增加更多的监管障碍。

第六章　交割后的合规管理

一、"合规"的含义及发展历程

1. "合规"的含义

"合规"起源于美国对企业反腐败的规制，继 1977 年《反海外腐败法案》颁布之后，英国、法国等欧洲国家随之陆续出台与之内容相似的法案，纷纷对相关企业进行反腐败的合规监管。无独有偶，联合国经合组织于 1997 年制定《经合组织关于打击国际商业交易中行贿外国公职人员行为的公约》，矛头直指国际商业交易中对外国公职人员的行贿行为。联合国于 2005 年通过了《联合国反腐败公约》，用以预防腐败、界定腐败犯罪、反腐败国际合作及非法资产追缴等。事实上，以反腐败和企业内部控制为主要内容的合规，通常被称为"小合规"，但是当前我们经常谈及的企业合规却并非仅指反腐败，更多的是指，对企业系统且全面地合规管理，即"大合规"。"合规"这股浪潮，自美国涌向全球，肇始于金融行业至今已覆盖各行各业，合规不仅强调企业对所有领域法律和规范的遵守，还包括反腐败、企业内部控制、公平竞争与反垄断、反洗钱、进出口管制、隐私与数据安全、知识产权保护、税务合规、广告合规、环境合规、劳动人事合规等。

随着国际组织及各国监管机构对企业合规的监管标准越来越严，各国企业纷纷强化合规管理，主流跨国公司更是将合规列为最重要的企业管理工作之一，不断加大对合规的资源、人才投入，其全球合规管理体系也不断发展和演进，从最初仅在公司行为准则中承诺遵从合规原则，到制定专项合规政策、内控制度，现已发展为包含合规审计、考核、汇报、改进等在内的全面合规管理体系。

对于境内外投资者而言，企业合规通常包括三层含义：遵守法规，即公司总部所在国和经营所在国的法律法规及监管规定；遵守规制，即企业的规章制度，包括企业价值观、商业行为准则；遵守规范，即职业操守、道德规范等。

“合规”是所有企业持续发展的基础，所谓“合规”，即企业遵守了适用的法律法规及监管规定，也遵守了相关标准、合同、有效治理原则或道德准则，而不合规则会给企业造成法律制裁、监管处罚、重大财产及商誉损失等风险。对于开展境外项目的企业而言，由于涉及多个法域，面临不熟悉境外法律等问题，跨境合规风险更为突出。

2. “合规”的发展历程

中国投资者的跨境合规可能需要面临中国及境外法律法规的双重限制，对于境外企业合规及中国合规历史的发展，我们可以进行简要的了解：

（1）境外企业合规的发展历程

“二战”之后，随着布雷顿森林体系的解体，大英帝国的命脉没有因此终结，美元地位却迅速抬升，借此成为世界上唯一的黄金替代品。美元也就通过汇兑的方式扩散到了世界的每个角落，借此机遇成为世界货币。因此境外企业合规进程可以从美国合规历史开始说起。

现代的合规程序可以追溯到 20 世纪之交，公共安全机构如美国食品和药物管理局（成立于 1906 年）开始出现时。同时，在大众文学如厄普顿·辛克莱（Upton Sinclair）所著的《丛林》（*The Jungle*）等小说的刺激下，新的公共安全机构开始监管肉类加工和金融服务等各种行业。这种中央集权的政府监督模式受到政府资源、政治意志力和仅限于公共安全举措的合规目标的制约。消费品安全局针对从中国进口儿童玩具、宠物食品及其他产品涉及的众多安全问题证明了这一点，而这一制约的效力延续至今。

尽管有组织劳动力的增长削弱了集中监督的作用，但直到20世纪70年代，强制执行的公共模式仍占主导地位。在此期间发生的一些事件，如水门丑闻和外国腐败调查，将遵守规定的责任移交给私营企业。公司认识到有必要对他们的销售实践、制造过程和整个行业的商业行为有更多的了解。1977年12月，经调查揭露数百家美国公司通过贿赂外国官员以获得外国政府合同或投标优势，《反海外腐败法》正式签署生效。这一法案的出台，以及环境保护局、禁毒执法局等新的执法机构的建立，促使公司开发内部资源，主动监控本行业遵守法律法规和规章制度的情况。

直至20世纪80年代，国防工业采购丑闻催生了设立管理职位来监督公司遵守适当和道德的商业惯例，即今天所说的合规和道德官员。国防部采购400美元锤子和600美元坐便器的事件在社会上引起反响，并导致32名国防承包商在1986年自愿创立了国防工业倡议组织（DII）。DII计划是一项革命性的行业主导计划，它通过创建、采纳和实施一套支持道德商业惯例和行为的原则先于政府行动，它承认承包商对国防部负有共同的责任。

为了应对公司丑闻的增加和刑事判决的自相矛盾，美国量刑委员会于1991年11月为各组织制定了第一个联邦判决指南。该指南除了可以作为法官量刑的标准外，还阐明了有效的遵从和道德操守程序的具体要素。开展此类项目的公司将有资格获得更宽大的处罚。要想成为“有效的”公司，公司的合规计划不仅必须建立预防和侦查犯罪行为的标准和程序，还必须积极促进鼓励道德行为和守法的文化。

安然（Enron）丑闻期间对安达信（Arthur Andersen，LLP）的刑事审判以及该公司被定罪的附带后果凸显了检察官根除公司欺诈的挑战。组织被告在商业、地区或政治环境中的敏感度不断提高，开始了执法战略的基层转变。现在的焦点是改革腐败的企业文化，而不是起诉和惩罚企业。

联邦和州检察官在公司刑事调查中越来越多地使用不起诉协议和延期起诉协议等审前协议，这在公司商业行为这一摩擦日益加剧的领域创造了事实上的监管者。因此，合规和道德方案现已纳入风险管理和总法律顾问监督。这种增加的关注度要求确保公司董事会的合规问题得到解决，并将重大问题和风险讨论提请董事会注意。

近年来，合规风险才被认为是一个需要专门资源、方案设计和高级管理层监督的独特风险类别。巴塞尔银行监管委员会（2005）对合规风险的定义为银行因没有遵循适用于其经营活动的法律、法规、规章、相关自律组织标准和行为规范而可能遭受法律制裁、监管当局制裁、重大财务损失和声誉损失的风险。2005 年以来，全球银行业监管机构认为，金融机构应制订有效的合规风险管理计划，采取基于风险的控制措施，保持符合风险评估的规则和标准。

在合规监管态势下，搜索美国法律数据库 Lexisnexis，有关《反海外腐败法》的美国案例有 157 件之多。并且，其中相当一部分是涉案金额巨大，影响深远的案件。据不完全统计，2009 年至 2011 年仅贿赂罚款这一项美国财政部就进账 30 多亿美元，美国南伊利诺伊大学法学院教师迈克尔·克勒表示美国司法部和财政部利用《反海外腐败法》的处罚权，将涉案企业当成“养肥了宰”的“现金奶牛”。虽然美国将企业合规作为武器在世界范围内都颇受非议，但不可否认的是，上述举措严重打击了美国境内及与美国相关的企业不合规行为，也在某种程度上补充了国家因此付出的成本。随后，国际社会纷纷积极响应，共同逐步形成了全面合规管理体系。

（2）中国企业跨境合规的发展历程

而中国企业合规存在一个国企合规到全民合规的过程。金融发展也在短短 40 年间席卷南北美洲和欧洲大陆，并于 19 世纪 80 年代搭载改革开放的快车踏上了中国大陆，从银行等国有金融机构开始，中国逐渐重视国企尤其是率先走出去的国企的反腐败和反垄断合规工作，以避免在国际业务活动中遭受境外主管部门的处罚。各机构部门密集出台了一系列企业跨境合规的指导文件，包括《中央企业全面风险管理指引》《关于提高上市公司质量意见》《保险公司风险管理指引（试行）》《商业银行操作风险管理指引》《合规管理体系 指南》（GB/T 35770－2017）等。

值得注意的是，中央领导一直关注中国企业在境外的合规问题。2017年5月23日，习近平总书记在中央深改组第三十五次会议上要求加强企业海外经营行为合规制度建设，会议指出，规范企业海外经营行为，要围绕体制机制建设，突出问题导向，落实企业责任，严格依法执纪，补足制度短板，加强企业海外经营行为合规制度建设，逐步形成权责明确、放管结合、规范有序、风险控制有力的监管体制机制，更好服务对外开放大局，并审议通过了《关于规范企业海外经营行为的若干意见》。李克强总理也指出，强化合规经营意识应是企业“走出去”前提，要指导企业特别是国有大企业在经营中遵规守法，既避免授人口实，又切实防范风险。2018年7月5日，国家发改委外资司发布了关于《企业海外经营合规管理指引（征求意见稿）》，进一步倡导加强企业海外经营企业合规管理。2017年，国家发展和改革委员会、商务部等部门进一步发布了《民营企业境外投资经营行为规范》，要求民营企业遵守业务所在国法律法规，实现合规诚信经营。

“合规的中国化”，大多数在中国的外企都有自己良好的合规文化和可行规则，中国的国企实际上在内部有内控、审计以及纪检部门，外企的合规规则在国企以及大多数中国企业中无法完全适用。怎么把外国比较成熟的合规规则内化成中国企业的合规规则，也是一个比较受关注的问题。

二、双重/多重管辖下的合规冲突

跨境并购交易过程涉及东道国、标的资产所在国、收购方所在国等多个法域的管辖。前文已充分讨论，本章节就不再叙述，而着眼于交割后的合规问题。正如前文所述，跨境并购的合规要求并非仅仅存在于交易的“入境”阶段。“大合规”的框架下，交割后企业的方方面面均有可能被纳入合规审查的范围。而在“跨境”的特殊语境下，交割后的企业运营可能涉及母国、东道国甚至其他第三方国家或地区的法律冲突问题。一般而言，法律冲突是指两个或两个以上的不同法律同时调整一个相同的法律关系，而在这些法律之间产生矛盾的社会现象。只要各法律对同一问题作了不同规定，而当某种事实又将这些不同的法律规定联系在一起时，法律冲突便会发生①。

与跨境并购交易合规相关的法律实践中，法律冲突主要体现为准据法确定的问题（即同一个合规问题，适用哪一个国家/地区的法律）以及管辖冲突的问题（即同一个合规问题，由哪一个国家/地区的执法机关管辖）。在经典国际私法理论中，指定适用哪一国法律作为判定当事人之间权利义务的根据的规则叫作“冲突规范”（Conflict Rules）。完整的冲突规范结构包括两个部分，即为了解决什么问题而指定以某国法作为准据法的“原因”或“连结对象”，以及针对“范围”的特殊性，对“范围”中所列需要判定的法律关系而规定应予适用的法律，即“准据法”②。

在法律适用冲突及管辖冲突下，企业合规可能处于不确定风险之中。本章节从中国与各国的法律冲突法出发，结合近期的相关案例，阐述跨境并购交易交割完成后，双重甚至多重管辖下的企业合规问题。

---

① 参见赵震江主编：《法律社会学》，北京大学出版社 1998 年版，第 366 页。
② 李双元：《国际私法（冲突法篇）》，武汉大学出版社 2016 年版，第 121－140 页。

1. 法律适用冲突下的企业合规

特别是在社会公共利益、国家安全等方面的问题，应适用国际私法中的重叠性冲突规范，也就是说，必须同时适用两个或两个以上国家的法律规范来进行判断。

除了前面章节提及的美国针对国家安全问题出台《外国投资和国家安全法》等，各国也有类似的法令与措施。

英国政府于2017年10月17日公布了题为“国家安全和基础设施投资审查”的提案（绿皮书），就改革现有外商投资的国家安全影响审查制度提出了短期措施和长期措施，以保证外资并购和投资不对国家安全造成重大损害。

又如法国出台的《货币金融法》[①] 中对外商直接投资进行规定，除了特殊监管行业、战略性行业和欧盟的审查外，没有特别的外资审查程序。同时，在2019年5月通过的《企业增长与转型行动计划法案》（PACTE法案）中扩大审批范围，包括某些特定敏感数据的信息技术主机，相关规定将在2023年生效。其加强了电信监管机构——法国国家信息系统安全署的监管范畴。目前法国法律规定，运营商使用设备之前，需要提前经过法国国家信息系统安全署的同意，新的修正案将赋予该安全署对已安装的设备进行回溯性检查的权力。

类似地，基于国家安全的考量，德国经济部对已完成的收购项目可实施的干预措施有两种：（1）禁止或限制投资者在收购后行使股东表决权，也就是限制外来投资者对德国企业重大事项施加影响；（2）取消收购，委托财产管理公司将项目复原到收购前状态。这要求收购方在准入阶段为确保项目不受审查，预先向德国经济部申请，要求开具收购项目不影响德国公共安全和

① 《中国企业赴法国进行投资并购的外资审批和员工问题》，载江苏省进出口商会，http://www.jccief.org.cn/v-1-10435.aspx，最后访问于2020年7月4日。

秩序的证明；同时在交割后，投资者在公司治理合规上也需要符合德国经济部的上述要求。

印度则要求外商投资需向印度央行作出最低限度的报告：（1）接收投资后，要求30日内进行报告，（2）股权明确之后30日内报告外汇临时总收益（FC－GPR），以及（3）每年7月15日前以外国资产与负债（FLA）的形式做年度报告。

再如中国《涉外民事关系法律适用法》第四条规定："中华人民共和国法律对涉外民事关系有强制性规定的，直接适用该强制性规定。"第五条规定："外国法律的适用将损害中华人民共和国社会公共利益的，适用中华人民共和国法律。"

综上可见，各国对于国家安全、公共秩序、公共安全等均有相关的强制性规定。跨境并购交易完成后，位于东道国的企业基于"属地"原则需要符合东道国关于国家安全等相关强制性规定；而作为母国投资者对外投资的企业，基于"属人"原则同时又需要遵守母国的相关规定，因而，法律适用的冲突必然成为并购企业交割后进行合规运营所必须考虑的问题。

近期比较典型的例子是互联网企业的公民个人信息数据本地化要求的问题。

如有关境外公民个人信息数据的本地化存储问题，为了保护本国公民的合法权益，不少国家均要求网络运营者在本国境内运营中收集和产生的个人信息数据在境内存储，甚至对于成立地在本国以外的机构来说，只要其在提供产品或者服务的过程中处理了本国/本司法辖区个体的个人数据，将需适用本国/本司法辖区的网络安全和数据保护规则。例如，欧盟《通用数据保护条例》最新规定，即使数据控制者在欧盟境内没有设立机构，但其在跨境提供商品或服务的过程中收集处理欧盟公民数据，则也应当适用欧盟数据保护法规。

交易后，如果中国企业通过并购导致外国企业的控制权，境内并购方作为控制人，可以对境外公司的日常运营和战略决策产生决定性的影响，并要求境外企业将收集和产生的外国公民个人信息提供给境内并购方存储或者使用。另外，从运营结构而言，交易后境外被并购方的业务可能面临重组。境外公司收集的外国公民个人信息可能与境内并购方的网络或者关键信息基础设施对接。在上述背景下，国外司法辖区可能会关注，国家网信部门在对于中国境内网络运营者建设、运营、维护和使用网络的监督管理中，是否能获悉外国公民个人信息。

基于同样的考虑，根据中国《网络安全法》第三十七条的规定，中国要求关键信息基础设施的运营者在中华人民共和国境内运营中收集和产生的个人信息和重要数据应当在境内存储。

可见，中国关于网络安全和数据保护的“属地”原则与以欧盟为代表的“属人”原则可能存在冲突。

2. 域外管辖权下的企业合规

一些国家，特别是美国，提出了企图将其法律适用到境外的主张，如果国家因为一方的行为已经在其领土内产生“效果”而主张管辖权，即使企业的运营行为都发生在另外一国的领土内，也是如此①。关于“长臂”管辖理论的经典论述体现在美国诉美国铝业集团（US *v.* Aluminium Co. of America）一案中。在该案中，法官宣布：“任何国家甚至可以对外国人在国外的行为施加责任，只要该行为在其边界之内，具有该国谴责的后果。”②

基于上述论断，跨境并购交割完成后，合规问题的冲突很可能就集中在“属人”管辖或“属地”管辖之争。如美国将美国公司的子公司也视为具有美国国籍，甚至在这种子公司是在外国设立的情形下也是如此，而这种子公司的设立地国家则将其视为是具有该国的国籍，因此不受美国法律管辖而受

---

① ［英］马尔科姆·N. 肖（Malcolm N. Shaw）：《国际法》（第六版）（下），白桂梅、高建军、朱利江、李永胜、梁晓辉译，北京大学出版社2011年版，第539－540页。

② ［英］马尔科姆·N. 肖（Malcolm N. Shaw）：《国际法》（第六版）（下），白桂梅、高建军、朱利江、李永胜、梁晓辉译，北京大学出版社2011年版，第539－540页。

设立地国家法律的支配[①]。

为对抗上述“霸道”行径，各国提出外交抗议，也出台对抗性法律法规以保护母国公司及资产，如英国 1980 年《贸易利益保护法》、加拿大 1895 年《外国域外措施法》等。又如欧洲共同体在 1984 年 3 月一封致美国国会委员会的信中强调“属地”管辖的原则：“美国主张对欧洲的美国子公司和位于美国之外源于美国的货物和技术主张管辖权，这是违反国际法原则的，只能导致政治和法律的冲突。这些子公司、货物和技术必须由它们所在国的法律调整。”[②]

面对各国的抗议以及国际法的准则，美国《对外关系法第三次重述》试图对上述基于“效果”形成的域外管辖权进行一定的修正，加入“合理性原则”，对域外管辖权设置一系列的限定：如效果或预期效果很重大，而且实施管辖权是合理的，那么国家可以基于在该国的效果而实施管辖权[③]。

但在英国工业集团诉欧共体（ICI *v.* Commission）一案[④]中，欧洲法院沿用了美国的“属人”原则，认为被告的承诺包含欧洲公司的子公司，因此对并不在欧洲共同体的公司的一系列限定染料价格的限制性协议具有管辖权，甚至驳回了总法务官（Adovcate General）关于管辖权应当建立在“直接、立即、合理可预见以及重大效果的基础之上”[⑤]。欧洲一边反对美国的“属人”管辖，一边把手伸向域外，上述案例实际上体现了各国对域外管辖权天然的信仰与倾向。

因此，即使跨境并购交易交割完成后，企业的主要经营行为发生在东道国或主要资产在东道国，合规问题仍可能受到母国强制性法律法规的“长臂”管辖。

---

① Higgins, Problems and Process, p. 73.

② Current Legal Developments, 36 ICLQ, 1987, p. 399.

③ 参见《对外关系法第三次重述》。

④ [1972] ECR 619; 48 ILR, p. 106.

⑤ 美国 1982 年《外贸垄断提升法》。

三、企业境外运营合规要点

当然，交割完成后，境外合规要求对于企业境外运营将产生最直接的影响。对于走出国门的中国企业，对外贸易、境外投资、境外运营、境外工程建设、对外劳务合作等不同的境外业务所面临的合规要求及风险也各有不同。其中，尤以在其他国家或地区运营子公司等投资实体的“跨国企业”所面临的境外运营合规管理问题最为严峻：作为设立在特定国家或地区的实体，该企业的子公司或分支机构需要遵守该国家或地区的全部法律规范、商业或道德规则，且这些规范或规则不仅因某个地区的立法、社会政治环境而异，通常也会因行业和企业性质而异，例如中国航油（新加坡）股份有限公司高管入狱一案所反映出的，对于上市公司信息披露、高管职责有别于非上市公司的特殊监管；此外，境外投资实体的运营相对于其他境外业务往往具有长期性，通常不会在短时间内退出，这就要求该境外投资实体始终保持管理和运营的合规状态，无疑对境内的母企业提出了更大的挑战。

美国、英国、德国、中国香港是公认的世界范围内法制较为发达的国家或地区，立法具有很强的代表性，对其他国家和地区的法制有较大的影响，亦是中国企业开展境外投资业务的主要目标。综观这些国家和地区的法律规则，对于在这些国家和地区设有并运营投资实体的企业，须关注的重点合规问题主要包括：

1. 企业治理合规

参考案例：中国航油（新加坡）股份有限公司高管因未如实发布消息、内幕交易等多项指控入狱①

中国航油（新加坡）股份有限公司简称新加坡公司，是中国航空油料

① 参见 http://news.hexun.com/2009/xwrw272/，最后访问于2020年12月9日。

集团公司旗下公司，公司于1993年成立，于2001年12月6日在新加坡交易所主板挂牌上市，成为中国航空油料集团公司的首家上市公司，也是中国首家完全利用境外自有资产在国际证券市场上市的中资企业。2003年下半年，新加坡公司开始交易石油期权（option），最初涉及200万桶石油，并在交易中获利。但自2004年第一季度起，由于油价的持续攀升，以及新加坡公司对于油价回跌的错误预期并在此基础上增加交易量，公司的账面亏损额不断扩大，并最终于12月1日，在亏损5.5亿美元后，新加坡公司宣布向法庭申请破产保护令，总裁陈久霖职务被暂停。而作为一家上市公司，对于期权投机交易以及因此造成的公司巨额亏损，新加坡公司未对投资者进行任何披露，甚至在2004年10月公布的公司第三季度报告中称公司依然盈利，误导投资者。2006年3月21日，新加坡初级法庭对新加坡公司原总裁陈久霖作出一审判决，陈久霖涉及的6项指控被处以33.5万新元的罚款，4年3个月监禁；6项指控分别为制作虚假的2004年度年中财务报表、违背公司法规定的董事职责、在2004年第三季度的财务报表中故意隐瞒巨额亏损、不向新交所汇报公司实际亏损、欺骗德意志银行和诱使集团公司出售股票。

事实上，不只是新加坡，大部分境外国家都要求境外企业遵守东道国的要求，因此企业治理合规对于一家公司在其运营的外国正在进行的业务至关重要。（公司/企业）治理（Governance）、风险管理（Risk Management）及合规（Compliance）通常被认为是企业实现目标、保证正常经营、避免不确定性及防范风险的三大核心，且彼此关联。企业治理从狭义上来讲，就是企业内部权力如何执行、分配、组合的一整套制度安排，是企业运营最为重要的基础。在前述中国航油（新加坡）股份有限公司高管入狱一案中，公司治理的不完善、董事会监督的缺位也是最终导致严重后果的主要原因之一。

在公司制的企业中，企业治理可简单概括为股东、董事（会）、高级管理人员的权力和职责分配：股东的职责通常包括任命董事并确保建立适当的公司治理结构，董事（会）的职责包括制定公司的战略目标并进行落实、监督业务管理并向股东报告、聘任高级管理人员，高级管理人员的职责则是负责公司日常业务管理；其中，各个国家或地区关于公司治理的立法以及联合国经合组织关于公司治理的指引，都将建立有效的董事（会）领导及决策机制作为核心和重点。

针对上市公司，各国立法或交易所上市规则皆对公司治理有较为明确的规定。美国法律即明确要求，所有向美国证券交易委员会报告的公司都必须符合《萨班斯－奥克斯利法案》和《多德－弗兰克法案》所确立的一系列公司治理的要求。《萨班斯－奥克斯利法案》的大多数要求、《多德－弗兰克法案》的部分要求皆适用于非美国公司，如禁止公司在任何情况下向本公司董事、管理人员提供贷款，要求公司应建立信息披露程序及财务报告内控制度，公司必须设立由独立董事组成的审计委员会等。公司如未能满足相关要求，则会被禁止在美国证券交易所上市。另外，美国证券交易所如纽约证券交易所，对于公司治理也有相关的标准，如应保证公司董事会大多数董事的独立性、遵守公司治理指引、重大事项应取得股东同意等。对于在美国上市的外国公司来说，每年在提交20－F表格后30日内必须提交由其授权人员签署的年度确认书，对是否符合法案及证监会确定的公司治理要求进行确认或披露。其他国家或地区关于上市公司的公司治理，亦有类似规定。

英国的《公司治理准则》同时适用于上市公司及非上市公司。自1992年以来，英国的《公司治理准则》即基于包括问责制、透明度以及公司或集团的长期成功等公司良好治理的基本原则，形成了一套构建有效董事会的指南。最新的《公司治理准则》为2018年版本，自2019年1月1日起实施，包括领导及目标，职责划分，组成、继承及评估，审计、风险及内控，报酬五个部分内容。值得注意的是，在英国，公司治理合规的基本原则是“遵守或解释”，也就是说《公司治理准则》等规范性文件中包括的各种公司治理准则并不是一套必须严格执行的规则，但对于未能遵守的部分，公司应当能够进行合理的解释。

德国公司合规治理的模式则与欧美的治理模式大相径庭，德国公司的治理压力并非来源于外部市场或投资者，而是银行等金融机构介入事务管理，与此同时，独特的公司结构也赋予了监事会和职工参与公司合规治理的应有之权，并在实践中发挥重要作用。自 19 世纪下半叶德国进入工业化改革，熟悉德国历史的人可能会了解当时的德国刚刚实现统一，没有统一的货币和中央银行，当时的企业也普遍缺乏资本储备。因此出现了银行与公司合作进行融资的情况，德意志银行就是这种模式下比较成功的产品。由此，德国公司的持股主体通常由银行、保险公司、实业公司和创业家族构成。其中持股最大的银行作为主持银行（Hausbank），一般通过使用股东会投票权或者派遣监事的方式进驻公司，甚至可以通过代理小股东行使股票权，如此，主持银行很容易获取公司内部信息，从而可以实现对于合规治理的管控。除此之外，德国在股东会、监事会、董事会的设置方面与中国大相径庭，通过"双层委员会制"，形成"股东会—监事会—董事会"的三层报告机制，其中监事会作为德国公司最主要的监督机关，负责对公司内部合规治理进行全程负责。而且有趣的是，德国法律非常重视职工参与合规建设，职工在监事会成员的比例应不低于三分之一，这也在某种程度上限制了公司内部"一言堂"的情况。

2. 企业信息申报及财务审计合规

参考案例：瑞幸咖啡因财务造假已被强制退市①

自 2019 年年末著名做空机构浑水发布瑞幸咖啡（中国）有限公司财务造假的报告，其中表示瑞幸咖啡每家门店每天的商品销量分别至少夸大了 69% 和 88%，并且早在上市之前，这种造假就已经开始，直至 2020 年 4 月

① https：//finance. sina. com. cn/stock/relnews/us/2020 - 06 - 24/doc - iirczymk8669355. shtml，最后访问于 2020 年 12 月 9 日。

瑞幸咖啡自爆称在2019年第二季度至第四季度期间虚增了22亿人民币交易额，这导致了投资者对瑞幸咖啡的严重信任崩盘，并同步引发了国际市场对中概股公司的信任危机。

瑞幸咖啡自2019年5月在美股纳斯达克上市，于2020年4月7日停牌，股价停留在4.39美元，而在2020年初，瑞幸股价曾最高探至51.38美元。据媒体报道，纳斯达克交易所在美国时间2020年4月9日表示，瑞幸咖啡将继续维持停牌状态，直至满足纳斯达克所要求提供更多信息，但交易所拒绝说明要求提供哪些信息。而此前同样在浑水发布做空报告后承认财务造假的绿诺国际和辉山乳业分别在股价跌宕之后选择退市。

作为上市公司，通常都需要按照交易所及上市地证券法规的要求，进行信息披露。但以受中国投资者青睐的中国香港地区为例，其明确要求，无论是香港公司抑或外国公司设立在香港的子公司或分支机构，都必须每年向公司注册处进行年度信息申报（Filing of Annual Return）。前述报表必须包括公司注册地址、股东、董事、秘书等公司详细信息，由公司授权代表签署，并于每一年度公司“成立日”起42日内向公司注册处提交。否则，公司及其负责人（董事）有可能会被罚款，甚至被追究刑事责任。类似地，英国法律亦规定了公司须每年提交包括公司类型、公司注册地址、公司董事、公司股本及股东等信息的年度报表。

关于非上市公司的财务审计，根据英国2006年《公司法》的规定，除小型公司、已停业的公司、符合要求的子公司可依法豁免外，公司必须由审计师进行年度财务审计并向股东提供由该审计师亲笔签署的审计报告。审计报告必须依照《公司法》、相关财务报告框架进行编报，且应真实、公正地就公司在特定财政年度结束时的盈亏等情况发表意见。如由于故意或重大过失，审计报告存在任何误导性、虚假或欺骗性的内容，或审计报告未正确反映公司真实的会计记录，审计师或公司董事有可能构成刑事犯罪，被处以最高5000英镑的罚款。

3. 税务合规

参考案例：菲亚特和星巴克违反国家援助制度协议被叫停①

在2015年10月，欧盟委员会裁定两家跨国公司，菲亚特融资与贸易公司（下称菲亚特）和星巴克制造公司（下称星巴克制造）分别与卢森堡、荷兰税务机关所签订的预约定价协议因税基过窄在内容上违反了欧盟竞争法，并导致与税务机关签订的预约定价协议作废，菲亚特和星巴克制造还需退返根据上述协议得到的税收红利。首先，预约定价协议由纳税人在交易之前向税务机关提出申请，主管税务机关和纳税人之间通过事先制定一系列合理的标准确定未来一个固定时期内与关联方的交易定价及相应的税收问题，预约定价是不少国家调整转让定价行为和遏制国际逃税的有效的手段之一。而菲亚特和星巴克制造被认定为税基过窄缘于受控交易定价方法不恰当，低估了菲亚特和星巴克制造的应税利润，人为地降低了它们的税负，间接地使得这两家公司比其同类公司获得了更优越的竞争优势。其中，菲亚特作为菲亚特集团成员之一，卢森堡是其注册地，主营业务是为菲亚特集团成员提供金融服务，如提供内部贷款、外汇和贷款利率风险控制、管理现金池等。菲亚特的主要资产由应收账款和银行存款组成，主要收入来源是向关联企业收取贷款利息和服务费。菲亚特与卢森堡税务机关签订的预约定价协议约定使用交易净利润法确定金融服务价格，但其中的参照物可比性差和资产价格模型不正确，直接导致税基过窄，并间接导致菲亚特少纳税约3000万欧元。

而上面谈及的星巴克制造与星巴克同出一门，是星巴克集团供应链的上游公司，注册地在荷兰，主营业务是向欧洲、中东和非洲的星巴克集团成员企业加工和包装咖啡豆和相关产品（如纸杯、食品等），而前述咖啡豆等原料的采购和销售由母公司星巴克咖啡公司负责，母公司的注册地也在荷兰，

① 参见http：//finance. sina. com. cn/world/20150418/061221987167. shtml，最后访问于2020年12月9日。

上述两家公司依据荷兰当地法律合并报税。星巴克制造与荷兰税务机关签订的预约定价协议同样约定使用交易净利润法，但欧盟委员会发现星巴克制造对于采购成本和专利技术使用费等成本计算均存在造假，直接造成税基过窄，间接导致星巴克制造少缴纳约3000万欧元的企业所得税。

税务合规，即按照所适用的税法的规定及时、如数纳税，无税务违法行为。企业需全面了解其常设机构住所地税法规定的税种、税率，以及是否对其所处行业、所涉交易有特殊规定。以德国为例，企业的商业收入在德国一般涉及两个税种，贸易税和（企业）所得税。贸易税根据国家规定征收，税率由企业常设机构所在地地方税务部门确定；企业的利润则按要求缴纳（企业）所得税。针对企业的商业交易，最主要的税种为根据欧盟统一体系征收的增值税，此外，根据交易的类型，还可能涉及消费税、保险税、房地产转让税和赠与税等。

在很多国家和地区，定期进行税务申报亦是企业一项法定义务。根据香港地区的规定，在香港成立的公司，每年必须向香港税务局提交纳税申报表（在香港也成为利得税报税表）及其经审计的账目。税务局每年4月1日向公司发出纳税申报通知，对于新成立的公司，通知通常在注册成立日后的第18个月发送，公司必须在通知之日起1个月内提交纳税申报表。如果需要，公司可以要求延期，如未能在截止日期前提交纳税申报表，可能会被处以罚款甚至起诉。提交纳税申报表时，还必须附上以下证明文件：（1）公司的资产负债表，审计报告和与基期有关的损益账户；以及（2）税收计算，表明如何计算利润（或调整后的损失）的应税金额。

对于在境外投资的企业而言，税务方面涉及的一个很重要的问题是投资收益及股息收入跨境支付的税款缴纳。虽然基于特定某一笔款项的付款性质以及付款人和收款人纳税地的法律规定，具体的税款缴纳规则或金额可能有所差异，但总体来说，各国对于这类收入的税收规则非常类似：

第一，股息收入或投资收入的所得税通过预扣的方式征缴，由分派股息的一方作为扣缴义务人缴纳，股息一般不可抵税。

第二，通常来说，股息收入不会涉及增值税，但如进行股权转让，则可能涉及印花税或类似的转让税。

第三，存在国内和双重征税协定的情况下，前述预扣税可能会被豁免。

第四，服务费收入通常不会以预扣的方式征缴所得税。

4. 反腐败合规

参考案例：西门子股份公司多国行贿案①

西门子股份公司作为德国工业公司巨头，主要办事处位于德国柏林和慕尼黑，旗下拥有超过1800个法人实体在全球范围内进行电信设备和系统，电力设备和系统，运输设备和系统，医疗设备和系统等业务。2001年3月12日，西门子股票在纽约证券交易所上市。

2008年12月12日，美国司法部指控西门子知晓并故意违反了《反海外腐败法》的记账和内部控制规定。随后，西门子与美国司法部达成认罪协议，支付刑事罚金4.485亿美元、800美元的强制性评估等。随后在证监会的调查中，西门子在2001年3月12日至2007年9月30日期间向第三方支付了用途和最终接受方都模糊不清的4283笔款项，其中被用于贿赂各国政府官员的约有14亿美元。2008年12月12日，美国证券交易委员会同样指控西门子违反了《反海外腐败法》的反贿赂、记账与内部控制规定。随后，西门子与其达成和解协议，支付3.5亿美元。2011年12月12日，美国证券交易委员指控7名西门子集团前高管涉嫌海外行贿，美国司法部同时对这7人和1家代理机构发起了刑事指控。美国证券交易委员会的声明指出，这7人其间向阿根廷两位前总统及内阁成员行贿超过1亿美元。这是美国最大的一起同时针对跨国公司和高管的连环起诉。

---

① 参见 http：//finance. ifeng. com/news/hqcj/200805/0528_2203_566873. shtml，最后访问于2020年12月9日。

加强对腐败和商业贿赂的打击，已成为全球范围内的趋势，各国不断完善的立法及日趋提升的执法力度，都对跨国企业的合规管理提出了更高的要求，美国的《反海外腐败法》即是一个突出的代表。

美国的《反海外腐败法》主要针对向外国官员进行贿赂的腐败行为，由美国司法部及证券交易委员会执行，适用的主体极其广泛，包括：(1) 在美国上市的公司（包括在美国证券交易所上市交易存托凭证的公司）；(2) 在美国设立、注册的公司；(3) 前述公司的管理人员、员工及代理商；(4) 美国公民、国民、居民以及任何在“美国境内”涉及从事海外行贿的人。所针对的贿赂行为没有最低价值的豁免，也不局限于有形经济价值的项目，只要对外国政府官员（包括在政府部门任职的官员，也包括政府控制企业的职员）进行承诺、支付、授权或提供便利等贿赂行为，就有可能违反该法的规定。由此，美国《反海外腐败法》的适用范围已远远突破了“美国领土”，使很多美国境外企业都面临着反腐败合规问题。

以目前很多中国公司采取的VIE架构为例（如下图所示）：

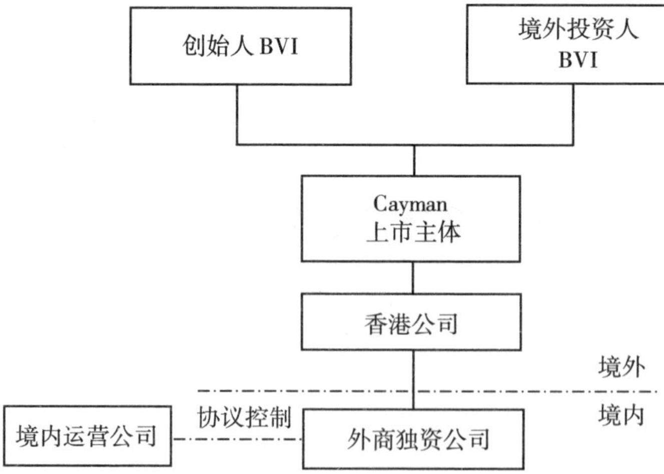

如开曼公司上市地在美国，则其在BVI的股东公司，在中国香港地区、内地的子公司，以及前述公司的代理商全部皆有可能落入美国《反海外腐败法》的管辖范围内，尤其是中国企业通常会委托境外的秘书公司代办公司注

册、税务申报等事务，如果该秘书公司有任何向当地政府机构不当付款的行为，就会给公司自身造成反腐败的合规风险。因此，这也要求所有在美国《反海外腐败法》适用范围内的企业，都要根据该法建立有效的反贿赂内控制度，包括制备符合要求的会计账簿、严格执行管理层授权等公司治理原则等。

上述内控制度的重要性，在英国法律中也有体现。若企业未能阻止为其提供服务的代表的贿赂行为，该企业可能承担相应责任；但如果企业能够证明其已建立了适当的反贿赂制度，则有可能免责。反贿赂制度的适当性主要取决于：（1）企业建立的制度与其面临的风险和业务规模成比例；（2）领导层有责任确保企业在没有贿赂的情况下开展业务，且经营者一直致力于使员工了解企业对于贿赂零容忍；（3）企业考虑其所面临的贿赂风险并进行了有效的研究；（4）企业开展尽职调查以确切地知道他们正在与谁合作；（5）企业向员工和其他为其服务的人员传达相关政策和制度，以明确企业开展业务的基础；（6）企业密切关注其采取的反贿赂措施，以有效防控贿赂风险。

5. 竞争法合规

参考案例：谷歌等科技巨头面临美国及欧盟的反垄断审查①

近期，美国联邦贸易委员会正在对亚马逊和Facebook进行反垄断调查，司法部对苹果和谷歌进行反垄断调查，四家科技巨头的股价也因为贸易委员会和司法部的相关举措起起伏伏。而欧盟委员会也在2017年至2019年间开出三张罚单，累计82亿欧元，理由分别为因扼杀在线广告领域的行业竞争、滥用其安卓操作系统在移动领域的市场支配地位、操纵购物搜索结果从而使自己的购物服务优先于竞争对手。

在进行跨境并购等境外投资时，目标国通常会进行反垄断等竞争法合规审查，审查通过后方可进行投资。而完成投资之后，境外主体的日常运营同

① 参见https：//k. sina. cn/article_ 7464375029_ 1bce952f502001eje0. html，最后访问于2020年12月9日。

样应关注竞争法方面的合规问题。

以英国为例，在英国谈判、签署或履行商业合同，皆需要遵守竞争法的相关规则，否则可能导致合同中的限制性条款无法执行，甚至在某些情况下，使整份合同无效，情况严重的，还将面临罚款、损害赔偿等风险。前述影响商业合同的竞争法规则主要规定于英国《竞争法》的第一章。与《欧盟运行条约》第101条的规定类似，英国《竞争法》第一章针对试图限制定价、在竞争者之间分配客户或市场、限制产量的安排规定了禁止性规则。此外，如果某份商业合同违反了该禁止性规则，且影响到欧盟成员国之间的贸易，英国市场竞争监管机构和法院将同时适用英国《竞争法》及欧盟条约进行处罚或裁判。需要注意的是，英国《竞争法》第一章的禁止性规则既适用于正式的合同，也适用于非正式的合同，并且不局限于合同是否以书面形式作出，但合同的主体必须是两个或两个以上独立的主体，同一集团或经济实体内部主体之间的合同则不在第一章的管辖范围内（可能适用《竞争法》第二章）。

确定某份商业合同是否违反上述竞争法规则，关键是认定该合同是否形成了防止、限制或扭曲市场竞争的目的或效果，这就需要结合可能受到影响的产品以及合同各方在市场上的竞争优势进行判断。英国的监管机构在进行前述认定时，通常会参照欧盟委员会的标准：如果具有竞争关系的各方的市场份额合计不超过10%，则一般会认为其合同不会对市场竞争产生影响；对于不具有竞争关系的各方，各方合计的市场份额门槛为15%。但此处需要注意，在计算市场份额时，不只考虑合同各方自身所占的市场份额，同时会将其所属集团所占有的市场份额计算在内。但也有观点认为，若合同内容直接涉及竞争者之间固定定价、分割市场或限制产量，或非竞争者之间固定转售价格或其他对于转售的限制性约定，则不应考虑合同各方所占的市场份额，而直接认定该合同违反竞争法规则。因此，对于拟签署相关商业合同的企业而言，应特别注意业务开展地竞争法的具体规定以及在何种情况下，合同条款会构成对竞争法规则的违反，以避免竞争法方面的合规风险。

6. 反洗钱合规

参考案例：里格斯银行因涉及洗钱被处以2500万美元罚款①

美国里格斯银行成立于19世纪，曾自称“世界最重要的城市里最重要的银行”，主要面向美国及他国政要提供金融理财服务。然而在2004年，美国参议院爆出这个“贵族银行”在1994年至2002年协助智利前总统、前陆军总司令皮诺切特在被扣留逮捕期间依旧为其秘密管理非法所得，并在1995年至2004年卷入赤道几内亚资金腐败事件，协助独裁者奥比昂及其家人开设账户，并对可疑交易视而不见，随后里格斯银行又涉及为沙特恐怖组织洗钱。美国货币监理署认为里格斯银行没有尽到反洗钱的法定义务，针对一系列洗钱行为对里格斯银行处以2500万美元的民事罚款。随后，口碑崩塌的里格斯银行自卖起身，在被收购后也更名改姓，“里格斯”这个名号不复存在。

根据2000年11月15日通过的《联合国打击跨国有组织犯罪公约》（下称《公约》），洗钱罪是指：（1）明知财产为犯罪所得，为隐瞒或掩饰该财产的非法来源，或为协助任何参与实施上游犯罪者逃避其行为的法律后果而转换或转让财产；明知财产为犯罪所得而隐瞒或掩饰该财产的真实性质、来源、所在地、处置、转移、所有权或有关的权利；（2）在符合其本国法律制度基本概念的情况下，在得到财产时，明知其为犯罪所得而仍获取、占有或使用；参与、合伙或共谋实施，实施未遂，以及协助、教唆、便利和参谋实施《公约》第6条所确立的任何犯罪。《公约》同时要求，为打击洗钱犯罪：第一，各缔约国均应（1）在其力所能及的范围内，建立对银行和非银行金融机构及在适当情况下对其他特别易被用于洗钱的机构的综合性国内管理和监督制度，以便制止并查明各种形式的洗钱；这种制度应强调验证客户身份、保持记录和报告可疑的交易等项规定；（2）在不影响《公约》第18条（司法协助）和第27

① 参见 http：//money.163.com/economy2003/editor_ 2003/040723/040723_ 219958.html，最后访问于2020年12月9日。

条（执法合作）的情况下，确保行政、管理、执法和其他负责打击洗钱的当局（本国法律许可时可包括司法当局）能够根据其本国法律规定的条件，在国家和国际一级开展合作和交换信息，并应为此目的考虑建立作为国家级中心的金融情报机构，以收集、分析和传播有关潜在的洗钱活动的信息。第二，缔约国应考虑采取切实可行的措施调查和监督现金和有关流通票据出入本国国境的情况，但须有保障措施以确保情报的妥善使用且不致以任何方式妨碍合法资本的流动，这类措施可包括要求个人和企业报告大额现金和有关流通票据的跨境划拨。第三，在建立《公约》第 7 条所规定的国内管理和监督制度时，吁请缔约国在不影响本公约的任何其他条款的情况下将各种区域、区域间和多边组织的有关反洗钱倡议作为指南。第四，缔约国应努力为打击洗钱而发展和促进司法、执法和金融管理当局间的全球、区域、分区域和双边合作。截至 2018 年 11 月，共有包括中国在内的 147 个国家签署了该公约。

不断加强打击洗钱的立法和监管，亦是世界范围内的趋势，美国、英国、德国、中国香港等国家和地区皆已建立了以银行等金融机构为监管核心的反洗钱体系。美国打击洗钱犯罪最重要的立法为 1970 年《货币与涉外交易报告法》，亦称《银行保密法》。根据该法的规定，银行等金融机构有义务协助美国政府甄别洗钱行为，包括：（1）保存可转让票据的现金购买记录；（2）对于每日总金额超过 10000 美元的现金交易提交报告；（3）对于洗钱、逃税以及其他犯罪活动等可疑活动进行报告。美国联邦银行监管机构通常将洗钱定义为旨在执行以下任何操作的交易：（1）掩盖交易资金的真正来源；（2）掩盖交易资金的最终处置；（3）消除审计线索，使资金看似来自合法来源；（4）逃避所得税。

在之后的若干年里，1970 年《银行保密法》历经数次修订，总体趋势为加强金融机构的反洗钱审查义务及内控制度建设，如要求金融机构实行客户身份识别制度、加强对于客户的尽职调查等。欧盟的反洗钱监管与之类似，根据最新的欧盟《反洗钱指令（2017）》（英国已明确该指令的适用不受退出欧盟的影响)，注册于欧盟或在欧盟有分支机构或开展业务的信贷机构、金融机构、审计师及清算从业人员、外部会计师及税务顾问、独立法律从业者、信托及公司服务提供商、地产代理商、高价值（产品）经销商、赌场、拍卖平台皆作为该指令下的相关人员，有必须开展客户尽职调查的义务，以确认客户的基本信息、实际控制人及资金来源。中国香港亦通过加重具有洗钱嫌疑对象在反洗钱审查中的举证责任，以及以立法限制跨境携带过多现金货币及不记名可转让票据（《实体货币及不记名可转让票据跨境流动条例》，2018 年 7 月 16 日开始实施)，加强对于洗钱犯罪的打击。

对于拟在境外设立投资主体或已设立投资主体的企业，应特别关注跨境支付的合规问题，尽量避免现金支付，同时配合好目标国的金融机构以及中介服务机构的客户尽职调查，及时、准确、全面地提供各项尽职调查材料，并在签署交易文件时预留足够的供相关机构审查的时间；而如投资的目标属于金融等相关领域，则要特别注意可能承担的反洗钱审查义务，严格履行审查程序，留好文件记录，遇到可疑情况及时向监管部门报告。

7. 企业社会责任合规

参考案例：德国大众集团违背企业社会责任承担天价和解金[①]

著名德国汽车品牌大众汽车集团（Volkswagen）于 2015 年深陷排放门事件，其生产及销售的大众及旗下的保时捷和奥迪品牌的柴油车部分安装了专门针对尾气排放检测的软件，自动识别是否处于检测状态并在检测期间造假通过环保标准，随后美国环境保护署针对该事项对大众汽车进行了处罚。德国大众汽车集团与美国环境保护署达成高达 153 亿美元的和解金，并需要支付额外的环境影响费用和零排放车辆研究费用等。随着排放门在世界范围内的持续发酵，德国、韩国、英国、意大利等国家先后采取措施对德国大众违规行为进行

---

① 参见 https：//baijiahao. baidu. com/s? id = 1667207338344493405&wfr = spider&for = pc&searchword = ，最后访问于 2020 年 12 月 9 日。

处罚。截至2019年底，德国大众汽车集团因排放门付出的经济成本高达300亿欧元，与此同时排放门也严重影响了大众系列品牌在终端消费者中的口碑。

企业社会责任（social responsibility）是一个范围较广的概念，其与企业责任（corporate responsibility）以及环境、社会与企业治理（environmental, social and governance）在很多时候可以互换使用。随着“企业社会责任”内涵以及外延的扩展，以及从软法层面的责任到国家立法层面的法律义务的发展，环境、社会与企业治理（ESG，下称企业社会责任）逐渐在很大程度上特别是在投资文件中取代了“社会责任”，成为探讨相关问题的新名词。通常来说，企业社会责任包括以下方面：

环境（责任）	社会（责任）	企业治理
· 气候变化及温室气体排放 · 高效节能 · 资源枯竭 · 危险废物处理 · 大气和水污染 · 滥伐森林	· 人权 · 工作条件，包括奴役及童工 · 当地及原住民社区保护 · 冲突 · 健康和安全 · 劳工关系及多样性	· 高管薪酬 · 贿赂及腐败 · 政治游说及捐献 · 董事会独立性、多样性及结构 · 税务政策 · 透明度 · 股东权利

在越来越多的投资交易中，投资人开始关注企业的社会责任问题，并针对企业社会责任的履行情况开展有针对性的尽职调查，且在交易文件中设置相关条款。《联合国负责人投资原则》即要求投资者公开承诺将企业社会责任纳入投资决策及管理政策，并对相关问题进行披露。而随着企业社会责任的成文法化趋势，企业必须提高其对于社会责任合规风险的关注度，尤其是跨国企业由于立法和社会文化差异，往往会忽视社会责任方面的问题，从而引发较为严重的法律后果。

除上文已经介绍的企业治理、反腐败、税务等方面的合规要求外，各主要发达国家也在完善环境保护、人权保护、劳工权利保护方面的立法，特别是加强了企业社会责任相关方面信息披露的要求：2009年，美国证监会发布公告，提高了股东对于公司环境保护问题的决议权力；2016 年，美国发生了第一起股东针对公司环境责任风险披露不充分的诉讼，导致埃克森美孚公司市值下跌 13%。2010 年，英国通过《平等法案》（Equality Act 2010），要求拥有超过 250 名员工的企业每年公布其性别工资差距（Gender pay gaps）的信息；2015 年，英国《现代奴役法案》（Modern Slavery Act 2015）要求企业必须制备年度报告，以说明其已采取的确保其业务或供应链中不会发生奴役的措施。根据德国法律，每个城镇都设有贸易监督委员会，每个营业场所必须在当地的贸易监督委员会进行登记，由该委员会负责监督营业场所公共访问及安全等方面法律责任的履行情况。此外，约有 12 家证券交易所（包括伦敦证券交易所、纽约证券交易所、香港联合交易所）已明确要求上市公司公开社会责任方面的信息并发布相关指引。

如英国《现代奴役法案》所规定的，很多国家关于企业社会责任的立法都要求企业除保证自身已履行相应社会责任外，还应保证其供应链中不存在社会责任合规问题，尤其对于原材料采购、产品生产、项目投资等部分业务在发展中国家开展的跨国企业，应提高对于社会责任合规风险的关注度，并采取必要的措施，建立相应的风险防范机制。

8. 隐私及个人信息保护合规

参考案例：谷歌等互联网公司面临数据保护机构的巨额罚款[①]

随着《通用数据保护条例》（GDPR）自 2018 年 5 月 25 日在欧盟成员国内正式生效，各成员国数据监管机构在开具罚单方面越发得心应手。由于“缺乏透明度、信息不充分以及对广告个性化缺乏有效的同意”，法国监管机构国家信息与自由委员会（CNIL）向谷歌开出 5000 万欧元的罚单；由于未能保护其客户数据免受损坏或被盗，英国数据安全监管部门信息专员办公室（ICO）向英国航空公司开出 1.83 亿英镑的罚单；由于缺乏适当的应对

---

① 参见 https：//m. yicai. com/news/100108024. html，最后访问于 2020 年 12 月 9 日。

程序来应对异常网络流量导致220万次用户信息泄露，波兰个人数据保护办公室（UODO）对电商平台Morele开出280万兹罗提的罚单。上述巨额罚单在一定程度上表达了欧洲等境外区域对隐私及个人信息保护的力度。

隐私及个人信息保护是人权保护的应有之义，多个世界及地区性人权保护公约都将保护个人隐私和信息作为最重要的条款之一。尤其是随着欧盟《通用数据保护条例》的出台，企业在隐私及个人信息保护方面的合规问题更为引人注目。

根据GDPR，任何存储或处理欧盟国家内有关欧盟公民个人信息的公司，即使在欧盟境内没有业务存在，也必须遵守GDPR，这也就意味着，GDPR几乎适用于所有的公司。而这些公司必须在2018年5月25日满足GDPR的要求，包括改变处理、存储、保护用户个人数据的方式，建立符合GDPR的内部岗位职责，采取合理步骤以确保参与数据共享的第三方删除数据等，从而合理保护包括基本的身份信息（姓名、地址、身份证件号码等）、网络数据（位置、IP地址、Cookie数据等）、医疗保健和遗传数据、生物识别数据、种族或民族数据、政治观点、性取向等在内的公民隐私数据。违反GDPR，则将受到高达2000万欧元的严重处罚。

对于美国而言，虽然暂无联邦层面的统一数据保护法律，但却在联邦层面进行了如下设置：《出口管理条例》对于关键技术和特定领域数据出口进行了限制，《健康保险携带和责任法案》对部分网络服务商的医疗健康保险数据传输进行了限制，《格雷姆—里奇—比利雷法案》则面对金融服务商进行限制，在州立数据保护规定层面，跨境企业请尤其注意加州的隐私及个人信息保护立法。

9. 出口限制合规

参考案例：中兴通讯因违反美国出口限制法规支付巨额罚款①

中兴通讯股份有限公司（下称中兴通讯）在2012年通过签订合同的方

① 参见https：//m. hexun. com/stock/2017 -03 -08/188411172. html，最后访问于2020年12月9日。

式，将一批使用美国某科技公司软硬件的产品出售给伊朗电信，但根据美国的出口限制法规，美国政府禁止美国制造的科技产品出口到伊朗。随后，美国商务部于2016年以此为由，对中兴通讯进行了出口限制。中兴通讯在经过漫长的沟通后，于2017年与美国商务部达成和解解除出口限制，中兴通讯为此支付了8.9亿美元罚金，并在此后七年间头悬3亿美元暂缓罚款的“达摩克利斯之剑”。美国商务部并没有错过这个机会，在2018年随即宣告中兴通讯再次违规，不仅要求罚没上述暂缓罚款，还另行开具了10亿美元的罚单。上述出口限制相关的巨额罚款是中国企业收到的来自美国政府的金额最高的一张罚单。

在当今的全球市场中，基于经济和外交政策以及保护国家安全，对于具有“战略重要性”物品的出口，各个国家一般都会立法进行限制，即通常所说的“出口限制”（Export Control）。

在所有被限制出口的物品中，军民两用的项目（包括物品、软件和技术，Dual - use Items）通常会名列其中，其范围可能覆盖原材料、组件以及完整的系统。以欧盟为例，铝合金、轴承、机床、化学品制造设备、电信电子技术、航空电子技术、核工业及航空航天技术皆在出口限制的范围内。

美国在出口限制方面的立法具有很强的代表性，其自“二战”后至今，建立起了一套严厉的国内单边出口限制法律体系，其目的是通过对特定物品和技术的管制维护美国国家安全，落实美国外交政策。现行美国出口限制法律体系主要由两大部分组成：第一部分是民用项目，重点是军民两用项目的技术和产品的出口。管制该项目的主要法律依据是《1979年出口管理法》（Export Administration Act）以及相对应的细则《出口管理条例》（Export Administration Regulations），美国商务部主要负责这类项目的管制，尤其是商务部下属的产业安全局（Bureau of Industry and Security）负责具体的政策实施、政策协调和出口许可证审批等工作。第二部分是军用项目（munitions items），即武器、军火和防务技术、产品和服务。《武器出口限制法》（The

Arms Export Control Act）和《国际武器贸易条例》（International Traffic in Arms Regulations）是管理该项目出口的主要法律。这类项目主要由国务院负责，具体的负责部门是国务院国防贸易管制委员会（Directorate of Defense Trade Control）经常规范被认为具有“战略重要性”的项目的转移。最常受管制的物品是军事装备，以及可与大规模毁灭性武器（大规模杀伤性武器）有关的物品，因为各国通常承担管制此类货物的国际义务。

中兴通讯受罚案，即是因违反美国出口限制方面的法律所引发的合规纠纷，这也提醒在国外进行投资或开展业务的企业，除关注其业务目标国或业务开展地区的相关立法外，还应关注其业务可能会涉及的国家或地区的立法，即使这个国家或地区不是其投资或业务直接指向的对象，在中兴通讯一案中，因中兴通讯所销售产品内含从美国进口的部件，即要遵守美国出口限制方面的法律规定，而这一点非常容易被企业忽略，最终造成极为严重的后果。

10. 上市公司上市规则合规

对于上市公司来说，除满足上述全部对于一般企业的合规要求外，还需要符合法律，特别是交易所规则，对于上市公司的特殊规定。如英国法律要求，上市公司必须采取合理的措施，建立适当的程序、制度，以保证其可以履行各项义务，并以开放、合作的态度应对金融行为监管局的监管。

通常来说，对于上市公司的特殊合规要求，主要集中在公司治理及信息披露两个方面。就上市公司的公司治理，德国政府制定有《公司治理准则》（German Corporate Governance Code），旨在使德国公司治理体系透明化，易于理解，增强国际和国内投资者、客户、员工和公众对德国上市公司管理和监督的信心，其中最重要的要求包括：（1）完善年度股东大会制度；（2）保证小股东的权益；（3）增加董事会和监事会的责任；（4）引入独立审计师制度。

上市公司的信息披露一般分为定期及不定期信息披露两类，其中不定期信息披露主要针对对上市公司产生重大影响的偶发性事件；定期信息披露则一般包括年度报告、中期报告和季度报告，内容覆盖公司基本情况、主要会计数据和财务指标（财务会计报告和审计报告）、董事任职情况等。以美国为例，对于注册地不在美国的上市公司（foreign private issuers），每年必须向美国证监会提交20－F表格，进行包括财务审计数据信息的年报申报。

四、建立及完善企业跨境合规管理体系

根据《合规管理体系 指南》（GB/T 35770－2017），完整的企业合规管理体系流程见下图：

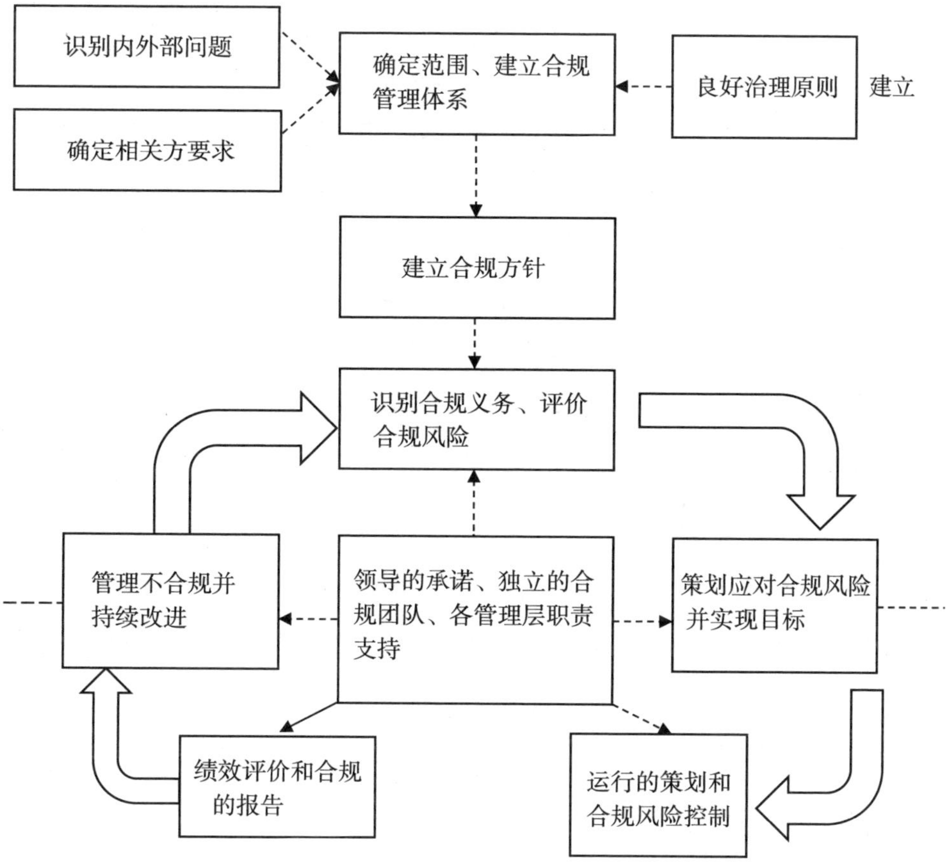

此外上文所介绍的企业境外运营需关注的重点合规管理问题，企业方面的义务大多数落脚于应建立完善的相关内控制度，抑或完善的内控制度可作为企业“合规经营”的证据支持。基于此，对于设有境外投资实体的跨国企业而言，建立有效的跨境合规运行机制应重点关注以下几个方面：

1. 完善企业合规管理治理结构

企业应结合发展需要，按照“统一协调、分层管理”的原则，建立权责清晰的分层合规治理结构。分层合规治理结构是指在决策、管理、执行三个层级上划分相应的合规管理责任，以解决企业治理结构纵向层级上的合规管理分工问题，其中，企业的决策层在合规治理中应以保证企业合规经营为目的，通过原则性顶层设计，解决合规管理工作中的权力配置问题；企业的高级管理层应分配充足的资源建立、制定、实施、评价、维护和改进合规管理体系及其绩效成果；企业的各业务部门及境外分支机构应及时识别更新归口管理业务领域的合规标准规范，更新合规管控措施，执行合规管理制度和程序，收集合规风险信息，落实相关工作要求。同时，企业应建立专门的合规管理机构，明确合规管理负责人，与业务部门密切配合、分工协作，履行识别合规义务、制订合规管理计划、审查企业各项政策、组织合规培训、制订合规手册等合规管理的具体职责。同时，应建立健全境外运营部门和分支机构与企业合规管理机构的沟通渠道，对于其在履职过程中遇到的合规风险事项，可及时向合规管理机构寻求支持。

企业应当制定完备的合规流程，参照美国《企业合规程序评估》的规定（下称《指南》）。所谓“完备”，即需要风险评估机制，有效的政策和程序，良好的培训和沟通机制，匿名报告机制和调查程序，第三方交易伙伴管理和并购合规管控。以上合规举措均需从商业角度落地至企业具体的经营风险，落实到员工的最小单元，形成对内有效监管、对外合理管控的合规治理。企业合规管理治理结构应当具有可执行性，企业中高管理层应当重视合规相关规章制度在公司内部的普及，高层管理人员应当有预防贿赂的认知、决心和承诺，并且了解自身企业合规体系的内容与运作。尤其是中层管理人员应当起到承上启下的作用，鼓励员工遵守制度规章。企业也应当确保这些实际履行监管程序的中高层管理人员的独立性。

就具体的落地措施，各组织应充分考虑到其业务所在国的既定政策和其他利益攸关方的意见。企业应当做到：

（1）促进经济、环境和社会进步，以实现可持续发展。

（2）尊重受其活动影响的人的国际公认的人权。

（3）鼓励地方能力建设，与当地社区密切合作，包括商业利益合作，并按照良好商业惯例的要求，发展企业在国内和国外市场的活动。

（4）鼓励人力资本的形成，特别是为雇员创造就业机会和促进培训机会。

（5）不寻求或接受与下列事项相关的法律或监管框架中未考虑的豁免：人权、环境、健康、安全、劳动、税收或者财政奖励。

（6）支持和维护良好公司治理原则，发展和运用良好公司治理实践，包括在整个企业集团范围内的治理实践。

（7）制定和实施有效的自律规范和管理制度，在企业与所在社区间建立起信任与互信的关系。

（8）通过适当的政策宣传，包括通过培训计划，提高跨国公司雇用的员工对公司政策的了解和遵守。

（9）不得对向管理层或适当情况下向公共主管部门如实报告企业政策与法律、《指南》相抵触的员工采取歧视性或惩戒措施。

（10）开展基于风险的尽职调查，例如将其纳入企业风险管理系统，以查明、预防和减轻实际和潜在的不利影响，并说明如何应对这些影响。尽职调查的性质和程度取决于具体情况。

（11）应通过自身活动避免对《指南》涵盖的事项造成不良影响或促成不良影响，并在发生时予以应对。

（12）当相关影响与双方的经营、产品或服务有直接联系，但并未导致负面影响时，应努力防止或减轻负面影响。这并不是要将责任从对与其有业务关系的企业造成不利影响的实体转移出去。

（13）除了处理与《指南》涵盖事项相关的不利影响外，在可行的情况下，鼓励包括供应商和分包商在内的商业伙伴采取负责任的商业行为原则。

（14）与相关利益方进行沟通，对于可能对当地社区产生重大影响的项目或其他活动，为其规划和决策提供有意义的考虑意见机会。

（15）不参与任何不正当的地方政治活动。

2. 设置企业内部合规岗位

各企业可根据具体需求，按照监管部门要求设置合规岗位。其中本节着重提出跨境的数字新媒体企业（TMT）需要尤为注意“数据保护官”（DPO）的岗位设置。

DPO 这一角色来源于欧盟颁布的史上最严数据保护条例——《通用数据保护条例》（GDPR）。GDPR 的核心是对个人数据的感知、存储和使用，规定更高的透明度与更严的管控，它不仅面向欧盟企业生效，并且欧盟以外的企业只要在欧盟范围内提供服务，都受其约束。如果企业违反条例，将会面临高达 2000 万欧元或全球年营业额的 4% 的巨额罚款。

DPO 作为企业内承担数据保护合规相关职责的岗位，其职责包括：面向企业提供 GDPR 数据保护方面的信息和建议；监管企业 GDPR 合规及数据保护工作；参与及管理企业数据保护影响评估（Data Protection Impact Assessment，DPIAs）工作；与监督机构合作，负责数据外泄的紧急汇报；协助实现数据主体的数据权利等。

3. 提高风险识别能力

境外运营合规风险的发生往往是由于企业对于当地的法律法规不够了解和重视、合规风险意识不够，因此提高风险识别能力对于企业提升跨境合规管理水平极为重要。企业应当建立必要的制度和流程，识别新的和变更的合规要求，围绕关键岗位或者核心业务流程，通过合规咨询、审核、检查，违规查处，合规考核和评价等内部途径识别合规风险，也可通过外部法律顾问咨询，持续跟踪监管机构发布信息以及参加行业组织研讨等方式，获取了解外部监管政策的变化，识别合规风险。同时，企业应根据其规模、目标、面临的市场环境及风险状况对合规风险进行评估，设定评价标准以及合规风险管理的优先级，以助企业集中资源优先处理更高级别的风险，并对识别评估出的合规风险采取恰当的控制措施。

对于拥有多个境外分支机构的企业，熟悉业务所涉国家或地区的各方面法律法规，识别合规监管重点问题，由于语言及法律专业知识的限制，以及可能需要投入的巨大工作量，往往有比较大的难度，此时聘请合格的中国或外国律师事务所为法律顾问，通过法律顾问随时了解掌握所在国（地区）政治经济和法律环境的变化，及时采取应对措施，即可大大提升企业的跨境合规管理效率，保证企业始终处于合规运营的良性轨道。

4. 将合规纳入企业考核与评价

企业应建立覆盖境外经营相关部门和境外分支机构的各项管理工作的合规考核评价制度，且应将合规考核评价结果纳入绩效考核体系，与单位评优评先、各级领导职务任免、员工职称职务晋升以及薪酬待遇等挂钩，如此，才能保证合规管理制度在企业内部有效运行。

考核机制可采取各种形式，制定详细的合规考核标准。考核内容可以包括但不限于：按时完成或参加所有的合规培训；严格执行组织合规政策和流程；积极支持和配合合规管理机构工作；及时汇报合规风险以避免或减少损失和负面影响等。

5. 加强企业内部合规培训

合规培训，是帮助企业全体员工提升合规风险意识、落实企业合规管理制度、建立合规管理文化的重要途径。企业应将合规培训纳入员工培训计划。从事境外经营相关工作的部门和驻外分支机构的所有员工，均应接受合规培训，了解并掌握企业的合规管理制度和风险防控要求，各级领导应带头接受合规培训，对高风险领域、关键岗位员工应有针对性地进行专题合规培训。

6. 加强与专业机构合作

企业合规管理体系是一个动态管理体系，需要从企业的业务规模、发展状况等实际情况出发，并应随着所面临的内外部环境的变化持续调整和改进。而加强与律师事务所等专业机构的合作，则可以使企业兼顾成本与效率，提高企业跨境合规管理水平。尤其对于尚未建立合规管理机制的企业，具有丰富经验的外部专业机构，可以快速帮助企业搭建起适合自身的合规管理体系。

除上文提到的协助企业进行境外合规风险识别外，律师事务所等专业机构还可帮助企业：

（1）制定合规管理战略，设计企业合规管理结构和流程；

（2）起草合规管理政策、制度等内部文件；

（3）完成企业合规“体检”，撰写合规风险评估报告；

（4）参与合规审核及咨询，特别是对于复杂或专业性强且存在重大合规风险的事项，提供评估及论证意见；

（5）组织合规培训；

（6）完善合规管理与企业现行人力资源、反腐败等制度的衔接。

7. 建立和维护适合本企业的环境管理体系

对于制造业企业而言，企业应在所在国的法律法规和行政惯例的框架下，结合有关国际协定、原则、目标和标准，充分考虑保护环境、公众健康和安全的需要，通常应以有助于实现更广泛可持续发展的目标的方式开展活动，并应当做到：

（1）建立和维护适合本企业的环境管理体系，包括：

a. 充分、及时地收集和评估其活动对环境、健康和安全影响的信息；

b. 建立可测量的目标，并在适当时规定改善环境绩效和资源利用的目标，包括定期评审这些目标的持续相关性，目标应酌情与国家相关政策和国际环境承诺保持一致；

c. 对环境、健康和安全目标或指标的进展情况进行定期监测和验证。

（2）在与成本、商业秘密及知识产权保护有关的考虑方面：

a. 向公众和工作人员提供充分、可测量、可核实（如适用）和及时的信息，告知企业活动可能对环境、健康和安全造成的影响，包括报告环境绩效改善的进展情况。

b. 与受本企业环境、健康和安全政策及其实施直接影响的社区进行充分、及时的沟通和协商。

（3）评估并在决策中说明与企业生产的工艺、产品和服务整个生命周期相关的可预见的环境、健康和安全影响，以避免或者在不可避免时减轻这些影响。可能对环境、健康或者安全造成重大影响、需要由有关主管部门作出决定的，应当编制相应的环境影响评价文件。

（4）与科学技术对风险的理解一致，在存在对环境造成严重损害威胁的情况下，同时考虑到人体健康和安全，不应以缺乏充分的科学确定性为理由，推迟采取预防或减少这种损害的低成本措施。

（5）具有预防、减轻和控制运营中严重环境和健康损害（包括意外事件和紧急情况）的应急计划；以及及时向主管部门报告的机制。

（6）通过鼓励以下活动，在企业层面持续改进其环境表现，在适当的情况下，改进其供应链：

a. 企业各部门采用的反映企业最佳环境表现标准的技术和操作规程；

b. 开发和提供不会对环境造成不当影响、不会改变产品的用途、不会减少温室气体的排放、不会对能源和自然资源造成不必要的消耗、能够被安全回收利用或者处置的产品或者服务；

c. 提高顾客对使用本企业产品和服务所产生的环境影响的认识，包括提供有关其产品的准确信息（如，温室气体排放、生物多样性、资源效率或其他环境问题等）；

d. 探索开展长期改善企业环境绩效的途径和方法，如制定减排、资源高效利用和循环利用战略、有毒物质的替代或减量化战略、生物多样性战略等。

（7）应对职工开展有关环境健康与安全知识的教育和培训，包括有害物质的处理、环境事故的预防以及更广泛的环境管理领域，包括环境影响评价程序、公共关系和环境技术等。

（8）通过加强环境意识和环境保护的伙伴关系或倡议，促进制定对环境有意义和经济有效的公共政策。

8. 关注境外雇用员工的人权保护

在国际公认人权框架下，企业应遵循驻在国的国际人权义务和国内相关法律法规：

（1）尊重人权，这意味着他们应避免侵犯他人的人权，并应处理他们所参与的不利人权影响。

（2）在其自身活动范围内，避免造成或助长不利的人权影响，并在这种影响发生时加以处理。

（3）设法防止或减轻通过商业关系与其业务活动、产品或服务直接相关的不利人权影响。

（4）有尊重人权的政策承诺。

（5）根据人权的规模、业务的性质和背景以及负面人权影响风险的严重性，开展与人权有关的尽职调查。

（6）通过合法程序提供援助或合作，在确定不利的人权影响已经造成或促成这些影响的情况下，纠正这些影响。

9. 关注境外雇用员工的就业和劳资关系

企业应当在适用法律、法规和通行的劳动关系、雇佣惯例的框架下，采用国际劳工标准：

（1）尊重跨国公司雇用的员工自主选择建立或者参加工会、代表组织的权利。

（2）尊重跨国公司雇用的工人有权为集体谈判之目的使自己选择的工会和代表组织得到承认，并单独或通过雇主协会与该等代表进行建设性谈判，以期就雇佣条款和条件达成协议。

（3）促进有效废除童工，并立即采取有效措施，作为紧急事项禁止和消除最恶劣形式的童工。

（4）促进消除一切形式的强迫或强制劳动，并采取适当步骤，确保在其业务中不存在强迫或强制劳动。

（5）在经营过程中，必须以机会平等和就业待遇平等的原则为指导，不因种族、肤色、性别、宗教、政治见解、民族血统或社会出身等身份在就业和职业上歧视劳动者，除非针对劳动者特点的选择性做法深化了明确促进就业机会平等和与就业工作固有要求相关的政府政策。

（6）为工人代表提供必要的便利，以协助达成有效的集体协议。

（7）向工人代表提供就就业条件进行有意义的谈判所需的信息。

（8）向职工和职工代表提供信息，使其能够真实、公正地反映本单位或者适当情况下包括整个企业的经营情况。

（9）促进雇主与工人及其代表之间就共同关心的问题进行协商与合作。

（10）遵守就业和劳资关系标准，其优惠程度不应低于东道国可比雇主。

（11）跨国公司在发展中国家从事经营活动时，在政府政策框架内，在没有可比雇主的情况下，提供尽可能最佳的工资、福利和工作条件。与企业经济状况相适应，但至少能满足职工及其家庭基本生活需要。

（12）采取适当步骤，确保作业中的职业健康和安全。

（13）在工作中，应尽可能与工人代表合作以及在适当的情况下与政府有关当局合作，雇用当地工人并对他们进行培训，以提高他们的技术水平。

（14）在考虑会对就业产生重大影响的经营变化时，尤其是涉及集体下岗或解雇的实体关闭时，应向工人代表及其所在组织，以及在适当情况下向有关政府机关，提供关于此类变化的合理通知，并与工人代表和有关政府机关合作，以最大限度地减少可能产生的负面影响。鉴于每个案件的具体情况，如果管理部门能够在作出最后决定之前发出这种通知，将是适当的。还可以采取其他手段提供有意义的合作，以减轻此类决定的影响。

（15）在与工人代表就雇佣条件进行诚意谈判或在工人行使组织权时，不得以从有关国家调动或调离某一营业单位的全部或部分人员或从国外的企业组成部门调离工人来影响不公正的谈判或阻挠组团权的行使为威胁。

（16）对职工一方授权的代表在本职工作中，就集体协商或劳动管理关系的问题进行协商，并允许双方当事人就共同关心的问题与有权作出决定的管理者代表进行协商。

五、跨境合规的全球化趋势

汤森路透在《跨境交易的法律问题：趋势、挑战和机遇》中曾经讨论过跨境并购的动力来源于强劲的企业盈利和不可小觑的现金余额，这些都促使企业考虑不断扩大并购和其他业务发展项目的视野。对于中国投资者而言，直接对外投资或者企业境外运营，通过将目光投向境外，投资者可能会面临较低成本的劳动力市场，也可能获得较高水准的科技投资，在饱和的本土市场之外找到新的增长机会。因此，尽管投资者们对潜在回报的认识日益增强，但部分投资者对于降低跨境投资风险力不从心，更多投资者仍对扩大跨境投资持谨慎态度，毕竟在境内保护少量财富比在境外损失一大笔财富更安全，投资者越发倾向于借助第三方中介机构提供的专业服务。综合对于跨境法律从业者的研究，跨境合规的全球化趋势如下：

第一，尽管全球经济前景喜忧参半，但人们对跨境机遇的信心很高。对于投资者而言，跨境投资依然具有吸引力，这也驱动了大型律师事务所和大型企业的内部法律顾问，将跨境交易和咨询作为一个越来越重要的工作领域。

第二，尽管跨境企业合规通常操作复杂，但对于投资者而言，只要风险不足以妨碍收益，就不会阻碍投资的脚步。而那些能够自信地为客户提供建议、掌握跨境企业合规的神秘面纱的律师，将在帮助他们自己和/或客户的业务增长方面发挥关键的领导作用。

第三，跨境合规越发趋于全球的标准化，采用普遍和公认的全球交易准则结构、起草语言和适用法律——这些通常源自美国和英国。对于提供跨境企业合规的律师来说，这提供了从市场标准实践以及国际标准法律和交易文件中获益的机会。

此外，随着新冠疫情席卷全球，这场全球战役给国内外企业的金融市场造成不小的冲击，尤其美股在 2020 年 3 月的两周内连续经历四次熔断，不同程度地影响了全球一二级市场。我们可以预见在未来一段时间内，部分企业会对融资并购决策更为谨慎，各国监管部门会对市场秩序更为敏感。对于中国投资者而言，面临着疫情防控、市场波动、国际舆论等多重压力，跨境企业交割后的合规管理在某种程度上属于首要且必要的风险防控工作，在危局之中不授人以权柄。

附：企业跨境合规管理的法律规范及规则指引

（一）中国关于企业跨境合规管理的法律规范及规则指引

针对企业在参与全球化竞争和国际市场竞争中合规的重要性，以及如何做到合规运营，国家已出台一系列政策、法规及规则指引：

文件名称	发布机构	发布时间	主要内容
《关于规范企业海外经营行为的若干意见》	中央全面深化改革领导小组	2017 年 5 月	提出规范企业海外经营行为，加强企业海外经营行为合规制度建设。

续表

文件名称	发布机构	发布时间	主要内容
《民营企业境外投资经营行为规范》	国家发改委、商务部等五部门	2017 年 12 月	要求民营企业在境外投资经营活动中应遵守中国和东道国（地区）的法律法规，遵守有关条约规定和其他国际惯例，依法经营、合规发展，加强境外风险防控，从完善经营管理体系、依法合规诚信经营、切实履行社会责任、注重环境资源保护、加强境外风险防控等方面规范境外投资经营行为。
《合规管理体系 指南》（GB/T 35770－2017/ISO 19600：2014，IDT）	国家质量监督检验检疫总局、国家标准化管理委员会	2017 年 12 月	使用翻译法等同采用《合规管理体系指南》，以良好治理、比例原则、透明和可持续原则为基础，指导未进行合规管理的组织建立、实施、评价和改进合规管理体系，对已建立合规管理体系的组织改进合规管理提供指导，涉及组织环境、领导作用、策划、支持、运行、绩效评价、改进等合规管理的各个组成部分。
《企业海外经营合规管理指引》（征求意见稿）	国家发改委	2018 年 7 月	仍在征求意见阶段，根据征求意见稿的内容，该文件为企业海外经营合规管理的系统性指引，适用于在境外开展对外贸易、境外投资、海外运营以及海外工程建设等“走出去”相关业务的中国境内企业及其境外子公司、分公司、代表机构等境外分支机构，包括合规管理框架、合规管理原则、合规管理目的、不同海外经营行为中的合规要求、合规管理治理结构、合规管理规则体系、合规管理运行机制、合规风险识别与评估、合规评审与改进、合规文化培育等内容。

（2）境外关于企业跨境合规管理的法律规范及规则指引

针对企业在参与全球化竞争和国际市场竞争中合规的重要性，以及如何做到合规运营，境外已出台一系列鼓励或要求企业建立合规体系的主要法律文件：

文件名称	发布国家或组织	发布时间	主要内容
《海外反腐败法》（Foreign Corruption Practices Act，FCPA）	美国	1977	由会计账目条款和反贿赂条款两部分条款组成，企业违反任一条款均构成刑事犯罪。
《联邦商业机构检控原则》（The Principles of Federal Prosecution of Business Organizations）	美国	1999	美国司法部作为FCPA的执法机构之一，在针对企业进行反腐败合规审查时，依据《联邦商业机构检控原则》判定是否启动调查、是否撤销调查、是否以延迟检控协议或免予检控。
《关于打击国际商业交易中行贿外国公职人员行为的公约》（OECD Convention on Combating Bribery of Foreign Public Officials in International Business Transactions）	联合国政府间国际组织经济合作与发展组织（OECD）	1997	《关于打击国际商业交易中行贿外国公职人员行为的公约》在很大程度上受到美国FCPA的影响，既有（1）反贿赂条款，要求签署国通过国内立法将本国主体向外国官员行贿的行为列为犯罪行为，进行刑事处罚，又有（2）会计账目条款，要求签署国通过国内立法，明确禁止公司设立账外账或通过不实记账隐瞒行贿行为，并对此类行为给予民事、行政或刑事惩罚。
《联合国反腐败公约》（The United Nations Convention against Corruption，UNCAC）	联合国大会	2005	《联合国反腐败公约》是全面反腐公约，是联合国历史上通过的第一个用于指导国际反腐败斗争的法律文件，在腐败的预防性措施，刑事定罪，执法合作，国际追赃，引渡合作等方面形成了一套完整的制度。

续表

文件名称	发布国家或组织	发布时间	主要内容
《2010 年反腐败法案》（The Bribery Act 2010，UKBA）	英国	2011	英国《2010 年反腐败法案》规定的主要罪行有四类：一是行贿；二是受贿；三是贿赂或企图贿赂外国公职人员；四是商业机构未能预防贿赂。与 FCPA 相比，其主要特点在于覆盖面更广，惩治力更强，因此，被称为目前全世界最严厉的反腐败法律。

此外，境外还出台了一系列直接为企业如何建立合规体系提供指引的法律文件：

文件名称	发布国家或组织	发布时间	主要内容
《美国审判指南》（the U. S. Sentencing Guidelines，USSG）	美国	2004	《美国审判指南》为一套有效的合规体系列出了七项要素，包括应当有书面的合规文件、领导层认可、有相应的合规培训机制、合理的合规审计及风险测试、奖善惩恶、不良记录者禁入管理层制度以及发生违规行为时能够采取合理补救措施进行修正。
《诚信合规指南》	世界银行集团	2010	《诚信合规指南》在吸纳了被许多机构和组织认为是良好治理和反欺诈与腐败的良好实践的标准、原则和内容的基础上，为一套有效的合规体系罗列出十一项要素，包括明令禁止不当行为、合规职责明确、以风险评估为基础、详尽而明晰的内部合规政策、将业务伙伴纳入合规体系、内控制度、培训制度、奖惩激励机制、举报制度、补救措施及企业上下共同行动。

续表

文件名称	发布国家或组织	发布时间	主要内容
《关于企业如何才能建立一套足以预防贿赂的内部程序的指引》(Guidance about procedures which relevant commercial organizations can put into place to prevent persons associated with them from bribing)	英国	2011	《关于企业如何才能建立一套足以预防贿赂的内部程序的指引》指出，企业建立预防贿赂的合规内控体系应该考虑六大原则，包括程序应与风险相匹配、高层对反腐有承诺、风险评估制度、对第三方伙伴进行尽职调查、沟通和培训以及监督和检查制度。
《FCPA 资源指南》(A Resource Guide to the U. S. FCPA)	美国	2012	《FCPA 资源指南》明确指出，执法机构在决定是否采取以及采取何种执法行动时，除了考虑违法行为是否系由企业自报、企业是否配合以及是否采取适当的补救措施之外，还将考虑企业合规体系的充分性。
《合规管理体系 指南》(ISO 19600：2014，IDT)(Compliance management systems – Guidelines)	国际标准化组织(ISO)	2014	ISO 19600 标准基于 Plan-Do-Check-Act Cycle 循环流程，为想要建设合规管理体系的企业提供标准框架和全面指导。
《反贿赂管理体系要求及使用指南》(ISO 37001)(Anti – bribery management systems – Requirements with guidance for use)	国际标准化组织(ISO)	2016	ISO 37001 标准内容细致，可以指导企业设计其自身反腐败管理体系。

续表

文件名称	发布国家或组织	发布时间	主要内容
《企业合规体系评估》(Evaluation of Corporate Compliance Programs)	美国	2017	《企业合规体系评估》通过在十一个大类项下罗列数十个话题与问题样本清单的形式，让企业可以细致对照这份清单，对自身的合规体系的效能进行评估，从而达到增加自身合规体系建议的目的。
《商业机构反腐败道德及合规手册》(Anti - Corruption Ethics and Compliance Handbook)	联合国政府间国际组织经济合作与发展组织（OECD）	2013	《商业机构反腐败道德及合规手册》将主要的国际商业机构合规指引工具整合到一起，并在手册中展示企业运用这些指引工具的真实案例研究。

第七章　跨境并购的融资安排

跨境并购交易通常会涉及两个或两个以上不同国家的公司，交易规模和金额更大、交易周期更长、交易结构更为复杂，因而要求收购方在交易方案的制定和资金方面有更充分的准备。根据优序融资理论，企业一般比较喜欢使用内部融资，也就是留存收益来进行交易融资，如果留存收益的资金量不能满足交易需求，才会寻求外部融资的渠道，而外部融资的首选也会是债务融资，最后才会转向权益融资。然而，跨国的并购交易收购方很少用自有资金来支付并购交易的全部价款，通常都会通过融资的方式来完成并购交易的对价支付，这不仅牵涉国内资本市场或金融机构，还涉及国际资本市场的资金流动。

并购融资是指公司（通常是收购方）为了完成并购的目的而进行的一系列资金筹集行为。相较于国内并购融资，跨境并购融资由于涉及资金的跨境、境内外资金的成本、汇率风险等因素，融资方式和支付方式都更为复杂。在寻求外部资金支持并购交易时，收购方通常会考虑融资的成本、付款或偿还方式的灵活性，以及其他有利的条件和条款。因此，跨境并购的融资结构主要是根据不同期限、不同种类的融资产品，进行合理设计，以实现融资方以最低成本获得并购资金。但是，关于中国企业的跨境并购融资，谷留锋（2012）和鲍亦腾（2014）认为，中国公司跨境并购融资的支付方式过于单一，仍以现金支付为主，且表现出了非常强烈的债务融资偏好，并购融资的渠道也不丰富，市场发展水平低下。

第一节 跨境并购交易的支付方式

跨境并购的融资方案与跨境并购交易的支付方式是密不可分的。如果出售方只接受现金作为交易对价，则股权支付就被排除在支付方式之外，那么收购方只能想办法筹措现金来支付约定的收购价款。如果出售方可以接受股权作为交易对价，则对于股权价值的评定以及股权转移方式则是并购交易双方需要花费大量时间去探讨的问题。

由于跨境并购所需资金量巨大，通过收购方自有资金或者少数几家金融机构无法满足并购交易的资金需求，收购方可能需要通过多个银团贷款或融资组合来筹措资金。同时，跨境并购交易通常有非常紧凑的时间表，包括资金筹集和汇出，以及相关政府部门的审批时间等。如 2016 年 6 月初，苏宁宣布收购意大利甲级联赛著名球队国际米兰，6 月下旬该项目就完成了支付，从消息公布到支付资金只用了 20 多天的时间。此外，根据跨境并购的国际通行交易惯例，如果最终无法完成并购交易，违约方往往需要支付高额的“分手费”。时间与违约赔偿的双重压力让并购交易的收购方不得不提前准备好并购资金或有明确的融资方案。

通常来说，在跨境并购交易中可以选择的支付方式包括以下四种：现金、股份、现金 + 股份、承接债务。

一、现金支付

现金支付是最直接、最简单的交易支付方式。这种方式下收购方直接向出售方支付现金，取得出售方的资产或股权。对于收购方来说，现金支付的优点是效率高、快捷方便，有利于让收购方在竞争性并购项目中获得有利地位，同时，现金支付的决策程序比较简单，不需要通过股东会的审批，操作起来更为简便。但是，现金支付方式会给收购方的资金募集能力带来很大挑战。如果收购方全部用自有资金来支付并购交易价款，会给收购方本身的资金能力带来压力，甚至会影响收购方的现金流；如果收购方是通过对外融资的方式来募集资金，则债务融资会增加收购方的负债率和财务成本，而股权融资会改变收购方的股权结构，甚至可能对控制权造成影响。

我们注意到，中国企业的境外并购交易，主要采取现金支付方式，根据WIND资讯的数据显示，2015年上半年所有的跨境并购均采用现金支付方式，而在2016年上半年的139笔交易中有135笔采用了现金支付的方式。现金支付给中国的外汇储备造成了一定影响，从2016年年底开始，中国政府开始对中国企业的境外投资和并购进行限制，对于超过500万美元的交易或5000万美元以上的对外投资项目，须得到批准。对于没有真实交易的项目或者限制性的行业，中国企业不得开展跨境投资或并购。从2017年开始，中国企业境外并购的数量和金额急剧下降，采用现金支付方式的比例也大幅度减少，但总体占比仍较高，2018年采取现金支付的跨境并购项目占总项目的92.8%①。

---

①《2018年中国境内企业跨境并购情况回顾及未来海外并购趋势分析》，载中国产业信息网，http://www.chyxx.com/industry/201912/818747.html，最后访问于2020年7月7日。

二、股份支付

股份支付是指收购方以自身的股份为支付手段，向目标公司股东或出售方支付交易对价，以取得目标公司的控制权。股份支付有时候也被称为股份置换，其优点在于，收购方无需为支付并购交易价款而筹措大量的现金或承担债务重负，财务压力较小。但缺点在于，收购方用于支付交易对价的股份必须是为目标公司股东或出售方所接受的，因为不知名的收购方的股票价值具有不稳定性，可能并不受欢迎。

通常来说，如果收购方的股份可以在公开市场上自由买卖，则出售方或目标公司接受股份支付的可能性要高一些，如果是非上市公司的股份，或者无法在公开市场进行自由买卖的股份，则很难作为并购交易的支付工具。即便是可以在公开市场上自由买卖，对于通过首次公开发行（IPO）的股份来支付并购交易的对价，也是不可行的，因为首次公开发行的股份价格通常是不确定的，而且股份通常会有锁定期的限制，对出售方或目标公司没有太大的吸引力。此外，因为跨境并购的收购方和出售方通常不在同一个国家，作为出售方来说，持有收购方的股份是非常有风险的一件事，除非出售方对于收购方的运营状况、股份价值和发展前景非常有信心。

中国公司在开展跨境并购交易时，不得不以现金作为支付手段也和中国公司在国际上知名度不高，国外目标公司股东或出售方不愿意持有中国上市公司股票有关。同时，中国股票市场国际化程度不高，境内上市公司的股份由外国投资者持股有较多限制，且外国投资者卖出股份后的资金汇回也有较大困难，因此现阶段中国公司进行跨境并购时很少采用股份支付方式。也就是说，虽然换股并购方式在法律层面上可以操作，但是在中国目前的资本市场结构下，换股并购方式并不能被广泛使用。当然，其他国家的相关法律法规也对于以公司股份支付并购交易对价有一定的限制。如美国《证券法》

规定，外国公司只有注册登记或符合第144a条后，才能向美国投资者出售股票，也就是说，如果一个中国公司拟收购美国一个目标公司，且以自身股份作为支付对价，不仅需要得到中国证监会的审批，还需要完成美国《证券法》第144a条的注册，方可实施。换股并购的这些规定和程序要求，在一定程度上限制了收购方以股份作为对价支付跨境并购交易价款的可能性。

实践中，收购方也会以其子公司或者新设公司（SPV）股份作为并购交易的对价，用于置换目标公司的股份，以避免上市公司股份支付的相关监管或政策限制。本书会在之后的并购融资部分对于此种方式进行详细分析。

三、现金+股份的支付方式

顾名思义，现金+股份的支付方式指的是收购方以一定比例现金和一定比例股份相结合的方式，来支付跨境并购交易的对价。如前所述，现金支付方式高效、便捷，能直接体现出售方的经济收益，尤其是对于想彻底退出目标公司的出售方来说，现金收益是非常具有吸引力的方式。但是，对于那些对并购后目标公司业务发展保持信心的出售方，或者对于目标公司未来发展仍有一定价值或帮助的出售方，通过接受收购方的股份而继续保留对目标公司的参与度，在一定程度上对于稳定目标公司业务、市场、客户以及控制权都有一定的帮助。

当然，前文所述股份支付（股份置换）的问题，在现金+股份的支付方式中仍然存在，也需要收购方制定合理方案予以解决，如在境外目标公司所在国家或地区设立平台公司，以平台公司的股份作为并购交易的支付对价等，如最近首旅酒店集团收购如家酒店集团，向美国公众股东支付的是现金，而向其他机构投资者采取了发行股份支付的方式①。

---

①《首旅110亿收购如家 中国酒店行业进入寡头竞争时代》，载人民日报财经，http://m.haiwainet.cn/middle/352345/2016/0407/content_29810447_1.html，最后访问于2020年7月7日。

四、承接债务

承接债务方式，是指收购方通过承接被并购方的债务来取得被并购方的股权。纯粹的债务承接性并购多见于破产重组的企业合并。在跨境并购实务中常见的是现金支付与承接债务相结合的混合型支付方式。收购方在收购时往往会基于目标公司往年的财务情况确定一个合理的公司价值，之后再将目标公司的价值减去已有的债务总量作为实际支付的现金价格，但是由于跨境并购的数据大部分处于保密状态，公布的统计数据中大多将这类支付方式直接归入了现金支付的范畴中。值得一提的是，有些被并购企业会在并购发生前举借大量高息债务用于分配股利，对于收购方来说，聘请尽职可靠的第三方财务机构进行详细审慎的尽调，对目标公司的实际财务状况进行了解是非常必要的。

除上述四种主要支付方式外，跨境并购的其他支付手段包括可转换债券或附有可购买子公司股票、商品、其他投资的凭证等，但也都是作为上述四种主要支付方式的补充方式，不具有太大的代表性。

第二节　跨境并购交易的融资方案设计

跨境并购交易的目的在一定程度上决定了融资的方式。如果是战略性并购，收购方通常经营状况良好，在所属行业或业务领域取得了一定的成绩，现金流充沛，有使用自有资金支付并购款项的能力，因此，实施战略性并购的企业更加重视债务融资给企业财务成本带来的负面影响和风险，更倾向于相对稳健的融资方式。而财务性并购的企业更多地类似于财务投资者，考虑的是资金成本与退出收益间的关系，所以这类收购在选择融资方式时相对更为激进。

一、融资方式的选择

在开展一项并购交易之前，跨境交易的收购方应充分了解其在本国可以掌握的资源和筹集的资金，包括短期的过桥贷款、信用证、债券融资和股票融资金额，以及其他可能募集到的资金等。有时候，跨境并购交易中目标公司所在国的银行或其他金融机构也愿意为交易的收购方提供资金，这些当地资金通常会以债务的方式安排，也需要目标公司提供一定的担保，具体方案取决于并购交易的规模、收购方的实力和目标公司的资产质量等因素。

收购方在进行跨境并购时应根据自身实际经营业绩和财务状况做出科学的融资方式选择，在确定跨境并购交易需要融资的资金总额时，不能只考虑并购协议中约定的交易金额，还需要考虑并购交易可能产生的税收、外汇等方面的成本和支出。在制定一项跨境并购交易的融资方案时，收购方应聘请具有专业背景的投资银行担任融资顾问。融资方案通常需要考虑以下几个问题：

1. 并购交易需要筹集的总金额是多少？

2. 需要筹集的资金中，可以负债方式融资的金额是多少？其中过桥融资的比例和金额是多少？长期债务融资的比例和金额是多少？

3. 前述资金筹集需要的时间是多少？可以使用的期限和利率分别是多少？

4. 融资行为对公司的债务等级、现有的债务合同和现有的资金流量有何影响？

如果跨境并购交易的付款期限较短，收购方需要在短时间内筹集资金，那么内部融资方式和债务融资方式是收购方的首选，但是，内部融资的资金规模相对有限，而债务融资虽然程序较为简单，但是成本较高，未来面临较大的还本付息压力；如果跨境并购交易的金额非常大（通常是这样），则收购方可以考虑通过杠杆融资方式来实施收购，以弥补上市公司自有资金的不足，但杠杆融资会大幅增加收购方的资产负债率，收购方将会面临巨大的还本付息压力，一旦未来经营出现问题，则可能会出现偿债危机；如果收购方不希望因为跨境并购的交易而造成收购方的负债率太高，则可以考虑通过股权融资的方式来筹集交易资金，但需要考虑公司股权结构发生变化对收购方的影响，包括公司控制权被稀释等。

此外，不同金融机构间的风险偏好也决定了公司的融资方式选择，银行提供的优先级债务一般来说价格最低，从企业追求最低融资成本的角度来说，除了自有资金外最大限度地获得银行融资作为跨境并购的资金来源是一项较优的选择，但是银行的风险偏好较低，企业提供的条件不一定能够获得足够的融资，这种情况下企业就需要进一步向可承受更高风险的出资者寻求融资，当企业给出的条件不能满足风险偏好更高一级出资者的要求，则继续向再高风险偏好者寻求融资。

根据不同属性，跨境并购融资通常可分为四类：一是债务融资，包括银行提供的各类贷款，如过桥贷款、并购贷款、境外双边或银团贷款、内保外贷和境内外发债等；二是股权融资，在通过并购贷款等债务融资方式只满足了部分并购交易价款、并购方自筹资金仍不足的情况下，为完成并购交易，并购方可向产业基金、金融机构或其他产业方寻求股权融资，包括股权直投、并购基金等；三是夹层融资，即风险和回报方面介于优先债务和股本融资之间的一种形式，通常采取次级贷款、可转换优先股或票据形式，附带有投资者对融资者的权益认购权；四是杠杆收购，即并购方利用拟收购的目标公司资产作为债务抵押，以标的公司未来现金流作为还款来源，向金融机构申请绝大部分融资。本书将在本章第三节、第四节、第五节、第六节对前述四类并购融资方式进行具体介绍。

总而言之，收购方在选择跨境并购的融资方式时，需要从公司的实际经营状况和融资环境出发，充分考虑自身的现金流和资产负债率再做出合理的决策①。

二、融资方案的设计

收购方在基本确定外部融资作为跨境并购交易的主要融资方式后，应综合考虑自身的运营情况和资金能力，对具体融资方案或结构进行详细设计。融资方案或结构需要对相关细节问题进行仔细研究和设定，包括但不限于以下几个方面：

1. 融资主体的确定

在跨境并购交易中，融资主体与并购交易主体可能并不是同一个公司，也就是说，收购方可能以自身作为融资主体，也可能以子公司或其他关联主体作为并购交易的融资方，只要该主体是贷款方或投资方认可的。收购方也可能在境外设立 SPV，通过 SPV 向境外的银行或投资方进行融资。对于交易金额巨大的跨境并购项目，可能还会引入并购基金，基金也可能作为融资主体，向其投资人募集资金。在更为复杂的并购交易融资方案中，每一个层级的并购交易参与主体都可能会成为融资主体。

2. 境内、境外资金的配置

在跨境并购交易中，由于收购方与目标公司通常位于不同的国家或地区，收购方在支付并购交易对价时，需要将交易金额从收购方的开户银行汇至目标公司开户银行，涉及跨境的资金流动，在外汇监管比较严格的国家或地区，如中国，涉及投资项下外汇资金出境的监管审批。如果出境的资金量较大，审批期限往往比较长，可能会在一定程度上给并购交易的进程造成影响。为解决此问题，跨境并购交易的收购方往往会在目标公司所在国家或地

① 刘晶：《上市公司跨境并购融资方式分析》，沈阳工业大学硕士学位论文，2018 年。

区募集资金，或者是在资金流动监管相对比较宽松的国际性金融中心募集资金，而不是仅仅依赖于收购方本国金融机构的资金支持。在本国资金和境外资金同时用于支付跨境并购交易的对价时，收购方需要综合测算不同资金来源的期限和成本，确定最终用于支付交易价款的本国资金和境外资金的比例。

3. 股权、债券融资比例的安排

如前所述，股权融资对收购方来说成本最小，但存在对公司股权结构影响大、摊薄控制权等问题，债权融资比较快捷，但会增加公司的资产负债率及到期还本付息的压力。因此，在交易金额巨大的跨境并购项目中，收购方很少会采取单一的股权或债权来进行融资，而是综合运用股权融资 + 债权融资的方式来设计融资方案，或者利用股债连接型金融创新工具来进行融资。股债连接型工具主要包括可转债和可交换债，在利用债权融资提高收购方募资能力的同时，降低交易后续风险。而且，股债连接型工具可在提供投资者保底收益的同时，使得投资者有机会获得向上收益、分享标的后续发展红利，更有利于并购交易的资金募集。

4. 增信措施和投资者退出

并购交易的收购方在进行并购融资时，如果并购所需资金量比较大，其自身的资产或信用不能满足资金方的需求，则需要考虑提供额外的增信措施。如果收购方计划取得商业银行的并购贷款，首先要确保商业银行的并购贷款获得足够的还款担保措施，如资产或股权等，然后再去考虑剩余资金的增信措施。通常收购方为并购贷款提供增信措施之后，已无更大质押标的股份的空间。如果收购方的大股东能够提供增信措施，如以其持有的收购方股份进行质押或提供股东信用担保等，那么收购方可以继续引入投资人，募集更多的并购资金。

对于融资结构复杂、资金来源广泛的并购交易融资，收购方及其融资主体应对贷款人、投资人的风险承受能力进行充分了解：一方面妥善匹配不同资金的预期收益与风险，使得不同贷款人或投资人达到预期的风险回报；另一方面也充分预判资金的使用期限和可能存在的部分贷款人或投资人提前收贷或收回投资而给并购交易带来的资金风险。

第三节　债务融资

债务融资是指债权人融出资金并获得债务人承诺在约定期限归还本金及约定利息的行为。债务融资实务中主要以债务融资的现金流保障情况、债务人提供的增信措施以及融资价格作为权衡一笔债务融资风险与收益组合情况的三大要素，不同要素情况的组合形成了不同的融资方式。债务融资在跨境并购的融资比例要远大于股权融资比例，自 20 世纪 80 年代中期以来，债务融资已经成为发达国家并购融资的主要手段，且融资金额也越来越大。债务融资方式主要包括银行借款融资和发行债券融资。

一、银行借款

绝大多数的并购交易都有银行参与提供资金支持，跨境并购也不例外。作为收购方来说，如果能在制定融资方案时就能确定一家银行承担大部分资金募集的承诺，对于后续的继续融资和并购交易的成功率，都是非常有帮助的。

银行参与跨境并购交易的融资最积极的方式就是充当收购方的一级贷款经办人。在负责筹集一级贷款的同时，经办银行本身往往也是一级贷款的最大提供者。收购方和投资银行通常都会寻找声誉卓著、资金雄厚的银行来担任经办人，以利用其资信来提高收购的资信度和成功概率，从而使其他的投资者有信心来参与融资。银行也是一级银团贷款的参与者。在绝大多数超大规模的杠杆收购中，一级贷款经办银行为分散风险和投资，会邀请其他商业银行组成银团，共同向杠杆收购者提供一级贷款。

1. 银行借款的主要类型

（1）过桥贷款：是一种短期资金的融通，期限一般 6—12 个月，是一种与长期资金相对接的、在过渡期使用的资金。过桥贷款具有期限短、资金成本高、风险容易控制等特点。在跨境并购中，为尽快完成股权或资产交割，并购方更愿意采取现金收购方式，由于长期融资审批用时较长，过桥贷款常常成为首选。

（2）并购贷款：指商业银行向收购方或收购方控股子公司发放的，用于支付并购交易对价款项的本外币贷款。根据银监会《商业银行并购贷款风险管理指引》要求，并购贷款资金用途包括直接支付交易对价、置换之前的并购融资两类。跨境并购的实施者一般为境外 SPV 公司，并购贷款由境外银行发放，还款来源主要依靠并购标的资产及境外并购实体的销售收入和现金流。

（3）国际银团：一般是境内银行与境外银行联合组团给境外 SPV 公司提供贷款。国际银团有金额大、期限长、特殊浮动利率结构、参与银行众多、银行按承贷份额自担风险等特点。这种模式适合大型项目，需要几家银行共同提供资金，授信审批的流程复杂，操作难度较大。对于境内银行而言，一方面需要有境外分支机构或外币资金渠道，另一方面要遵循银团牵头行的融资条款。

（4）跨境直贷：一般来说，境内机构境外直接投资在获得直接投资主管部门核准后，由其所在银行持相关材料到所在地外汇管理局办理境外直接投资外汇登记即可。根据《中国人民银行关于扩大全口径跨境融资宏观审慎管理试点的通知》的相关规定，跨境直贷主要依托于自贸区，自贸区银行为企业在自贸区开设 FT 账户（Free Trade，自由贸易账户），同时为境外并购实体在境内开设 NRA 账户（Non - Resident Account，境外机构境内外汇账户），并给该账户一定的授信额度，可在额度内直接发放贷款。但跨境直贷的方式目前应用较少。

银行出借给收购方或其融资主体的资金，在还款条件方面通常优先于其他债债权人，属于优先级债务。为了保障借款人（并购交易的收购方或关联方）能到期足额偿还借款，银行通常会对还款资金来源进行控制，如在贷款合同条款中约定，并购交易相关的收入或分红应汇至贷款银行开立的银行账户，或者贷款银行同意的指定银行，并限制该指定银行账户的资金划转。此外，银行还会在贷款合同中要求借款方出具诸多财务承诺，以确保现金流与借款方申请贷款时的预测是相符的，常见的如规定税息折旧反摊销前利润（Earnings Before Interest，Taxes，Depreciation and Amortization，EBITDA）对总债务的保障倍数，并限定借款方的资产负债率等。在确保了对现金流的控制后，如果银行认为风险情况仍难以接受，会向借款方提出进一步担保的要求。这种担保通常包括境内有实力的母公司担保，收购的目标公司股权质押等。由于所要求的风险与价格的不同，银行并购融资也可以转化为多个层次的融资结构，或是发行满足低风险偏好机构投资者的优先债。

在中国，政府在鼓励商业银行推进并购贷款业务方面起到至关重要的作用。2015 年 2 月 10 日，银监会修订了《商业银行并购贷款风险管理指引》，其中规定并购贷款总时长一般不超过七年，并购贷款占并购交易价款的比例不应高于 60%。而 2008 年制定的《商业银行并购贷款风险管理指引》中规定并购贷款总时长原则上不超过五年，并购贷款占并购交易价款的比例不应高于 50%。2015 年的这次修订在原有政策基础上对并购贷款资金占比率和并购贷款期限上都予以适当的放松，为中国公司的跨境并购融资提供政策支持。

但是，中国企业在实施跨境并购交易时，在境内融得的并购资金如果需要划至境外支付并购交易价款，必须先行取得商务部的审批文件和外汇许可文件。而在境外银行获得的借款，即使该银行是国内银行的海外分行，在资金汇付方面的操作也不会受到境内监管机构的约束。所以，为了实现快速便捷的并购交易付款安排，中国企业往往会在境外专为实施并购而设立特殊目的公司（Special Purpose Vehicle，SPV），以该特殊目的公司作为融资主体向境外银行申请并购借款，境内的中国母体则为并购贷款提供担保等增信措施，或者采取内保外贷。

2. 银行借款的特殊模式——内保外贷

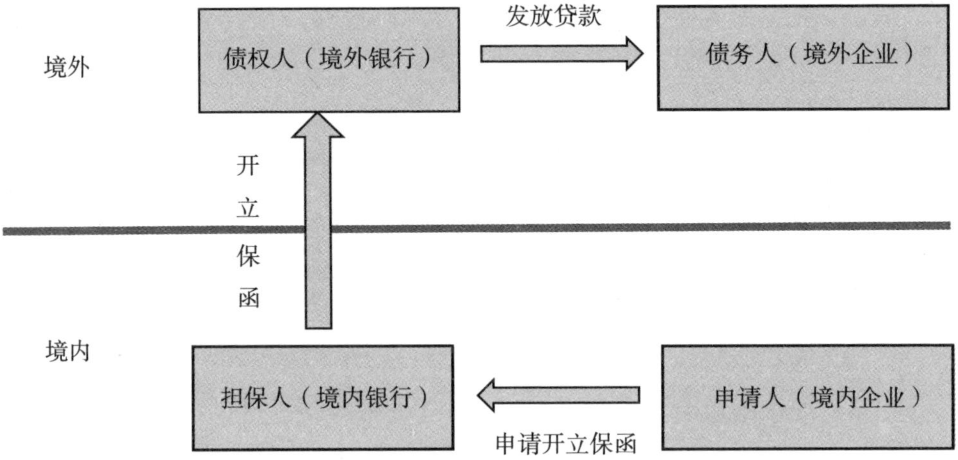

内保外贷是中国境内银行为中国企业提供跨境并购资金支持的一种较为常见的模式。具体操作方面，一般由注册地在中国境内的担保人（银行或非银行金融机构）向注册地在境外的债权人（境外银行）开立融资性保函或备用信用证，承诺按照担保合同约定履行相关付款义务，并就可能产生的资金跨境收付或资产所有权跨境转移等国际收支交易承担担保责任，境外银行作为受益人向中国企业在境外设立的并购实体（通常是SPV公司）发放外币贷款。

从跨境并购的视角来看，内保外贷的资金用途非常灵活，既可以提供控股权并购融资，也可以支持少数股权并购项目，还可以向已收购的境外子公司增资扩股。此外，为了满足收购方快速完成并购交割的资金需求，帮助弥补融资的时间缺口，内保外贷也可以作为过桥融资提供过渡性的资金安排。

由于中长期并购贷款审批用时较长，1 年期的内保外贷常常成为过桥融资的首选，从而衍生出“过桥融资 + 并购贷款（银团贷款）”的模式。

内保外贷在跨境并购融资中主要包括三种形式：一是提供中长期境外融资，若收购方境内自筹资金充裕，境外暂无外币资金，此种情况下收购方境内持有的人民币资金可作为保证金质押在银行账户，银行境内分支机构为客户开具中长期融资性保函或备用信用证，覆盖 100% 并购交易对价，帮助并购方完成并购交割。二是提供过桥融资并出具融资承诺函。竞标型跨境并购中，在第二轮竞标阶段买方需向卖方出具融资承诺函，此时银行可为客户办理 1 年期过桥性质的内保外贷，以满足客户的竞标需求。三是组合式融资。如果并购标的公司评级较高、经营稳定、现金流充足，银行可以在境外牵头筹组并购银团，基于标的公司现金流筹集部分资金，同时以内保外贷形式为股东提供融资。

内保外贷模式有较多优点：一是在外汇监管层面，外管局对内保外贷实行登记管理，无须逐笔审批，和其他融资方式相比，大大缩短了办理流程；二是该模式资金路径明确，境外机构作为放款行，还款进当地银行账户，资金为当地币种，无换汇风险；三是境内分行给予担保，如境外并购实体违约，境内银行将承担履约义务并向境内并购企业追偿无限连带责任，境外分行承担的风险较小，很受境外银行的欢迎。

如在陕西自贸试验区内企业陕西 JRWN 股份有限公司与澳大利亚公司认购与合作一案中，双方签订协议，旨在通过发行股票的形式增资并购。申请人计划通过其在香港设立的 SPV 公司（即全资子公司：FR 控股有限公司）完成此次并购交易，通过 SPV 持股标的公司增发股份。由于受到外汇管理局“控流出”窗口指导的监管要求，申请人该笔对外投资在商务备案及监管沟通并行的状态下，无法及时完成境外股权交割。通过与外管局沟通，企业通过内保外贷的形式，在境内招商银行存入覆盖交割本金及境外行部利息、费用等对应的人民币自有资金（合计约 2424 万澳元，汇率按照业务当天操作时为准），申请由境内招商银行向招商银行股份有限公司香港分行出具相对应金额的融资性对外担保保函。由香港分行为其发放用于股权交易的并购贷款，业务到期前由境内招商银行实施资金封闭管理操作，该笔保证金释放换汇后汇出，用于偿还香港分行到期本息①。

在中国，中国企业向境外机构提供担保在国家外汇管理局之“外债”监管的范围内。在国家外汇管理局《跨境担保外汇管理规定》（汇发〔2014〕29号，下称29号文）出台以前，仅具备一定条件的企业可提供对外担保，且需向国家外汇管理局逐笔申请核准。反观之，国家外汇管理局对境内银行的对外担保则实行余额制管理。此种情形下，由中国企业向境内银行提供反担保，再由境内银行为境外融资主体提供担保的内保外贷业务逐渐发展起来，其实质是将对中国企业的对外担保监管转移至对银行的对外担保监管，不论在手续方面，还是担保人信用方面，均利于跨境融资担保目的之实现。

开展内保外贷也需关注以下合规要点：

如果内保外贷资金用于并购境外企业的股权，需要审核投资行为是否符合国家关于境外投资的相关政策导向，特别是应严格遵守《关于进一步引导和规范境外投资方向的指导意见》（国办发〔2017〕74号）的相关规定。对于该指导意见中明确的限制类领域，原则上不予协助办理跨境并购业务；如确须办理，应从严调查，确保业务手续完备、依法合规。对于禁止类领域的跨境并购业务，不能以任何形式参与或办理。确保跨境并购业务审批手续齐备，发改委是境外投资审核的关键部门，境内并购方直接开展的跨境并购项目实施前，需经过发改委核准或备案同意。对于境内非金融机构开展的跨境并购，还需报送商务部门进行核准或备案。属于核准、备案办理范围的跨境

① 《案例27：“内保外贷”金融创新》，载西安高新技术产业开发区双自联动综合服务网，http：//xaftz.xdz.gov.cn/info/1242/1628.htm，最后访问于2020年7月8日。

并购项目，境内并购方在未取得有效核准文件或备案通知书之前，无法办理外汇管理相关手续，银行也不能办理相关资金结算和融资业务。如果涉及跨境投资并购的主体为国有企业，还需获得国资委的批准。此外，《对外投资备案（核准）报告暂行办法》（商合发〔2018〕24 号）规定，境内投资主体以兼并、收购及其他方式在境外设立企业前，需报送商务主管部门、金融管理部门履行备案或核准手续，并向上述主管部门定期报送关键信息。因此，银行在为客户办理跨境并购项下内保外贷前，并购方企业应取得发改委、商务局的对外投资审批手续。当然，如果在业务审查审批时，企业尚未取得相关证明文件也无妨，在开立融资性保函或备用信用证前完成相关审批手续即可。

此外，也应严格审核跨境并购项下内保外贷的真实合规性，主体资格、并购交易背景和资金用途，是内保外贷真实合规性审核的主要内容。首先，应加强对跨境并购主体资格的审核，依据《关于完善银行内保外贷外汇管理的通知》（汇综发〔2017〕108 号）的要求，重点审核内保外贷债务人的设立是否符合境外投资的管理规定，以及是否通过了国家发改委、商务部等境外投资主管部门的审核。其次，应对并购交易背景进行核实，即内保外贷项下的资金应用于并购方在境外支付并购交易交款及相关费用，不得用于支持并购方从事并购业务范围以外的任何交易，更不得构造交易背景进行套利或进行其他形式的投机性交易。最后，应对资金用途进行严格审核。应依据《关于进一步推进外汇管理改革完善真实合规性审核的通知》（汇发〔2017〕3 号），在为客户办理境外直接投资登记和资金汇出手续时，除要求客户向银行提交相关审核材料外，还应提供投资资金来源与资金用途的情况说明，以及董事会决议、合同或其他真实性证明材料。跨境并购交易背景的真实性审核十分重要，银行可通过投资意向书、并购信息备忘录、股权购买协议等文本，来印证交易的真实性。

二、发行债券

收购方为筹集跨境并购交易的资金而发行债券，也是非常有效的融资方式。在近年来的跨境并购交易中，使用发行债券募集资金的比例已远远高于银行或银团的并购贷款。以发行债券方式进行融资，是指债券发行人（通常是跨境并购交易的收购方或其关联方）按照既定程序向投资人发行债券，承诺按期向债券持有者支付利息和偿还本金的资金筹集方式。

债券包括政府债券、金融债券和企业债券，涉及向本国投资人发行的债券和向外国投资人发行的债券。债券发行人向外国投资人发行债券，采用发行国的货币，接受发行国的管制。如美国以外的债券发行者在美国证券交易委员会登记注册，在美国的债券市场上发行的债券叫“扬基债券”。同样，一家美国公司在日本发行的债券称为“武士债券”。欧洲的债券市场是世界上最活跃的债券市场之一，欧洲债券的发行者多种多样，包括来自于世界各地的政府、法人组织等，而债券购买者也包括了世界银行和欧洲经济委员会（EEC）等超国家机构。

相较于银行借款，债券的发行程序要复杂得多，期限也更长。在美国，证券发行必须先在美国证券交易委员会注册，即在发行之前得到有效性的承认。为达到这一目的，发行必须符合公开信息和一定程序的要求。美国的债券发行可以允许储架发行，发行人在美国证券交易委员会注册后，可以在一定期限内分次发行债券，可以确保在发行有效期内，能在较短时间内随时进入市场进行销售。美国的债券发行要求必须通过作为承销商的投资银行发行，这些投资银行通常（但不总是）将和其他同行组成承销团。当发行即将开始时，由发行者和牵头承销商给证券定价并协商确定一个固定的（例如其他承销者不打折扣）承销差价。在主承销商对各承销者进行发行分配后，承销者就开始向投资者发行。

与美国的债券发行登记制度不同，中国的债券发行因类型的不同由不同的监管机构进行审核或登记。如财政部决定国债的发行，中国人民银行决定发行或审核中央银行票据，中国人民银行和中国银监会共同审核金融类债券，包括商业银行债券，企业集团财务公司发行的非银行金融机构债券、信贷资产支持证券等。此外，企业、公司等市场主体相关的债券发行类型主要涉及国家发改委审核的企业债券、中国证监会审核的公司债和中国银行间债券市场交易商协会注册的短期融资债券和中期票据等。

企业债券是指在中华人民共和国境内具有法人资格的企业在境内依照法定程序发行，约定在一定期限内还本付息的有价证券。公司债是指根据《公司法》设立的公司依法发行的约定在一定期限内还本付息的有价证券。公司债券包括可转换为股票的公司债券，简称为可转债，它赋予持有人在发债后一定时间内，可根据本身的自由意志，选择是否依约定的条件将持有的债券转换为股票的权利。短期融资债券是指具有法人资格的非金融企业在银行间债券市场发行的，约定在1年内还本付息的短期融资债券。中期票据是指具有法人资格的非金融企业在银行间债券市场按照计划分期发行的，约定在一定期限内还本付息的债务融资工具。中期票据与短期融资券最大的区别在于其还本付息期限长于1年。

除上述债券品种外，中国债券市场上还存在国际开发机构人民币债券，是指国际开发机构依法在中国境内发行的、约定在一定期限内还本付息的、以人民币计价的债券。

在中国，债券发行虽然因国内经济发展环境和制度制约，发展较为缓慢，但近些年来不断推出的相关政策以及不断完善的法律法规，都为各类债券融资提供了制度保障。如2007年证监会颁布实施的《公司债券发行试点办法》针对公司债券的发行条件与程序、债券持有人权益保护和监督管理等方面做出了详细规定；2015年证监会颁布的《公司债券发行与交易管理办法》进一步对公司债券发行和交易转让等做出了更细致的规定。这些法规的出台有利于维护投资者的合法权益以及资本市场的稳定。2020 年证券法修改，将证券发行核准制改为注册制。此后，国家发改委发布的《关于企业债券发行实施注册制有关事项的通知》，规定企业债券发行由核准制改为注册制，国家发改委为企业债券的法定注册机关；同日，证监会发布《关于公开发行公司债券实施注册制有关事项的通知》，规定公司债券公开发行实行注册制，由证券交易所负责受理、审核，并报证监会履行发行注册程序，为公司债券发行注册制改革提供了法律基础。此外，对于中国企业的境外发债，2015 年 9 月《关于推进企业发行外债备案登记制管理改革的通知》（发改外资〔2015〕2044 号）正式实施，取消企业发行外债的额度审批，实行备案登记制管理。直接发行外币外债的限制被放开，改为由国家发改委统一管理，并且将间接发行外债也纳入监管范围。2016 年 6 月 9 日，国家外汇管理局发布《关于改革和规范资本项目结汇管理政策的通知》（汇发〔2016〕16 号），规定企业通过境外融入的资金以及资本项目的外汇收入，均可在企业需要时进行结汇，且额度没有限制。该规定大幅提升了境外融入资金的适用范围和灵活度，以鼓励企业在境外进行融资。2018 年以来，相关政策趋严，5 月 17 日，国家发改委和财政部联合发布《关于完善市场约束机制严格防范外债风险和地方债务风险的通知》（发改外资〔2018〕706 号），文件中强调了融资的可行性等要求，明确了责任义务。虽然关于此项政策主要是针对近两年部分房地产和城投平台外债发行规模有所增加、申请备案登记的外债规模偏大与自身实力不相匹配的问题，但是其他企业也不免受到更强的监管和规范。总体而言，对于中国企业境外发债的监管政策在减少金融风险的前提下促进了企业在境外融资的发展。

三、复合型债务融资工具

复合型债务融资工具是通过将不同类型的单一融资工具进行组合，或者在某一类型的融资工具中嵌入其他金融产品的特性，从而在降低融资风险的同时提高融资回报率，帮助融资方降低融资成本或延长还款期限。

1. 过桥融资＋并购贷款

跨境并购在支付交易价款时，对时限要求较高。而并购贷款的审批时效性不强，因此市场上衍生出“过桥融资＋并购贷款”模式（“1＋1”模式），即银行前期通过过桥融资先行放款，后期用审批通过的成本较低、期限较长的并购贷款去置换前面的并购融资。该模式要求银行把握好业务节奏，所置换的过桥融资行为要发生在银行并购贷款方案之前一年以内。

2. 过桥融资＋并购贷款＋债券融资

并购贷款期限一般5—7年，最长不超过7年。相比并购贷款，并购债在期限方面没有具体要求。若融资期内标的公司可偿债现金流难以覆盖并购贷款本息，则需要通过再融资来接续前面的债务融资。在此基础上，并购融资由之前的“1＋1”模式，衍生出“1＋1＋1”模式，即先过桥、更换并购贷款，后续再通过并购债的方式置换原有的并购贷款。需要指出的是，并购债毕竟是市场化定价的，可能对资金成本更敏感，在资金成本方面存在不确定性。

近些年来，针对跨境并购交易的债券融资，新的工具和产品也不断出现，如并购债、可转换债券、可交换债券和定向可转债等。并购债是2014年中国银行间交易商协会推出的用于并购的债务融资工具，该融资工具并不突破现有规则指引，采取公募、私募发行均可，募集资金用于偿还并购贷款或支付并购交易价款。目前并购债主要用于境内并购业务，随着业务创新力度加大，未来会用于海外并购交易。可转换债券（Convertible Bond，CB），是指一种可以在特定时间、按特定条件转换为普通股票的特殊企业债券。

可交换债券（Exchangeable Bond，EB），全称为可交换其他公司股票的债券，是指上市公司股东发行的，一定期限内能依据约定的条件交换成该股东持有的上市公司股票的公司债券。根据参与主体的不同，可交换债可以分为可交换公募债（公募EB）和可交换私募债（私募EB）两种。私募债发行具备较高的灵活性，审批方便，目前市场上更多的是可交换私募债。可交换私募债实际上是嵌入了股票看涨期权的债券，到期投资者如果选择不换股，那么发行人必须按照事先的约定还本付息。和可转换债一样，可交换私募债一般都会设置换股、赎回、回售、下修等基本条款来保障发行人和投资人的利益。相对于商业银行股权质押贷款、券商质押式回购而言，私募 EB 具有较多优点，如融资利率更低、期限更长、100% 股权质押率、无资金监管、可设置较宽松的股票补偿条款、质押物处置可转换为股权，因此在境内及跨境并购中频频应用。

定向可转债是境外成熟的债券融资工具，国内首次提到是在 2015 年 8 月证监会等四部委《关于鼓励上市公司兼并重组、现金分红及回购股份的通知》中，鼓励支付工具和融资方式创新，在现金支付、股权支付、资产置换等方式外，推出定向可转债作为并购支付工具。与普通可转债相比，定向可转债主要用于并购，条款设计更为灵活。在成熟市场的并购交易中，定向可转债具有可满足被并购方的避险需求、弥补现金支付和股权支付的不足、交易条款设计更为灵活等优点，作为一种重要的直接支付工具广泛应用于并购重组和天使投资中。定向可转债在并购中的应用形式有两种：一是作为直接支付对价，例如并购方向标的公司支付定向可转债，作为收购股权或资产的对价；二是作为间接支付对价，例如并购方向第三方定向发行可转债筹集资金，把筹资作为收购标的公司股权或资产的对价。此外，针对科创板上市公司发行定向可转债的规定也正逐步完善。2019 年 8 月，《科创板上市公司重大资产重组特别规定》及配套细则，规定在 A 股所有板块的上市公司重大资产重组中，定向可转债可以作为重大资产重组的支付工具。11 月发布的《上海证券交易所科创板上市公司重大资产重组审核规则》明确科创公司可以按照证监会有关规定，通过发行定向可转债购买资产，并可以自主约定转股期、赎回、回售、转股价格修正等条款，为科创板上市公司利用定向可转债融资提供了规范依据。

可分离交易的可转换公司债券是债券和股票的混合融资品种。可分离交易的可转换公司债券由两大部分组成：一是可转换债券，二是股票权证。股票权证是指在未来规定的期限内，按照规定的协议价买卖股票的选择权证明。因此，对于可分离交易的可转换公司债券可以理解为“买债券送权证”的创新品种；上市公司股东发行的可交换公司债券，是债券市场上的一个创新品种，是指上市公司的股东依法发行、在一定期限内依据约定的条件可以交换成该股东所持有的上市公司股份的公司债券。

第四节 股权融资

股权融资是通过转让或扩大企业的所有权从而获取并购资金。主要指跨境并购交易的收购方，将其自身或子公司股份转让给特定投资者，或者以向特定投资者发行新股的方式，筹集并购交易所需要的资金。股权融资方式根据股权在公司的类型不同，又分为普通股融资和优先股融资。

普通股是公司股份权益最基础的部分。持有普通股的股东享有公司法授予的最基本权利，包括利润分配、剩余财产分配、优先认购新股和公司管理等权利，同时也承担不能退股、承受公司破产清算风险等义务。发行普通股进行融资是公司筹集并购资金最直接和最有力的手段，但也会给公司的股份结构造成影响，存在可能影响公司控制权的风险。优先股是兼具普通股和债券特点的融资工具。优先股股东在股息领取和公司剩余财产索偿权上都优先于普通股股东，是构成公司权益资本的一部分，但优先股股东没有利润分配、优先认购新股和公司管理的权利。上市公司使用优先股融资能保持公司控制权，但是优先股会产生较高的筹资成本。

从股权融资的便利性来考虑，上市公司以股权进行融资的可行性要比非上市公司更高一些。一方面是因为上市公司的股票在公开市场的交易价格有利于股权融资的定价，另一方面是因为上市公司的股票可以自由在公开市场上出售，对于投资者变现或收回投资都比较方便。

但是，中国对于金融机构的资金进入股市有极为严格的限制。《商业银行法》和《保险法》分别规定商业银行和保险公司不得投资股票，信贷资金不得进入股市。而根据《证券公司管理暂行办法》（银发〔1990〕254号），证券公司持有同一企业股票的数额不得超过该企业股份的5%和本公司资本金的10%。对于从证券市场上直接融资，也有比较严格的规定。如以股票融资，《公司法》《证券法》《上市公司新股发行管理办法》《中国证券监督管理委员会关于做好上市公司新股发行工作的通知》对首次发行、配股、增发等的标准都有较高的要求，再加上辅导、材料审批所需的漫长等待，因此股权融资的条件是比较苛刻的。

相比非上市公司，上市公司的优势在于其股份的流动性强，可以通过发行股份的方式收购资产。但在中国A股上市公司的跨境并购当中，跨境换股这一交易支付方式却受到了限制，A股上市公司无法直接向境外标的公司的外国股东支付股份。这一方面是因为境外目标公司的股东通常更愿意接受现金对价，但更主要是因为合规上的问题。实践中，我们还没有看到A股上市公司直接向真正的外国投资者发行股份购买境外标的案例。

一、跨境换股

1. 外国投资者以股权作为支付手段并购境内公司

跨境换股是指外国投资者以股权作为支付手段并购境内公司，即境外公司的股东以其持有的境外公司股权，或者境外公司以其增发的股份作为支付手段，购买境内公司股东的股权或者境内公司增发股份的行为。换股收购作为跨境并购交易价款的支付方式之一，是国际通行的交易方式，在国内也有应用案例。跨境换股相较于收购境外资产传统方式，有两方面优点：一是可以降低企业现金收购资金成本，减少筹措资金带来的困难；二是在政府严格限制外汇换汇出境的环境下，缓解了资金出境的压力。但是，受限于中国相关法律法规的规定，跨境换股在实际操作中难度是非常大的。

跨境换股使境外目标公司的股东取得收购方的境内股权，属于中国外商投资监管范畴，适用商务部2009年修订的《关于外国投资者并购境内企业的规定》（商务部令〔2009〕6号）的相关规定。根据商务部6号令对外国投资者并购中国企业相关行为的规定，外国投资者有下列行为时，应获得商务部的批准：

（1）购买境内非外商投资企业（境内公司）股东的股权或认购境内公司增资，使该境内公司变更设立为外商投资企业（“股权并购”）；

（2）设立外商投资企业，并通过该企业协议购买境内企业资产且运营该资产；

（3）协议购买境内企业资产，并以该资产投资设立外商投资企业运营该资产（“资产并购”）等。

其中，外国投资者以股权作为支付手段并购境内公司指的是境外公司的股东以其持有的境外公司股权，或者境外公司以其增发的股份，作为支付手段，购买境内公司股东的股权或者境内公司增发股份的行为。

根据《关于外国投资者并购境内企业的规定》第二十八条、第二十九条和第四十四条，外国投资者获得商务部批准须满足以下条件：

（1）境外公司（标的公司）应合法设立并且其注册地具有完善的公司法律制度，且公司及其管理层最近3年未受到监管机构的处罚。

（2）境外公司（标的公司）应为上市公司或符合条件的特殊目的公司。符合条件的特殊目的公司指的是，中国境内公司或自然人为实现以其实际拥有的境内公司权益在境外上市而直接或间接控制的境外公司。

（3）外国投资者以股权并购境内公司所涉及的境内外公司的股权，应为股东合法持有并依法可以转让，无所有权争议且没有设定质押及任何其他权利限制，或境外公司的股权应在境外公开合法证券交易市场（柜台交易市场除外）挂牌交易，且境外公司的股权最近1年交易价格稳定。

2. 外国投资者对A股上市公司的战略投资行为受到限制

跨境换股中境外目标公司股东以取得收购方（A股上市公司）股份为并购交易对价的行为，属于外国投资者对上市公司进行战略投资，应符合商务部、证监会、税务总局、工商总局、国家外汇管理局于2005年联合发布的《外国投资者对上市公司战略投资管理办法》（下称《战略投资办法》）的相关规定，具体条件包括：

（1）战略投资应遵守国家法律、法规及相关产业政策，不得危害国家经济安全和社会公共利益；坚持公开、公正、公平的原则，维护上市公司及其股东的合法权益，接受政府、社会公众的监督及中国的司法和仲裁管辖；鼓励中长期投资，维护证券市场的正常秩序，不得炒作；不得妨碍公平竞争，不得造成中国境内相关产品市场过度集中、排除或限制竞争；

（2）应以协议转让、上市公司定向发行新股方式以及国家法律法规规定的其他方式取得上市公司A股股份；

（3）投资可分期进行，首次投资完成后取得的股份比例不低于该公司已发行股份的百分之十，但特殊行业有特别规定或经相关主管部门批准的除外；

（4）取得的上市公司A股股份三年内不得转让；

（5）法律法规对外商投资持股比例有明确规定的行业，投资者持有上述行业股份比例应符合相关规定；属法律法规禁止外商投资的领域，投资者不得对上述领域的上市公司进行投资；

（6）涉及上市公司国有股股东的，应符合国有资产管理的相关规定。

此外，《战略投资办法》对可能持有A股上市公司股份的外国投资者的资质也提出了具体要求，包括须依法设立、财务稳健、资信良好且有成熟的管理经验，境外实有资产总额不低于1亿美元或管理的境外实有资产总额不低于5亿美元，或其母公司境外实有资产总额不低于1亿美元或管理的境外实有资产总额不低于5亿美元，有健全的治理结构和良好的内控制度，经营行为规范，近三年内未受到境内外监管机构的重大处罚（包括其母公司）等。

前述规定对于境外主体持有境内上市公司股份的限制，事实上造成中国企业在跨境并购时无法运用换股的方式来完成并购，最终上市公司与非上市公司在融资模式上处于基本一样的地位，主要通过银行、并购基金等方式进行融资。

2020年6月，商务部公布《外国投资者对上市公司战略投资管理办法（修订草案公开征求意见稿）》，该办法放宽跨境换股条件，明确以上市公司定向发行新股或要约收购方式实施战略投资的，外国投资者可以其持有或者增发的境外非上市公司股份作为支付手段（如战略投资方式为协议转让的，支付方式为境外股权，那么境外公司应为上市公司），并且取消商务主管部门对外国投资者实施战略投资的事前审批和备案。同时，对外国投资者的资质要求降低为实有资产总额不低于5000万美元或管理的实有资产总额不低于3亿美元；其中，外国投资者成为上市公司控股股东的，实有资产总额不低于1亿美元或管理的实有资产总额不低于5亿美元。同时要求外国投资者近3年内未受到境内外监管机构的重大处罚；成立未满3年的，自成立之日起计；外国投资者为外国自然人的，还应在近3年内未受境内外刑事处罚。该规定放宽了跨境换股的条件和审批程序，落地后将对跨境换股的实践起到推动作用。

在监管层面，国内对跨境换股采取并联审批制，不再将国家发改委实施的境外投资项目核准和备案、商务部实施的外国投资者战略投资上市公司核准、经营者集中审查等三项审批事项，作为证监会上市公司并购重组行政许可审批的前置条件，这在一定程度上为A股公司跨境换股并购缩短了审批时间。同时根据商务部2018年修订的《外商投资企业设立及变更备案管理暂行办法》，外国投资者以并购、吸收合并等方式投资非外商投资企业时，在不涉及负面清单和关联并购的情况下，从审批制改为备案制，提高了并购效率。

二、股权融资的特殊方式

基于前述中国监管机构对于中国企业以股权作为跨境并购交易支付方式的限制，市场上也出现了一些创新的模式，以满足并购交易时效性和法律合规的要求，如通过与私募股权投资基金（下称私募基金）合作的方式来实现并购交易。具体方式是，私募基金先向市场特定投资人募集资金，以基金名义实施跨境并购并支付并购交易价款，取得境外目标公司的控制权，同时，境内实际收购方与该私募基金签署股权受让协议，按照私募资金实际支付的跨境并购交易金额加上一定比例的溢价受让基金持有的境外目标公司股份，受让股份的对价可以是现金，也可以是定向发行的股份。由于实施跨境并购交易的私募基金是境内机构，这样就避免了外资并购的相关合规问题。这种支付方式的实质就是私募基金向跨境并购的收购方提供了一笔过桥资金，之后跨境并购的收购方再以定向发行的股份予偿还。

在中国，出于资金募集的效率和退出渠道保证，私募基金参与跨境并购通常选择与上市公司进行合作，市场上将此类模式称为“上市公司 + PE”型并购基金或“上市公司型并购基金”。“上市公司 + PE”型并购基金在具体操作时实际包含两次并购，首先是基金作为跨境并购交易的收购方，对境外的标的公司进行收购，并参与目标公司的运营管理；其次是当跨境并购交易完成且境外目标公司符合境内上市公司的收购要求后，上市公司向基金收购其持有的境外目标公司所有股权。2011 年大康牧业成立的产业并购基金是 A 股市场公认的第一个上市公司型并购基金[①]。

① 刘莲：《我国“上市公司 + PE”型产业并购基金设立对 A 股上市公司影响的实证研究》，对外经贸大学硕士学位论文，2018 年。

上市公司型并购基金的主要运营模式可以分为以下四种：

（1）上市公司直接与PE合作设立并购基金。如2014年制造业上市公司东阳光科联合私募投资机构九派资本，共同设立为东阳光科产业并购服务的并购基金，就属于上市公司直接与PE合作设立的并购基金。

（2）上市公司子公司与PE合作设立并购基金。上市公司成立子公司作为并购运营主体，子公司与PE合作设立并购基金完成并购活动。2014年中源协和生物工程股份公司，设立子公司中源投资，联合银宏（天津）股权管理公司设立医药产业并购基金就属于这一类型。

（3）上市公司与PE子公司合作设立并购基金。如文化传媒领域上市公司"当代东方"与专注于传媒领域的华安基金管理子公司合作设立并购基金。并购基金主要负责传媒行业的并购、重组活动，组织形式为特定多个客户资产管理计划。

（4）上市公司与其关联方合作，再联手PE设立并购基金。广西中恒集团联合公司第一大股东中恒实业及私募投资机构盛世景合作设立医药产业并购基金就属于这一模式。中恒集团及关联方中恒实业作为有限合伙人，出资分别占比29%、20%。剩余51%的资金由私募投资机构盛世景出资或负责募集。

上市公司型并购基金典型案例为上文中提到的大康牧业成立的产业并购基金天堂大康基金一案，在该案中大康牧业和天堂硅谷合作设立产业并购基金，总规模为3亿元，分两期设立长沙天堂硅谷大康股权投资合伙企业（有限合伙）和浙江天堂硅谷大康股权投资合伙企业（有限合伙），其中大康牧业出资3000万元，天堂硅谷通过全资子公司恒裕创投出资3000万元，其他资金由天堂硅谷向市场机构募集。该基金存续期为5年，投资方向为畜牧业及相关领域企业项目。该次投资的结构如下图所示：

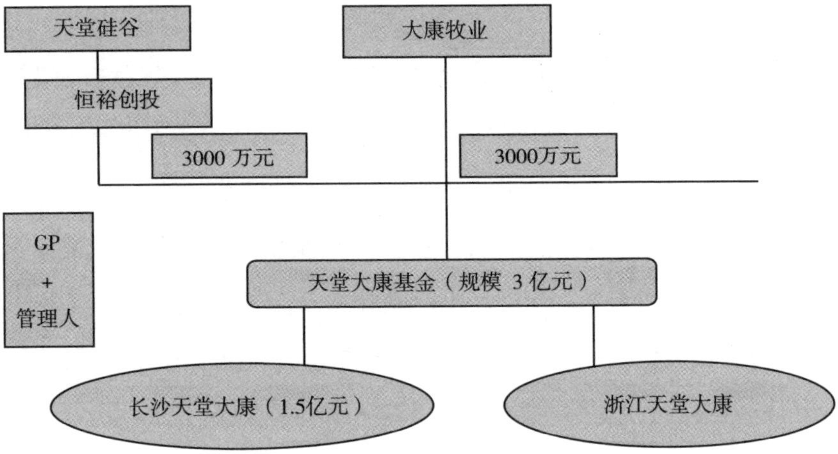

第五节　复合型融资模式/夹层融资

一、夹层融资

夹层融资（Mezzanine Financing）是一种介于风险较低的优先债务和风险较高的股本投资之间的融资方式，指企业或项目通过夹层资本的形式融通资金的过程。夹层资本（Mezzanine Capital）是收益和风险介于企业债务资本和股权资本之间的资本形态，本质是长期无担保债权类风险资本。之所以称为夹层，从资金费用角度看，夹层融资的融资费用低于股权融资，如可以采取债权的固定利率方式，对股权人体现出债权的优点；从权益角度看，夹层融资的权益低于优先债权，所以对于优先债权人来讲，可以体现出股权的优点。当企业进行破产清算时，优先债务提供者首先得到清偿，其次是夹层资本提供者，最后是公司股东。

夹层融资交易出现在 20 世纪 80 年代，起源于银行信贷紧缩和企业融资困难，而夹层融资较股本融资和银行贷款具有其特定优势。早期的夹层投资者以保险公司为主，后来逐渐转变成以基金和商业银行为主，基金约占70%，商业银行占20%左右。夹层融资产品在欧美发达市场上具有良好的流动性和较低的波动性，风险和收益特征对机构投资者具有很强的吸引力，保险公司、商业银行、投资银行、信托基金、养老基金、私募基金等各类金融机构不断增加对夹层资本的投资和夹层融资模式的应用和创新。夹层资本在欧美已经成为一个成熟的金融资产类别。典型的夹层贷款的现金利息部分约12%，贷款期为5—8年，加上股权利息部分，夹层贷款投资者的总体平均年收益率在18%—20%。

1. 夹层融资的方式

夹层融资通常采取夹层债、优先股或两者相结合的方式；也可以采取次级贷款的方式；还可以采用可转换票据的方式。

在夹层债中，投资人将资金借给借款者的母公司或是某个拥有借款者股份的其他实体（下称夹层借款者），夹层借款者将其对实际借款者的股份权益抵押给夹层投资人；与此同时，夹层借款者的母公司将其所有的无限责任合伙人股份权益也抵押给夹层投资人。这样，抵押权益将包括借款者的收入分配权，从而保证在清偿违约时，夹层投资人可以优先于股权人得到清偿，用结构性的方式使夹层投资人权益位于普通股权之上、债券之下。在优先股结构中，夹层投资人用资金换取实际借款者的优先股份权益。夹层投资人的优先体现为在其他合伙人之前获得红利，在违约情况下，优先合伙人有权力控制对借款者的所有合伙人权益。

2. 夹层融资的特点

第一，夹层融资结合了固定收益资本的特点（如现金利息收入）和股权资本的特点（如转股权利），可以获得现金收益和资本升值双重收益。

第二，夹层融资的本质仍然是一种债务融资工具，投资者在融资合同中通常会加入限制性条款，对企业融资后的一些行为进行约束，从而将资产下跌风险控制到最小。

第三，对投资者而言，夹层融资在融资期内有可预测的、稳定的现金流流入，如利息或本金的分期付款，而且投资者还可以通过财务杠杆来改变资本结构，提高投资收益。

第四，对融资方而言，夹层融资成本一般高于优先债务但低于股本融资，而且可以按照客户的独特需求设计融资条款，可在最大限度上减少对企业控制权的稀释。作为新兴的融资工具和资产类别，夹层融资特别适合那些现金流可以满足现有优先债务的还本付息，但是难以承担更多优先债务的企业或项目。

第五，传统的夹层融资主要应用于杠杆收购融资、企业购并融资、企业扩张融资、债务重组、资本结构调整和企业再融资。

第六，夹层融资也存在一些缺点，其一是融资费用偏高。由于产品非标准化，加之信息透明度低，其资金费用高于抵押贷款 2—8 个百分点；其二是法律架构复杂，法律费用也高于抵押贷款，此外，借款者在考虑夹层融资时，与夹层投资人协商并签订协议，以界定两者关系并控制风险等方面也是一个艰巨的谈判过程。

3. 夹层融资的优缺点

夹层融资的优势非常明显，对借款企业而言，夹层融资不仅形式非常灵活，而且一般都属于长期融资，通过夹层融资获得的资金还款期限一般可长达 5—7 年，其稀释程度比股市小得多，还能根据特殊需求进行适当的调整，能够根据借款人的现金流要求及其他特征，合理调整向夹层资本提供者的还款方式，夹层融资很少会对企业的经营管理和资金状况进行约束。而且，夹层融资偿还也能够根据融资企业的实际现金流状况来定，对借款企业具有很大的吸引力。

对投资者而言，作为一种全新的投资方式，夹层融资比股权投资风险小，退出机制相对完善，流动性更强，可以使投资者从现金票息、还款溢价、股权激励等方面获取收益。

但是，夹层融资也有一定的劣势：首先，融资费用偏高，夹层融资产品往往都是非标准化的产品，除正常的融资成本外，还需支付其他相关机构的费用，使其资金费用通常大大高于普通的抵押贷款；其次，法律架构复杂，夹层融资一般都会涉及复杂的交易结构设计，涉及的法律问题也较多，法律费用自然远高于普通贷款；再次，对融资项目或者企业的要求较高，并非所有的企业和项目都符合开展；最后，需要处理与抵押投资人的关系，一般会通过签订相关债权人协议来约定，明确规定双方权利义务，并针对风险控制问题进行重点约定，但往往在耗费很多时间后而失败。

夹层融资典型案例如汇源公司融资一案。2006 年 7 月，达能亚洲、荷兰发展银行、香港惠理基金及美国华平拟对汇源以夹层融资的方式注资 2.22 亿美元，采取发售可赎回可转股债券和可换股股份等方式进行，根据投资对象的不同采取了不同的融资方式。（1）与达能集团：为满足达能集团（亚洲）在亚洲扩大市场、完成战略布局的急切需要，汇源发行 1.3725 亿美元的可换股股份，并且还做出约定，无论汇源上市成功与否，只要是当年拥有可换股债券的投资者之一希望将债券转换股权，那么达能可以以约定的价格购买汇源的股份，但是不得超过 22.18%。如此方式下，汇源集团既不丧失股权控制权，又使达能集团（亚洲）拥有一定数量的汇源股份来保障权益和参与度，实现了双赢。（2）与荷兰发展银行和美国华平投资集团：汇源集团向荷兰发展银行和美国华平投资集团发行了 6920 万美元的可赎回可转换债券。其中美国华平持有 6500 万美元，占 93%；荷兰发展银行持有 420 万美元，皆不影响汇源集团的股权控制权。经过一系列运作，2007 年 2 月 23 日，汇源在香港联交所挂牌上市，上市发行总额 4 亿股，筹资 24 亿港元。此次上市是汇源发展史上一个里程碑式的胜利，同时也使金融界认可了夹层融资的可取之处①。

---

① 张镕邦、刘远洋：《夹层融资的信用风险分析与控制——以汇源集团为例》，载《商业会计》2020 年第 2 期。

二、投贷联动

在涉及金额巨大的跨境并购交易中，收购方用于支付并购交易交款的资金来源往往会很广泛，既包括银行的直接借款，也包括债券或股权融资，称为投贷联动模式。投贷联动在欧美发达国家杠杆收购中应用比较成熟，“债务融资+夹层融资+股权投资”或者“并购贷款+可转债权”、“并购贷款+并购基金”的组合模式，是跨境并购投贷联动经常选择的模式，既可为并购交易的融资方提供多样化的融资工具，也利于提升股东投资的杠杆收益率。

参考案例：“并购基金+过桥贷款+并购银团”融资：中化收购先正达案例[①]

（一）交易背景

中国化工集团公司（下称中国化工）430亿美元收购先正达是迄今为止中国企业最大的境外并购案。中国化工是国资委直接监管下的国有企业之一，从事农业化工、化工材料、特种化工、工业设备、石油化工及橡胶产品等多个领域的业务。中国化工目前在全球140个国家和地区拥有业务运营，控制9家A股上市公司。2014年，中国化工实现营业收入257.31亿元，资产总额2720.71亿元。中国化工开展此次并购，一方面是因为国内农药和种子行业研发力度不足，先正达是农药和种子行业翘楚，拥有多项专利技术，并购有助于提升中国化工的技术实力，调整农化业产业结构；另一方面是因为通过先正达的产品及技术，中国化工不仅可以发展中国及周边亚洲市场，还可以借助先正达的力量，了解北美、欧洲地区的农业、化工产品需求，有利于自身扩展境外业务，符合企业国际化经营发展战略。

本次交易的标的公司先正达是一家注册在瑞士，并在瑞士和纽约上市的

① 案例来源于姜博文：《海外并购风险与控制研究——以中国化工并购先正达案例为例》，首都经济贸易大学硕士学位论文，2018年。

农资企业。在农资行业内，其按销售和盈利排名位居第二，也是世界第一大植物保护公司和第三大种子公司。2015 年，公司资产总额 189 亿美元，全年销售收入 134.11 亿美元，净利润达到 13.44 亿美元。

中国化工于 2016 年 2 月宣布以每股 465 美元的对价，现金收购瑞士先正达集团，合约总价值 430 亿美元。2017 年 4 月 12 日，中国化工集团和先正达宣布其并购交易已获中国商务部批准。根据合约，中国化工将在交割时，承担支付 20 亿美元的股权激励计划和偿还现有 50 亿美元的负债，交易总成本约在 500 亿美元。也就是说，中国化工并购先正达一案中，虽然交易对价锁定在 430 亿美元，但整体实际所需资金总额高达 500 亿美元。

（二）交易及融资结构

出于筹集资金、整合资源等目的，中国化工设立了三层结构、六家 SPV 公司，具体架构如下图所示：

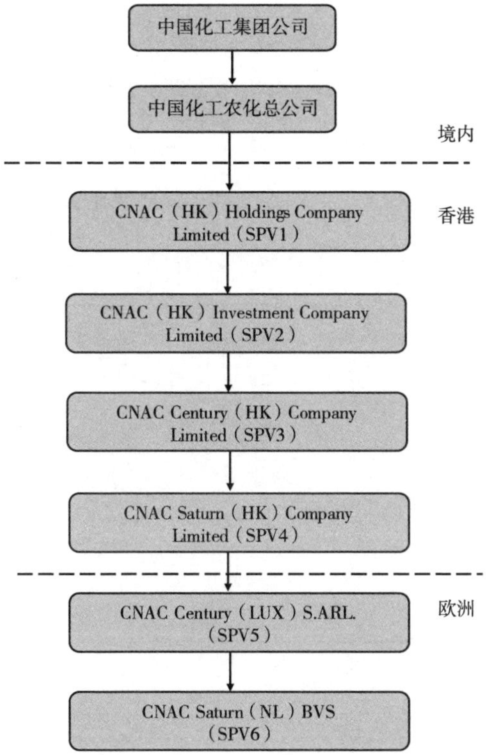

根据前述结构图，中国化工此次并购的第一层是境内主体，中国化工的全资子公司中国化工农化总公司。第二层结构是香港设立的四家SPV，从上至下分别为CNAC（HK）Holdings Company Limited（SPV1）、CNAC（HK）Investment Company Limited（SPV2）、CNAC Century（HK）Company Limited（SPV3）、CNAC Saturn（HK）Company Limited（SPV4）。第三层结构为欧洲主体，包括在卢森堡注册成立的CNAC Century（LUX）S. ARL.（SPV5），以及实际实施私有化的收购方，在荷兰阿姆斯特丹注册成立的CNAC Saturn（NL）BVS（SPV6）。

在资金筹集方面，首先由国家开发银行和中保基金为第一层结构中国化工农化总公司提供资金支持，作为中国化工自有资金部分的主要出资方。之后，中国化工在香港设立子公司CNAC（HK）Holdings，并在该公司层面发行优先股，发行份额不超过总股本的80%；之后再由该子公司设立CNAC（HK）Investment CO. LTD，层面发行普通股，发行比例不超过总股份的30%，再由CNAC（HK）Investment CO. LTD全资设立CNAC Century（HK）CO. LTD，中信银行筹组银团为该公司提供融资；该公司在欧洲再设立最终执行收购的目标公司，汇丰银行筹组银团为执行收购的公司提供融资并为先正达提供置换融资。具体融资结构如下图所示：

项目	出资方	资金提供方	计划金额（亿美元）
自筹资金	中国化工	中保基金（国内）	50
		国开行（国内）	60
		国新国际	40
		建银国际、中金等其他投资人	待定
融资	汇丰银行	过桥性质银团	200
	中信银行	过桥性质银团	150
合计			500

至此，上述6家SPV共集合450亿美元资金，满足了对先正达430亿美

元收购款以及20亿美元收购财务成本的资金需求。此外，中信及汇丰两大银团将各自给出2亿美元流动资金贷款。在收购后，汇丰银团还将给予先正达50亿美元债务重组贷款。

总体来说，中国企业的跨境并购债务融资还是以并购贷款、并购银团模式居多，但因政策限制，借款类融资工具仅能满足60%的并购交易对价，其他资金缺口则需要企业寻找其他融资渠道。对于国内商业银行而言，以投贷联动形式支持中国企业“走出去”，可以降低企业的债务融资比例和财务成本，增加权益性资本来源的多样性，帮助并购企业更好地完成并购后的整合，同时，也能作为商业银行的业务新模式。

银行通过投贷联动的融资模式，成为收购方和目标公司的最大债权人及股权投资人，可以获得收购方和目标公司的董事会席位，参与经营管理，若收购方或目标公司财务状况出现恶化，银行可以及时调整融资方案，并根据协议约定的触发条件和价格退出，或者协助将标的公司股权出售给产业上下游的战略投资者或私募基金等财务投资者，实现投资的退出①。

第六节 杠杆收购

杠杆收购（Leverage Buyout，LBO）并没有一个严格的定义，是来源于美国资本市场的一种并购交易架构，一般是指并购交易的收购方通过债务融资方式购买被收购企业的产权，继而以被收购企业的资产或现金流来偿还债务的方式。杠杆收购的实质是一种负债收购方式，并购交易的收购方以较少的自有资金（占并购资金10%—30%）投入，通过债务融资工具（收购总价款的70%左右），实现对目标企业的收购。同时，收购主体以目标公司资产及未来收益

① 姚影：《巧解跨境并购投贷联动业务模式》，载《中国外汇》2019年1月，第59页。

作为偿债资金来源，借贷利息将通过被收购公司的未来现金流来支付。

杠杆收购兴起于20世纪60年代的美国，由于美国市场次级债券的蓬勃发展，小企业也能够在市场中获得巨额融资从而实现吞并大企业的目标，进而实现自身跨越式的发展。简言之，杠杆收购就是借别人的钱来购买目标公司，购买的目的是以更高的价格将其卖出，然后从中获利。杠杆收购与战略收购的区别在于，杠杆收购一般不关心行业或特定产品和服务，更多关心公司价值，即以价值被低估的公司为目标，并通过资本市场发现和赚取被低估的价值；而战略收购主要是长期持有某特定行业的产品或服务而不断实现最大化的市场份额。因而，杠杆收购在美国市场一定程度上被视为一种掠夺和投机的手段，受到非议。值得说明的是，在实践中也出现了借助杠杆来完成战略并购的案例，实现了杠杆收购和战略收购的结合。

能够实施杠杆收购的目标企业通常具有比较好的现金流，管理层稳定且经验丰富，有较大的成本下降空间和利润提升潜力，资产负债率较低。杠杆收购的实施条件是被目标公司董事会与管理层接受，且管理层也能成为收购主体，因而管理层收购（Management Buy-Out，MBO）是杠杆收购的主要特点之一。杠杆收购使处在边缘中的MBO成为公司治理的主流工具，也使管理人员的管理动机发生了根本性改变，他们开始更加关注股东价值的增加，能够有效降低企业代理成本、优化公司治理结构。

一、杠杆收购的融资特点

在杠杆收购发展初期，受制于杠杆收购的投机性和恶意收购的负面形象，资金来源也并不广泛，许多贷款人不愿参与杠杆收购。后来的高收益债券的兴起为杠杆收购的资金来源提供了绝佳的渠道。高收益债券是比投资级债券信用等级更低、违约率更高的公司债券，高收益债券的市场蓬勃发展和次级特点也一定程度上打消了银行的顾虑，进而为杠杆收购提供贷款。

通常来说，杠杆收购的融资结构大体分为三层，以“倒金字塔”结构为特点：最顶层是对公司资产有最高求偿权的银行贷款，约占收购资金的60%，属于有担保的优先级债务；中间层是被称为高收入债券的夹层债券，约占收购资金的30%，是没有担保的次级债务及夹层融资工具，主要由机构投资者、债券投资者提供；底层为收购者的自有资金，约占收购资金的10%。上述比例并不稳定，它随着夹层债券市场景气度、经济和信贷的繁荣、投资者风险偏好的改变而改变。同时，并购方使用目标公司的未来盈利和现金流为银行贷款提供担保。①

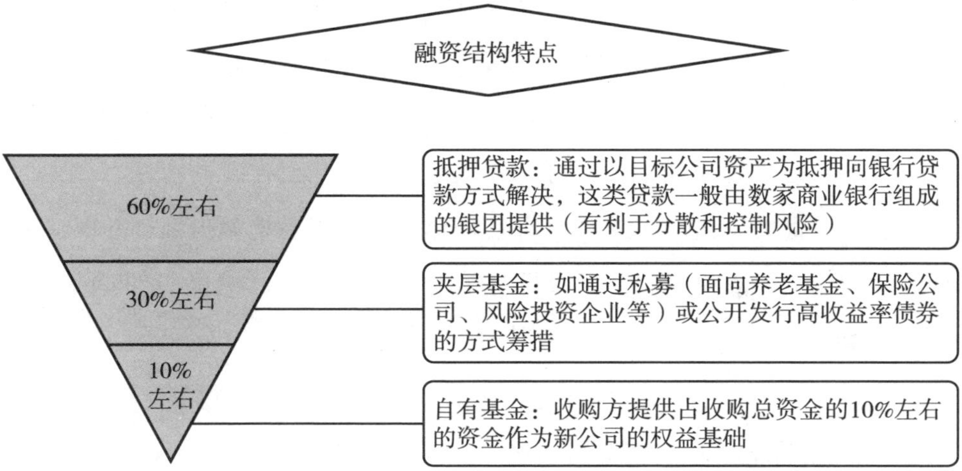

在这种资金结构安排中，收购方自有资金占比为10%—20%，但却获得了全部收购资金带来的股权权益，自有资金收益率被放大5—10倍。通过运用杠杆，在投资收益率一定的情况下，原始权益资本的收益率通过乘数作用得以放大。由于并购交易融资金额较大，所以基本上由多家金融机构参与，提供不同层次的融资。

① 杠杆收购的历史和案例，载搜狐财经，https：//www. sohu. com/a/277664904_ 436079，最后访问于2020年7月1日。

银监会于2008年12月6日发布的《商业银行并购贷款风险管理指引》，标志着中国企业可以通过从银行贷款获得资金从事收购事项，即2008年底前，中国企业在政策上无法采用杠杆收购方式进行境内并购。但该指引对并购贷款设置了较高的门槛，具体表现在第三章的风险管理部分，例如：并购的资金来源中并购贷款所占比例不应高于50%；商业银行应要求借款人提供充足的能够覆盖并购贷款风险的担保，包括但不限于资产抵押、股权质押、第三方保证，以及符合法律规定的其他形式的担保。原则上，商业银行对并购贷款所要求的担保条件应高于其他贷款种类。以目标企业股权质押时，商业银行应采用更为审慎的方法评估其股权价值和确定质押率等。同时，银行最多只能发放相当于并购金额50%的贷款（且国内还无法发行并购债券），因而国内杠杆收购的杠杆比例最多只能放大到2倍，杠杆效果不明显。此后，银监会于2015年对《商业银行并购贷款风险管理指引》进行了修订，将并购金额中的贷款比例提高到60%，提高了杠杆比例，同时删除商业银行对并购贷款所要求的担保条件应高于其他贷款种类的规定。

二、杠杆收购的优势和劣势

1. 杠杆收购的优势

（1）杠杆作用，以少量的投资购得一家颇具规模的企业，并充分享受高额负债带来的杠杆作用。

（2）采用杠杆收购，以目标企业资产作为抵押，举债收购的情况下，融入资金与目标企业价值同比例增长，可以使小鱼吃大鱼成为可能。

（3）相对于其他并购融资的方式，如银行借款、债券发行、定向增发、换股交易等，杠杆收购融资效率高、速度快，而且是现金收购，对于比较抢手的目标企业，可以实现快鱼吃慢鱼的理想效果。

（4）纳税优惠：《企业所得税法实施条例》规定，非金融企业向金融企业借款的利息支出、金融企业的各项存款利息支出和同业拆借利息支出、企业经批准发行债券的利息支出准予扣除。被收购公司因高杠杆而支付更多的利息，可以带来更多利息避税。如果被收购方是亏损企业，还会产生亏损递延等等作用。对收购方来说，被收购企业高负债可以将更多的利润留在企业，增加股东价值。

（5）改进领导力与管理：并购可以让不合格的管理人员出局，高额利息偿付的压力，迫使管理人员不得不想方设法提高运营绩效和生产效率，如剥离非核心业务、缩减规模、降低成本、进行投资技术改造等。

2. 杠杆收购的劣势

（1）杠杆收购会导致收购方背负沉重的负债，导致资产负债率显著提高，影响收购方持续融资能力。同时如果收购以后达不到预计的协同效应，势必会累及收购方其他的业务经营。

（2）收购方以目标公司资产为抵押，向银行借款，实际是卖方的信用担保，需取得被收购方董事会或股东会的许可，卖方可能存在抵触心理，导致杠杆收购遇到障碍甚至失败。

杠杆收购的典型案例如西王食品股份有限公司收购加拿大运动营养与体重管理健康食品经营商 Kerr Investment Holding Corp.（下称 Kerr 公司）100%股权一案。具体的收购步骤为：西王食品股份有限公司（下称西王食品）先与春华景禧投资中心（下称春华资本）联合设立境内公司西王食品（青岛）有限公司（下称西王青岛），其中前者持股75%，后者持股25%；然后通过西王青岛在加拿大依次设立两家 SPV 公司，先行收购 Kerr 公司 80% 的股权，并在未来三年逐步收购 Kerr 公司剩余 20% 的股权。该笔交易的资金来源于自有资金、私募股权投资和过桥贷款。

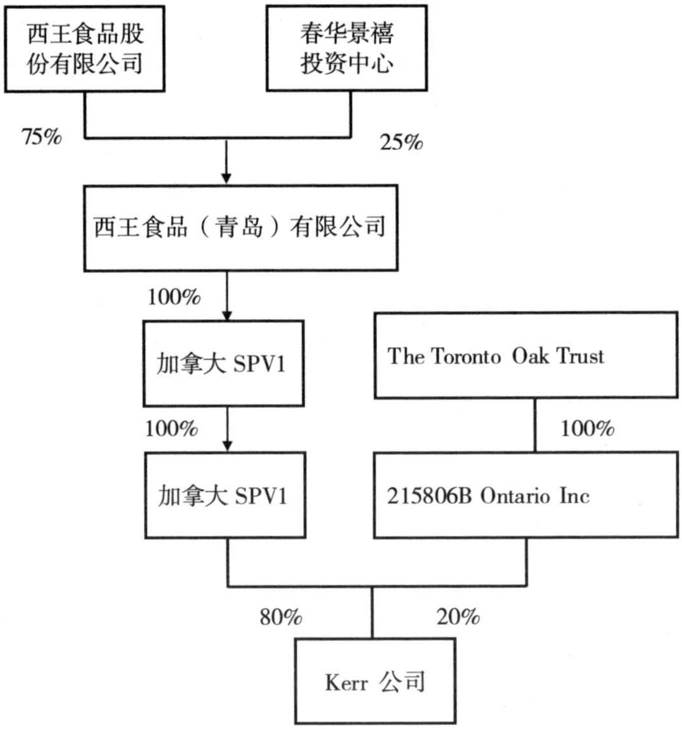

在第一步收购计划中，融资按主体不同可分为两个部分。第一部分为西王食品和春华资本共同出资设立西王青岛以支付交易价款。其中，西王食品出资的资金来源主要是自有资金 68775 万元和通过委托贷款从南洋银行处获得的过桥贷款 10.05 亿元，春华资本出资 56425 万元。第二部分为西王青岛获得南洋银行过桥贷款 16.75 亿元，至此完成境内资金募集，共计 393200 万元。此后，西王青岛通过在招商银行青岛分行存入保证金 16960 万元获得其向招商银行离岸金融中心出具 24967 万美元的保函，以此获得 24867 万美元限期三个月的贷款。西王青岛将资金注入 SPV1 再注入 SPV2，最终共获得资金 57834 万美元，用于支付首期股权价款。

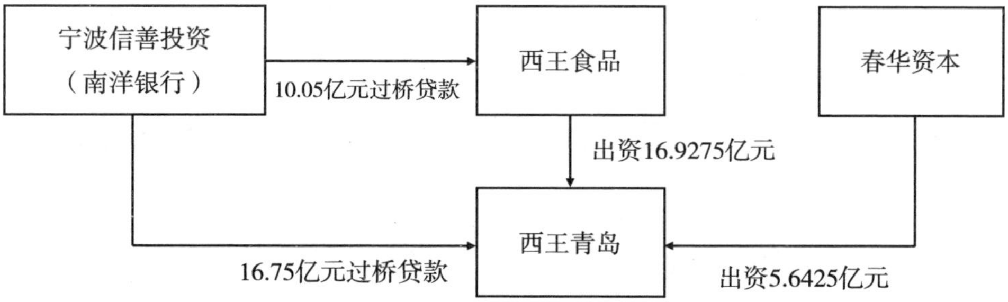

在第二步收购计划中，西王食品所借过桥贷款 10.05 亿元通过股权融资形式偿还，加拿大 SPV2 所借贷款进行了债务置换，通过 Kerr 公司的股权向以汇丰银行为首的境外银团做担保，取得固定期限美元贷款 26650 万美元，向招商银行离岸金融中心还款，该笔境外银团贷款由 Kerr 公司未来利润偿还。

通过此种杠杆融资安排，西王食品完成了以较少自有资金收购境外较大规模公司的并购交易①。

三、卖方融资

卖方融资（Seller financing）也叫推迟支付，是指企业在跨境并购融资时因为其自身的财务状况或资信条件不足以获得金融机构提供贷款或者不能够支付较高的银行利率，而与境外目标公司商议后通过目标公司融资，获得低于市场利率的并购金额的一种融资方式。在卖方融资方式下，收购方只有在支付目标公司贷款后才能得到目标公司资产的全部产权，如果收购方无法偿付后续贷款，则卖方有权收回该资产。此种并购付款方式起源于美国，常常会在目标公司获利不佳，出售方急欲脱手的情况下发生，是非常有利于收

① 熊章印：《企业海外并购融资方式研究——基于西王食品并购 Kerr 公司的案例》，西南财经大学硕士学位论文，2019 年。

购者的支付方式。

卖方融资的方式对目标公司也有一定的好处。由于是分期支付并购价款，因此目标公司可以获得税负的分段延迟支付，同时还可以要求收购方支付较高的利息。在卖方融资的支付中，通常根据未来目标公司的经营业绩而决定支付价款的多少。这种措施有助于缩小双方在并购交易价格认定上的差距，可以使目标公司在并购过程中，努力保持公司的正常运作以证明公司的价值，而收购方也可以充分保护自己，以免业绩在并购完成后迅速下滑。

卖方融资的支付方式也可以设定不同的结构，如收购方和出售方可以商定交易价格的一半以现金支付，另一半可以根据目标公司未来某个时点的业绩来确定并支付，若业绩末达成，则不予付清余款，且债务亦不予负责，甚或约定一定期限之后，出售方可要求以部分债权换回股权的“股权买回”的选择权。根据未来目标公司绩效而支付部分价款的方式，可减轻收购方收购当时的现金负担，也可免除很多保护措施等分期支付的好处，又可建立奖励措施。但是，此种依绩效而定价格的方式，若支付期间过短，则在收购后，出售方可能只为短期利益而牺牲目标公司的长期利益。

卖方融资的收购方案应该有非常切实可行的经营计划，才有可能取得卖方融资。例如美国华纳传播（Warner Communications）欲将其亏损的阿泰利（Atari）电脑公司出售时，收购者以未来偿还价款的保证，购买其全部股权，收购者为康莫德公司（Commodore International）前总裁。此案中，因华纳对收购者的拯救计划非常有信心，该计划包括向公司投资、转换业务重心、裁员、削减开支等，因而愿意以 2.4 亿美元应付票据和新公司 32% 利润担保的方式达成交易，并不要求前几年马上付清本金，而以营业所赚盈余偿债，使阿泰利在新业主经营下的前几年现金压力大为消除[①]。

① 涂凌：《我国企业并购融资研究》，湖南大学硕士学位论文，2005 年。

第七节　私募基金在跨境并购融资中的作用

如前文所提及，相较于国内的并购交易而言，跨境并购交易的金额都非常大，对于企业融资能力是一个不小的挑战，因此，一项成功的跨境并购交易中融资能力显得尤为重要，是并购交易中的关键环节。除了银团贷款这一传统的跨境并购融资方式外，我们在跨境并购中越来越多地看到了夹层融资、杠杆收购和并购基金的身影，而并购基金是企业开展跨境并购非常有效的融资方式。

私募基金在跨境并购交易中起到了非常重要的作用，尤其是通过与实业合作的方式，在并购项目的筛选、资金募集、目标公司运营管理以及项目退出等环节都有深度参与。私募基金全称是私募股权投资基金，主要指具有专业投资管理背景和能力的机构或个人，通过设立基金的方式，募集投资人的资本，通过投资项目而获益。私募基金融资是指利用基金管理公司从机构投资者或者富有个人募集的私募股本进行融资的方式。

私募基金的投资范围和类别非常广泛，根据投资阶段的不同分为天使投资、种子投资、成熟期投资和 Pre - IPO 投资，也有专注于各类并购的并购基金。私募并购基金，主要是对目标公司实行并购而进行投资的基金，资金来源为少数机构投资者或非公开募集，投资周期大多较长，以 3—5 年为主。主要的运行模式是通过股权收购等方式获得目标公司控股或参股权，之后通过对目标公司进行重组、资产置换等方式，改善目标公司的资产结构，提升资产质量和营运水平，在实现企业增值后，以溢价出售的方式获得收益。

并购基金是一类专门从事并购交易投资的私募股权基金，以杠杆收购为主，主要作为财务投资者介入并购业务，一般投资于相对成熟的企业，可能不一定拥有目标公司的投票权。国际上知名的投资机构，如 KKR、高盛等都设立了专门参与跨境并购的杠杆收购基金。近些年来，中资背景的专门参与跨境并购的 LBO 基金也越来越多，通常规模也比普通专注 PE 投资的基金大很多。虽然这些基金在风格、投资策略、运营上差异很大，但是它们的法律基本架构很类似，都是通过层层设立特殊目的公司，在其他国家地区设立全资子公司，或者与境外金融机构合资设立子公司的形式来规避税收、国家法律政策等风险，降低并购成本和风险。这些并购基金的参与能帮助跨境并购的发起者进一步提高杠杆比例。在退出机制上，并购基金往往通过将目标公司出售给上市公司等方式实现溢价退出，有时也会与跨境并购的发起方签订对赌协议，约定一定的期限后如果不能实现上市退出，发起人需要按一定的溢价回购股份等。

一、并购基金的特殊类型

中国是严格实施外汇管制的国家，随着越来越多的中国企业在境外国家或地区进行投资、并购等商业行为，资金出境的压力也越来越大，对外投资的旺盛需求和近两年来严格的对资本项目的外汇管制，使越来越多的中国基金管理人意识到仅在国内募集资金是很难实现跨境并购交易的融资和支付的，因此，到境外去设立基金管理公司并募集境外资金，是并购基金必须要完成的一个关键步骤。以下是几种常见的境外基金。

1. 离岸基金（Offshore Fund）

离岸基金又称海外基金或离岸证券投资基金，是指一国的证券基金组织在他国发行证券基金单位并将募集的资金投资于本国或第三国证券市场的证券投资基金。离岸基金的主要作用是规避国内单一市场的风险，帮助客户进行全球化的资产配置。根据基金发行公司注册地以及计价币种的不同，可以分为：由国外基金公司发行、募集，通过在国内成立的投资顾问公司引进、由国内投资者申购的基金，这类基金注册地在境外，特别是一些“避税乐园”，如英属维尔京群岛（British Virgin Islands）、巴哈马（Bahamas）、百慕大（Bermuda）、开曼群岛（Cayman Islands）、马恩岛（the Isle of Man）、都柏林（Dublin）和卢森堡（Luxembourg）等地区和国家，计价币种也是各种外币。

还有由国内基金公司发行、募集资金，赴境外投资的基金。如果投资者有境外投资、置业或移民的打算，想把部分财产转移到国外，离岸基金将是一种合适的财务工具。

离岸基金可以分为平行基金、母子基金、伞形基金、封闭式基金等。不同类型、不同架构的基金在受规管的法律、设立文件、设立时间、设立费用上有很大的区别。跨境并购基金通常是封闭式基金，但是很多在基金的中后期会有一定的开放期，例如可以给投资者一定比例的定期赎回权。并购基金一般采用有限合伙的法律形式，但很多也根据自己的需要采用了平行基金、母子基金、伞形基金等多个基金进行混合搭配的架构。

2. 平行基金（Parallel Fund）

平行基金是指在境内外分别设立和募集两个规模相当的投资基金，通过委托同一管理人进行投资管理，寻找到项目时两个基金同时进行投资，一般是各占投资额的50%，把两个基金模拟成一个基金进行分配和清算，采用“两个基金+共同发起人+共同管理人+协议控制和分配”模式。平行基金最早创设的目的，是外商用于规避中国一些行业的准入投资，但现在反过来，成为跨境资金出海的途径。境内外基金通过设计收益互换的结构，可有效规避外汇的窗口指导。由于在资本项下的人民币结算受到的限制，这个结构试图使中国的资金流动限制带来的困难最小化。这种方式寻求最大限度地减少外国投资者境内投资和境内投资者境外投资所适用的外汇管制法规所要求的审批。

平行基金的投资策略优势在于，若境内基金在法律上无法完成外汇结汇，则由境外基金直接向境内项目进行投资，若境内基金缺乏资金，可约定由境外基金多出资金，反之亦然，若境内或境外法律环境发生变化，可全部转由法律环境更为优越的基金进行投资，基金管理人可以根据税收、法律等环境的变化，根据最有利于投资者的原则，决定由哪一个基金进行投资。

此外，在进行投资前，人民币投资保留在境内基金中，外汇投资保留在境外基金中。两个基金均可向对其自身来说受到现金流动和外汇限制最少的创业企业单独进行投资。只要任何一个基金不受到不必要的现金流动和外汇限制，两个基金就都可以向一个创业企业投资。在利益分配方面，境内和境外基金之间的协议（或创投管理协议），可在境内境外基金间作出互惠安排，以解决在一个基金（未投资基金）由于法律限制无法与另一个基金（投资基金）共同投资的情况下每个基金各自的权利义务问题。在退出方式上，无论在何处退出，两个基金都是同时退出。在两个基金没有共同投资的情况下，如果境外的创业企业在境外退出，境外投资者可以向境内投资者“出售”其在创业企业中的一部分股份权益。如果境内的创业公司在境内退出，境内投资者可以向境外投资者“出售”其在投资公司中的一部分股份权益。

二、中国私募并购基金

与国际主流趋势相比，并购基金在中国的发展有其自身的特点，没有固定框架和模式的限定，相对灵活。根据发起机构、投资目的等差异存在不同的类型，具体而言，分为券商类并购基金、产业类并购基金、笄机构类并购基金。此三类基金在投资目的、融资方式、目标公司治理方面差异如下：

1. 券商类并购基金。券商类并购基金凭借券商广泛的客户资源和强大的行业研究能力，使其在资金募集、项目选择和并购后重组方面优势显著，已逐渐发展为中国并购基金中的中坚力量。在设立模式上，券商类并购基金分为券商直投公司直接设立、与国际资本机构联合设立以及与地方政府联合设立三类。券商并购基金以控股型为主，主要代表有中信并购基金（中信证券）、上海国际全球并购基金（海通证券）等。

2. 产业类并购基金。产业类并购基金主要由实业资本与私募机构联合发起，以有限合伙形式为主，实业公司一般只进行较低比例的出资，其余部分由私募机构募集。产业类基金主要投资方向为与实业公司相关的领域，目的是解决实业资本资金短缺问题、提高资金使用效率以进行扩张转型和寻求新的利润增长点等。这类并购基金在项目遴选、并购后重组整合以及推出方式方面还未形成统一而清晰的模式。此类并购基金主要代表有 JRC 基金（科瑞集团、RIC 和 Quercus Ventures）和新希望产业基金二期（新希望集团和厚生投资）等。

3. 私募机构类并购基金。一般由运作模式成熟、资金实力雄厚的大型私募机构发起，具有专业化的基金管理团队，投资策略较为多元，除控股收购外，还包括少数股权投资、跨行业投资等。设立此类并购基金的典型私募机构有弘毅、鼎晖等，主导或参与的典型并购案例包括联合中联重科收购 CIFA、收购东海观光株式会社等。①

参考案例：中联重科利用并购基金并购 CIFA②

一、并购各方

1. 并购方——中联重科

中联重科在 1992 年正式建立，全称为长沙中联重工科技发展股份有限公司，2000 年，中联重科得到证监会的批准，在深圳证券交易所上市 A 股。通过不断的兼并收购成长为工程机械制造业的国际一流企业，主要产品类别

---

① 宋振辉：《私募股权并购基金在中企海外并购中的作用浅析》，载《现代经济信息》2014 年第 17 期。

② 王彦玮：《利用并购基金进行海外并购案例分析》，江西财经大学硕士学位论文，2017 年。

有混凝土、工程起重、城市环卫、建筑起重、路面施工养护、基础施工、土方等各种用途的机械。

2. 被并购方——CIFA

Compagnia Italiana Forme Acciaio（CIFA）是意大利的知名企业，于1928年创立，至今已有近百年的发展历史，积累了许多先进的技术并有着良好的口碑。在2008年被收购前主要产品大都与混凝土制造有关，器械为输送车、泵车以及搅拌运输车。CIFA公司的数据显示，2007年CIFA的两种混凝土机械产品搅拌车和泵送机械都在意大利占有较大的市场份额，分别为80%和70%，另外，其在欧洲也有比较可观的市场占有率，西欧的市场份额为23%和20%，东欧的市场份额为15%和20%，且在中东市场，CIFA的产品也有10%左右的市场份额。中联重科选择并购CIFA，是因为其在行业里具有不可比拟的优势，相较于世界范围内的行业巨头，CIFA的优势体现在其价格的低廉，而相较于亚洲的企业，CIFA的优势则又体现在其良好的技术条件上，所以对于并购方来说，CIFA是一家非常值得进行收购的资质优良的企业和品牌。2006年，CIFA公司遭遇了非常严峻的资金短缺考验，因此被迫将自身股权的72.5%出售给意大利本国的投资基金Magenta，在随后的一年时间里，Magenta也因现金流的问题被迫转让股权，中联重科因此获得收购机会。

3. 其他参与方

（1）并购基金——弘毅投资

成立于2003年的弘毅投资控股于联想控股，主要的业务就是股权投资以及投资后相应的管理业务服务，是一家私募金融机构，全称为北京弘毅远方投资顾问有限公司。现在是总资金规模为680亿人民币的八期股权投资基金以及两期人民币夹层基金的持有和管理者。

（2）私募基金——曼达林基金（Mandarin Capital Partners）

曼达林基金在2007年的卢森堡注册成立，是在中意两国共同意向下创立，具有政府背景，发起人为中国国家开发银行、进出口银行和意大利的圣保罗银行。这项基金主要的目的是促进中国和欧洲公司之间的销售渠道，科技技术，品牌和资金之间的流通。另外，圣保罗银行，即曼达林基金的发起人与 CIFA 也有着密不可分的联系，扮演了 CIFA 的债权银行和股东两个角色，正是由于三者之间这样引人注目的关系，这次并购才有了可以进行下去的条件。

（3）投资银行——高盛公司

高盛公司的成立时间为 1868 年，其在投资银行界的地位不言而喻，同时其还是全球首屈一指的证券公司和投资管理公司，所服务的金融机构和个人覆盖了全球各地，甚至包括政府，所从事的业务非常多元化和专业化。

二、并购动机

成立至今的这些年中，中联重科已经通过自身的发展和努力屹立在国内行业的顶端，市场唯一能与之抗衡的就是中国的三一重工，这两大巨无霸企业占有了中国混凝土机械市场的 80% 以上，可以看出中联重科在国内的发展已经达到了瓶颈期，无法在短期内获得巨大的突破，所以走出国门是中联重科的必由之路。CIFA 在产品的技术性和多样化层面具有非常大的优势，能使中联重科同时实现技术的飞跃以及国际市场的突破。同时，观察 CIFA 可以发现，该企业拥有稳定的客户源，同时这客户源不仅仅在欧洲，在世界范围内 CIFA 都极具声誉，所以中联重科并购 CIFA 这样一起并购案对于中国企业来说非常有借鉴意义，对于中国企业扩展其境外商誉具有很大的帮助。

三、并购过程

2008 年 9 月 28 日，中联重科用现金支付的方式与 CIFA 签订了整体收购以及交割协议，为筹集收购所需的资金，联合了三家金融投资机构，分别为弘毅投资、高盛公司和曼达林基金，这一协议的签订标志着对 CIFA 股份全额收购的完成。收购结束后，中联重科在全球市场上的地位有了进一步的提升，同时这一案例也是当时并购市场中工程机械企业规模最大的境外并购案例。

中联重科能够实现教科书般的并购计划，除了人力物力的投入，CIFA自身出现的问题也是这次并购的助推器，为了在短时间内获得现金应对巨额的债务压力，CIFA不得不正式以公开竞价的方式出售自己的股权。由于对CIFA的并购属于逆向跨境并购，且收购过程面临巨大的融资压力，虽然中联重科已经拥有很多成功并购的经验，但是除了上述有利条件的获得之外，公司第二大股东弘毅投资的倾囊相助也是此次并购计划的一个重要因素，同时邀请国际投资资历资深的高盛公司加入更是为此次成功并购奠定了基础。

整个并购过程如下表所示：

2008年1月14日	中联重科收到CIFA的招标邀请函及初步情况介绍材料
2008年1月28日	中联重科提交第一轮无约束性招标文件
2008年3月31日	中联重科提交第二轮约束性招标文件
2008年6月3日	商务部批复同意中联重科在香港设立全资子公司
2008年6月20日	中联重科与CIFA签署最终版的《买卖协议》，并分别与共同投资方签署了《共同投资协议》以及与意大利联合圣保罗银行签订了相关融资协议
2008年6月25日（公告日）	中联重科宣布收购CIFA协议的签订
2008年8月11日	国家发改委批准此次收购
2008年8月14日	商务部批准中联重科的香港子公司收购CIFA
2008年9月3日	中国证监会批准此次收购
2008年9月23日（收购完成日）	中联重科宣布并购交易完成，其中中联重科占CIFA60%的股权
2012年12月28日	中联重科董事会通过了《关于收购子公司股权暨关联交易的议案》，批准旗下中联海外投资管理公司出资2.35亿美元，收购香港中联重科CIFA公司其他股东的40%股权
2013年9月9日	中联重科和香港CIFA公司其他股东完成了股权交割手续，实现了对CIFA的全资控股

CIFA于2008年1月14日将投标邀请函发给了中联重科，并随之将CIFA的初步情况的相关介绍材料一起寄送，随后便采取公开招标的方式将自己的股权摆上货架，中联重科立即开始了详尽的尽职调查。3月底，第二轮投标书新

鲜出炉，并保证实现“一个家庭、两个品牌、三个基本原则”，向 CIFA 表示了和谐融合的决心。6 月中下旬，中联重科便与 CIFA 逐步商讨一系列的协议，包括买卖、共同投资协议全部达成共识，在此过程中，高盛公司与曼达林基金全程参与，按照出资比例，中联重科占有其中的60%。另外，作为交易的主要方，中联重科还与 CIFA 达成另外一个协议，三年期限的保护权利。

四、交易安排

1. 交易结构

一起成功的并购案离不开合理的交易安排，协议签订日 CIFA 的市场估值为3.755 亿欧元，但实际支付的现金对价为2.71 亿欧元，由中联重科与加盟的共同投资方一同支付。这其中中联重科股权占比为60%，并购基金占比40%，根据协议约定，当并购基金想要转让股权时，中联重科可以先获得这个购买机会。

中联重科并购 CIFA 一案的交易结构图示：

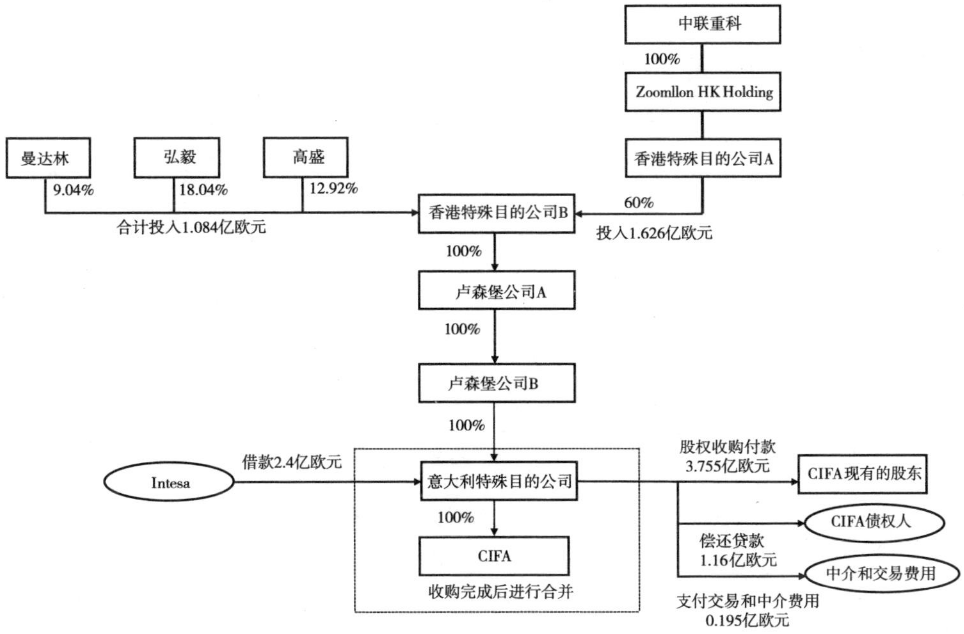

本次收购有特殊目的公司即SPV的参与，之所以选择这样一种在境外市场较为流行的方式，是基于公司未来成本的计算，未来成本包括投资资金和红利回流两方面的畅通和便利性，以及按照不同国家（地区）的税务规定而进行的合理有效的税务安排。

具体的并购过程为中联重科先在香港设立一家子公司，这家公司随后再次出全资，成立新的特殊目的公司A，即中联重科海外投资管理公司，成为此次并购所需贷款的代表，在境外市场筹集资金。新设立的SPV公司联合共同投资方在香港设立第二家SPV，即中联CIFA（香港）控股公司（下称特殊目的公司B）。2009年，CIFA管理层增加了对特殊目的公司B的投资，共增加310万欧元，这一行为使得特殊目的公司B的股权结构发生了变化，所有原有的投资方股权都有一定比例的下降。随着并购进程的一步步推进，又设立了中联CIFA卢森堡控股公司（下称卢森堡公司A），主要职责是在欧洲进行业务和并购的扩张，卢森堡公司A发展到一定程度后，由于当时CIFA的管理层有注资需求，所以全资设立卢森堡公司B来接收注资。而直接担负管理CIFA，进行此次收购并担负所有债务的公司CIFA Worldwide S. p. A则由CIFA卢森堡控股公司进行设立。2013年进行全资控股的收购时，2.35亿美元的资金通过香港特殊目的公司A流向B，而实现了对特殊目的公司B的全资控股，也就意味着对CIFA的全资控股的完成。

2. 融资安排

为保证并购CIFA的顺利进行，中联重科对融资结构也进行了周密的布局。因为中联重科在意大利圣保罗银行申请到了2.4亿欧元的贷款，所以在并购的同时也承担了CIFA的原有债务，故收购的总额实际为5.11亿欧元。2.71亿欧元中，以银行贷款1.3008亿欧元和自有资金0.3252亿欧元出资了1.626亿欧元的中联重科占比60%，三家联合投资的私募机构则占比40%。在这个境外并购的案例中，中联重科使用了多种融资渠道，包括PE融资，银团贷款和期权交易，多种融资渠道的筹资安排为中联重科的成功收购打下了坚实的资金基础。

中联重科并购CIFA的融资安排：

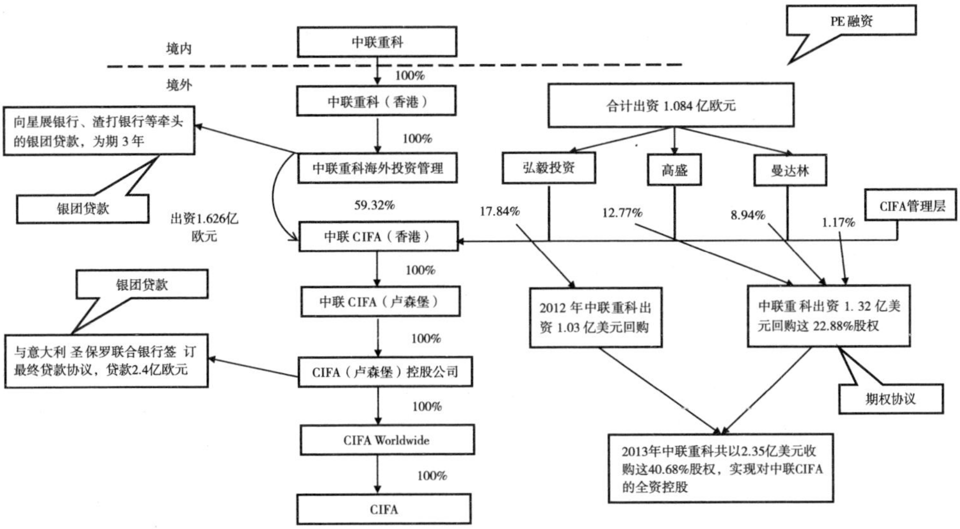

3. 资金来源：

（1）PE融资：并购基金由三个机构组成，三者的出资额占到了整个投资额的40%，其中弘毅投资占比18.04%，高盛占比12.92%，曼达林占比9.04%。

（2）银团贷款：收购中中联重科将支付1.626亿欧元以获取60%的CIFA股权，而这一支付中80%的资金都由银团贷款来提供，银团由星展银行、渣打银行和德意志银行组成，贷款到期时间为2012年，承担Libor+1%的浮动利率。

（3）而CIFA原有的2.4亿欧元债务，也在意大利联合圣保罗银行牵头所组建的银团贷款的帮助下得以完善解决。中国进出口银行湖南分行为前面所述的两项银团贷款提供了相应金额和期限的担保服务，中联重科也在这项担保服务中进行了反担保。

（4）期权安排：根据签订的投资协议显示，共同投资方手中的股权有三年的锁定期，锁定期结束后，只要相应股权的市场价格与共同投资方在收购发生时的投入相比较高，中联重科就能够在任何时间购买这剩余的40%股份；相应地，共同投资方可以在三年的锁定期结束以后，执行将持有的CIFA股份出售给中联重科的期权权力，执行时的股价估值定价将以当时CIFA公司的EBITDA值的一定倍数为方法。

附录1　相关法律文件简称表

1. 中国相关法律文件

（1）法律及司法解释

全称	简称	备注
《中华人民共和国中外合资经营企业法》	《中外合资经营企业法》	已废止
《中华人民共和国外资企业法》	《外资企业法》	已废止
《中华人民共和国中外合作经营企业法》	《中外合作经营企业法》	已废止
《中华人民共和国反垄断法》	《反垄断法》	/
《中华人民共和国外商投资法》	《外商投资法》	/
《中华人民共和国台湾同胞投资保护法》	《台湾同胞投资保护法》	/
《中华人民共和国合同法》	《合同法》	/
《中华人民共和国民法典》	《民法典》	未生效
《中华人民共和国合伙企业法》	《合伙企业法》	/
《中华人民共和国公司法》	《公司法》	/
《中华人民共和国涉外民事关系法律适用法》	《法律适用法》	/
《中华人民共和国网络安全法》	《网安法》	/
《中华人民共和国商业银行法》	《商业银行法》	/
《中华人民共和国企业所得税法》	《企业所得税法》	/

续表

全称	简称	备注
《中华人民共和国银行业监督管理法》	《银行业监督管理法》	/
《中华人民共和国税收征收管理法》	《税收征收管理法》	
《最高人民法院关于适用〈中华人民共和国外商投资法〉若干问题的解释》	《最高人民法院关于适用〈中华人民共和国外商投资法〉若干问题的解释》	/
《全国人民代表大会常务委员会关于授权国务院在自由贸易试验区暂时调整适用有关法律规定的决定》	《全国人民代表大会常务委员会关于授权国务院在自由贸易试验区暂时调整适用有关法律规定的决定》	有关法律问题和重大问题的决定

（2）行政法规

全称	简称	备注
《中华人民共和国外资银行管理条例》	《外资银行管理条例》	
《中华人民共和国外资保险公司管理条例》	《外资保险公司管理条例》	
《中华人民共和国企业所得税法实施条例》	《企业所得税法实施条例》	
《国务院关于鼓励外商投资的规定》	《关于鼓励外商投资的规定》	
《中华人民共和国外商投资法实施条例》	《外商投资法实施条例》	
《中华人民共和国进出口商品检验法实施条例》	《进出口商品检验法实施条例》	
《中华人民共和国技术进出口管理条例》	《技术进出口管理条例》	
《中华人民共和国进出口货物原产地条例》	《进出口货物原产地条例》	
《中华人民共和国中外合作办学条例》	《中外合作办学条例》	
《中华人民共和国税收征收管理法实施细则》	《税收征收管理法实施细则》	

（3）部门规章

全称	简称	发布部门	备注
《中华人民共和国外资银行管理条例实施细则》	《外资银行管理条例实施细则》	银保监会	

续表

全称	简称	发布部门	备注
《中国银保监会外资银行行政许可事项实施办法》	《外资银行行政许可事项实施办法》	银保监会	
《中华人民共和国外资保险公司管理条例实施细则》	《外资保险公司管理条例实施细则》	银保监会	
《境外投资管理办法》	《境外投资管理办法》	商务部	
《企业境外投资管理办法》	《企业境外投资管理办法》	国家发改委	
《外国投资者对上市公司战略投资管理办法》	《战略投资办法》	商务部	
《外商投资企业设立及变更备案管理暂行办法》	《外商投资企业设立及变更备案管理暂行办法》	商务部	已失效
《外商投资准入特别管理措施（负面清单）》	《全国版负面清单》	国家发改委、商务部	
《自由贸易试验区外商投资准入特别管理措施（负面清单）》	《自贸区版负面清单》	国家发改委、商务部	
《鼓励外商投资产业目录》	《鼓励外商投资产业目录》	国家发改委、商务部	
《外商投资合伙企业登记管理规定》	《外商投资合伙企业登记管理规定》	国家市场监督管理局	
《外商投资信息报告办法》	《外商投资信息报告办法》	商务部、国家市场监督管理局	
《外国投资者并购境内企业暂行规定》	《外国投资者并购境内企业暂行规定》	对外经济贸易部、国家外汇管理局、国家工商总局以及国家税务总局	已失效
《商务部关于外国投资者并购境内企业的规定》	《关于外国投资者并购境内企业的规定》	商务部	
《外商投资期货公司管理办法》	《外商投资期货公司管理办法》	证监会	

续表

全称	简称	发布部门	备注
《外商投资证券公司管理办法》	《外商投资证券公司管理办法》	证监会	
《外国投资者境内直接投资外汇管理规定》	《外国投资者境内直接投资外汇管理规定》	国家外汇管理局	
《关于在国外开设非贸易性合资经营企业的审批程序和管理办法》	《关于在国外开设非贸易性合资经营企业的审批程序和管理办法》	对外经济贸易部	已失效
《关于在境外开办非贸易性企业的审批程序和管理办法的试行规定》	《关于在境外开办非贸易性企业的审批程序和管理办法的试行规定》	对外经济贸易部	已失效
《海外投资企业审批程序和管理办法》	《海外投资企业审批程序和管理办法》	对外经济贸易部	已失效
《境外投资项目核准暂行管理办法》	《境外投资项目核准暂行管理办法》	国家发改委	已失效
《关于境外投资开办企业核准事项的规定》	《关于境外投资开办企业核准事项的规定》	商务部	已失效
《境外投资项目核准和备案管理办法》	《境外投资项目核准和备案管理办法》	国家发改委	已失效
《境外投资敏感行业目录（2018 年版）》	《境外投资敏感行业目录（2018 年版）》	国家发改委	
《境外所得个人所得税征收管理暂行办法》	《境外所得个人所得税征收管理暂行办法》	国家税务总局	
《税务登记管理办法》	《税务登记管理办法》	国家税务总局	
《非居民金融账户涉税信息尽职调查管理办法》	《非居民金融账户涉税信息尽职调查管理办法》	国家税务总局、财政部、人民银行、银监会、证监会、保监会	
《境外国有资产管理暂行办法》	《境外国有资产管理暂行办法》	财政部、外交部、国家外汇管理局和海关总署	

续表

全称	简称	发布部门	备注
《中央企业境外国有资产监督管理暂行办法》	《中央企业境外国有资产监督管理暂行办法》	国资委	
《证券公司和证券投资基金管理公司境外设立、收购、参股经营机构管理办法》	《证券公司和证券投资基金管理公司境外设立、收购、参股经营机构管理办法》	证监会	
《经营者集中申报办法》	《经营者集中申报办法》	国务院	
《经营者集中审查办法》	《经营者集中审查办法》	商务部	
《金融业经营者集中申报营业额计算办法》	《金融业经营者集中申报营业额计算办法》	商务部	
《关于评估经营者集中竞争影响的暂行规定》	《关于评估经营者集中竞争影响的暂行规定》	商务部	
《关于经营者集中简易案件适用标准的暂行规定》	《关于经营者集中简易案件适用标准的暂行规定》	商务部	
《外国投资者对上市公司战略投资管理办法》	《外国投资者对上市公司战略投资管理办法》	商务部、证监会、税务总局、工商总局、国家外汇管理局	
《公司债券发行试点办法》	《公司债券发行试点办法》	证监会	已失效
《公司债券发行与交易管理办法》	《公司债券发行与交易管理办法》	证监会	

（4）其他规范性文件

全称	发布部门	备注
《中国银保监会办公厅关于明确取消合资寿险公司外资股比限制时点的通知》	银保监会	
《关于进一步引导和规范境外投资方向的指导意见》	国家发改委、商务部、人民银行、外交部	

续表

全称	发布部门	备注
《合规管理体系 指南》（GB/T 35770－2017/ISO 19600：2014，IDT）	国家质量监督检验检疫总局、国家标准化管理委员会	
《中国（上海）自由贸易试验区管理办法》	上海市政府	地方政府规章
《国务院关于进一步做好利用外资工作的意见》	国务院	
《关于进一步扩大金融业对外开放的有关举措》	国务院金融稳定发展委员会	
《关于贯彻落实〈外商优化营商环境条例〉的意见》	国家市场监督管理局	
《国务院关于同意在北京市暂时调整实施有关行政法规和经国务院批准的部门规章规定的批复》	国务院	
《私募基金登记备案相关问题解答（十）》	中基协	
《国家外汇管理局上海市分局关于印发支持中国（上海）自由贸易试验区建设外汇管理实施细则的通知》	国家外汇管理局上海市分局	地方规范性文件
《关于企业债券发行实施注册制有关事项的通知》	国家发改委	
《关于公开发行公司债券实施注册制有关事项的通知》	证监会	
《关于相关市场界定的指南》	国务院	
《公开发行证券公司信息披露的编报规则第12号——公开发行证券的法律意见书和律师工作报告》	证监会	
《公开发行证券的公司信息披露内容与格式准则第26号——上市公司重大资产重组申请文件》	证监会	失效
《国家税务总局关于境外注册中资控股企业依据实际管理机构标准认定为居民企业有关问题的通知》	国家税务总局	部分失效

续表

全称	发布部门	备注
《中国银监会关于规范银行业服务企业走出去加强风险防控的指导意见》	银监会	
《国家税务总局关于依据实际管理机构标准实施居民企业认定有关问题的公告》	国家税务总局	
《关于贯彻落实〈外商投资法〉做好外商投资企业登记注册工作的通知》	国家市场监督管理局	
《国家外汇管理局关于进一步促进跨境贸易投资便利化的通知》	国家外汇管理局	
《国家外汇管理局关于精简外汇账户的通知》	国家外汇管理局	
《国家发展改革委关于发布企业境外投资管理办法配套格式文本（2018 年版）的通知》	国家发改委	
《国家外汇管理局关于发布〈境内机构境外直接投资外汇管理规定〉的通知》	国家外汇管理局	
《国家外汇管理局关于进一步改进和调整直接投资外汇管理政策的通知》	国家外汇管理局	
《国家外汇管理局关于进一步改进和调整资本项目外汇管理政策的通知》	国家外汇管理局	
《国家外汇管理局关于境内居民通过特殊目的公司境外投融资及返程投资外汇管理有关问题的通知》	国家外汇管理局	
《国家外汇管理局关于进一步简化和改进直接投资外汇管理政策的通知》	国家外汇管理局	
《国家外汇管理局关于进一步推进外汇管理改革完善真实合规性审核的通知》	国家外汇管理局	
《国家外汇管理局综合司关于完善外商投资企业外汇资本金支付结汇管理有关业务操作问题的通知》	国家外汇管理局	

续表

全称	发布部门	备注
《关于改革外商投资企业外汇资本金结汇管理方式的通知》	国家外汇管理局	部分失效
《中国人民银行关于全口径跨境融资宏观审慎管理有关事宜的通知》	人民银行	
《关于境内居民通过境外特殊目的公司融资及返程投资外汇管理有关问题的通知》	国家外汇管理局	
《国家外汇管理局关于在自由贸易试验区试点取消部分外汇管理行政许可申请材料的通知》	国家外汇管理局	
《中国人民银行、国家外汇管理局关于进一步便利境外机构投资者投资银行间债券市场有关事项的通知》	人民银行、国家外汇管理局	
《国家市场监督管理总局、商务部、国家外汇管理局关于做好年报“多报合一”改革有关工作的通知》	国家市场监督管理局、商务部、国家外汇管理局	
《关于外商投资信息报告有关事项的公告》	商务部	
《商务部、市场监管总局、外汇局关于开展2019年度外商投资信息报告年度报告的公告》	商务部、国家市场监管局、国家外汇管理局	
《中国银保监会办公厅关于明确取消合资寿险公司外资股比限制时点的通知》	银保监会	
《关于经营者集中申报文件资料的指导意见》	国家市场监督管理局	
《关于经营者集中简易案件申报的指导意见》	国家市场监督管理局	
《关于规范经营者集中案件申报名称的指导意见》	国家市场监督管理局	
《商业银行并购贷款风险管理指引》	银监会	
《外国投资者并购境内企业反垄断申报指南》	商务部	
《关于推进企业发行外债备案登记制管理改革的通知》	国家发改委	
《关于完善市场约束机制严格防范外债风险和地方债务风险的通知》	国家发改委和财政部	

续表

全称	发布部门	备注
《对外投资备案（核准）报告暂行办法》	商务部、人民银行、国资委、国家外汇管理局	
《关于完善银行内保外贷外汇管理的通知》	国家外汇管理局	
《关于经营者集中申报的指导意见》	国家市场监督管理局	

2. 境外相关法律文件

全称	简称	国家/地区
《联合国反腐败公约》	《联合国反腐败公约》	联合国
《联合国打击跨国有组织犯罪公约》（The United Nations Convention Against Transnational Organized Crime）	《联合国打击跨国有组织犯罪公约》	联合国
《经合组织跨国企业准则 2011 年版》（OECD Guidelines for Multinational Enterprises 2011 Edition）	《经合组织跨国企业准则 2011 年版》	联合国
《关于打击国际商业交易中行贿外国公职人员行为的公约》（OECD Convention on Combating Bribery of Foreign Public Officials in International Business Transactions）	《关于打击国际商业交易中行贿外国公职人员行为的公约》	联合国
《商业机构反腐败道德及合规手册》（Anti – Corruption Ethics and Compliance Handbook）	《商业机构反腐败道德及合规手册》	联合国
《诚信合规指南》	《诚信合规指南》	世界银行集团
《合规管理体系 指南》（ISO 19600：2014，IDT）（Compliance management systems – Guidelines）	《ISO 19600：2014 合规管理体系 指南》	国际标准化组织（ISO）
《反贿赂管理体系 要求及使用指南》（ISO 37001）（Anti – bribery management systems – Requirements with guidance for use）	《ISO 37001 反贿赂管理体系 – 要求及使用指南》	国际标准化组织（ISO）
《企业合规体系评估》（Evaluation of Corporate Compliance Programs）	《企业合规体系评估》	美国

续表

全称	简称	国家/地区
《〈1950 年国防生产法〉埃克森－佛罗里奥修正案》（Exion－Florio Amendment）	《埃克森－佛罗里奥修正案》	美国
《1950 年国防生产法》（Defense Production Act）	《国防生产法》	美国
《2007 年外国投资和国家安全法》（The Foreign-Investmentand National Security Actof2007）	《外国投资和国家安全法》	美国
《国防授权法案》（National Defense Authorization Act，NDAA）	《国防授权法案》	美国
《反海外腐败法》（Foreign Corrupt Practices Act）	《反海外腐败法》	美国
《证券法》（Securities Act 1933）	《证券法》	美国
《外国投资风险评估现代化法案》（Foreign Investment Risk Review Modernization Act of 2018）	FIRRMA	美国
《萨班斯－奥克斯利法案》（Sarbanes－Oxley Act）	《萨班斯－奥克斯利法案》	美国
《保护贸易和商业不受非法限制与垄断之害法》（An Act to Protect Trade and Commerce against Unlawful Restraints and Monopolies）	《谢尔曼法》	美国
《伯德修正案》（Byrd Amendment）	《伯德修正案》	美国
《哈特－司各特－罗蒂诺法》（Hart－Scott－Rodino Antitrust Improvements Act Of 1976，HSR 法案）	HSR 法案	美国
《货币与涉外交易报告法》（Currency and Foreign Transactions Reporting Act of 1970），即《银行保密法》（Bank Secrecy Act）	《货币与涉外交易报告法》/《银行保密法》	美国
《多德－弗兰克华尔街改革和消费者保护法》（Dodd－Frank Wall Street Reform and Consumer Protection Act）	《多德－弗兰克法案》	美国
《克莱顿反垄断法案》（Clayton Antitrust Act of 1914）	《克莱顿法》	美国
《联邦贸易委员会法》（Federal Trade Commission Act）	《联邦贸易委员会法》	美国
《并购指南》（Horizontal Merger Guidelines）	《并购指南》	美国

续表

全称	简称	国家/地区
《企业合规程序评估》(Evaluation of corporate compliance program)	《企业合规程序评估》	美国
《外国投资房地产税收法案》(ForeignInvestment in Real Property Tax Act of 1980)	《外国投资房地产税收法案》	美国
《联邦商业机构检控原则》(The Principles of Federal Prosecution of Business Organizations)	《联邦商业机构检控原则》	美国
《FCPA 资源指南》(A Resource Guide to the U. S. FCPA)	《FCPA 资源指南》	美国
《美国审判指南》(the U. S. Sentencing Guidelines, USSG)	《美国审判指南》	美国
《欧盟合并条例》(The EC Merger Regulation)	《欧盟合并条例》	欧盟
《通用数据保护条例》(General Data Protection Regulation, GDPR)	GDPR	欧盟
《关于建立外商直接投资监管架构的条例》[Regulation (EU) 2019/452 of the European Parliament and of the Council of 19 March 2019 establishing a framework for the screening of foreign direct investments into the Union]	《审查条例》	欧盟
《欧盟运行条约》(the. Treaty on the Functioning of the European Union)	《欧盟运行条约》	欧盟
《公司法》(Companies Act 2006)	英国2006年《公司法》	英国
《关于企业如何才能建立一套足以预防贿赂的内部程序的指引》(Guidance about procedures which relevant commercial organizations can put into place to prevent persons associated with them from bribing)	《关于企业如何才能建立一套足以预防贿赂的内部程序的指引》	英国
《竞争法》(UK Competition Act)	《竞争法》	英国
《2000年金融服务和市场法案》(The Financial Services and Markets Act 2000)	《2000年金融服务和市场法案》	英国
《公司治理准则》(Corporate Governance Code)	英国《公司治理准则》	英国

续表

全称	简称	国家/地区
《2010 年反腐败法案》(The Bribery Act 2010, UKBA)	《2010 年反腐败法案》	英国
《货币金融法》(Code Monétaire et Financier)	《货币金融法》	法国
《企业增长与转型行动计划法案》(Plan d'Action pour la Croissance et la Transformation des Entreprises)	《企业增长与转型行动计划法案》	法国

附录2　相关机构简称表

1. 中国相关机构

全称	简称
中华人民共和国全国人民代表大会	全国人大
中华人民共和国全国人民代表大会常务委员会	全国人大常委会
中华人民共和国国务院	国务院
中华人民共和国商务部	商务部
中华人民共和国国家外汇管理局	国家外汇管理局
中华人民共和国国家发展和改革委员会	国家发改委
中国人民银行	人民银行
中华人民共和国外交部	外交部
中华人民共和国国家税务总局	国家税务总局
中华人民共和国财政部	财政部
中国银行业监督管理委员会（现：中国银行保险监督管理委员会）	银监会（现：银保监会）
中国证券监督管理委员会	证监会
中国保险监督管理委员会（现：中国银行保险监督管理委员会）	保监会（现：银保监会）

续表

全称	简称
中华人民共和国国家工商行政管理总局（现：中华人民共和国市场监督管理总局）	工商总局（现：国家市场监督管理局）
中华人民共和国国务院国有资产管理委员会	国资委
中华人民共和国外交部	外交部
中华人民共和国环境保护部（现：中华人民共和国生态环境部）	环保部（现：生态环境部）
中华人民共和国商务部反垄断局	反垄断局
中华人民共和国海关总署	海关总署

2. 境外相关机构

全称	简称	国家/国际组织
联合国经济合作与发展组织（Organization for Economic Co－operation and Development，OECD）	联合国经合组织	联合国
联合国贸易和发展会议（United Nations Conference on Trade and Development）	联合国贸发会议/UNCTAD	联合国
世界贸易组织（World Trade Organization）	WTO	国际组织
美国外国投资委员会（Committee on Foreign Investment in the United States）	CFIUS	美国
美国财务会计准则委员会（Financial Accounting Standard Board，FASB）	FASB	美国
美国司法部（U. S. Department of Justice）	美国司法部	美国
美国商务部（Department of Commerce）	美国商务部	美国
美国证券交易委员会（U. S. Securities and Exchange Commission）	美国证券交易委员会	美国
美国环境保护署（United States Environmental Protection Agency）	美国环境保护署	美国
美国联邦贸易委员会（Federal Trade Commission，FTC）	FTC	美国

续表

全称	简称	国家/国际组织
美国司法部反垄断局（Antitrust Division of Department of Justice,）	美国反垄断局	美国
澳大利亚外国投资审查委员会（Foreign Investment Review Board, FIRB）	澳大利亚外国投资审查委员会	澳大利亚
法国监管机构国家信息与自由委员会（The Commission nationale de l'informatique et des libertés）	法国监管机构国家信息与自由委员会	法国
英国数据安全监管部门信息专员办公室（Information Commissioner's Office）	英国数据安全监管部门信息专员办公室	英国
波兰个人数据保护办公室（Urzędu Ochrony Danych Osobowych）	波兰个人数据保护办公室	波兰

图书在版编目（CIP）数据

跨境并购：合规管理·风险控制·融资安排 / 朱宁主编．—北京：中国法制出版社，2020. 12

ISBN 978 - 7 - 5216 - 1382 - 7

Ⅰ．①跨… Ⅱ．①朱… Ⅲ．①跨国公司 - 企业兼并 - 研究 - 中国 Ⅳ．①F279. 247

中国版本图书馆 CIP 数据核字（2020）第 201188 号

责任编辑　朱丹颖　　封面设计　杨泽江

跨境并购：合规管理·风险控制·融资安排

KUAJING BINGGOU：HEGUI GUANLI · FENGXIAN KONGZHI · RONGZI ANPAI

主编/朱宁

经销/新华书店

印刷/三河市国英印务有限公司

开本/710 毫米×1000 毫米　16 开　　印张/ 21. 75　字数/ 253 千

版次/2020 年 12 月第 1 版　　2020 年 12 月第 1 次印刷

中国法制出版社出版

书号 ISBN 978 - 7 - 5216 - 1382 - 7　　定价：78. 00 元

北京西单横二条 2 号

邮政编码 100031　　传真：010 - 66031119

网址：http：//www. zgfzs. com　　**编辑部电话：010 - 66067369**

市场营销部电话：010 - 66033393　　**邮购部电话：010 - 66033288**

（如有印装质量问题，请与本社印务部联系调换。电话：010 - 66032926）